GRAMMAIRE

FRANÇAISE

PAR MM.

R. JOURDAN

S.-PRÉFET DES ÉTUDES AU COLLÉGE CHAPTAL

Auteur de plusieurs ouvrages élémentaires

ET

H. CASTEGNIER

PROFESSEUR DE LANGUES

PARIS

LIBRAIRIE D'ÉTIENNE GIRAUD

20, RUE SAINT-SULPICE

NIMES

LIBRAIRIE DE LOUIS GIRAUD

BOULEVARD SAINT-ANTOINE

LOUIS GIRAUD, ÉDITEUR

1863

LIBRAIRIE D'ÉTIENNE GIRAUD

Rue Saint-Sulpice, 20, Paris

NÎMES, LOUIS GIRAUD, ÉDITEUR

Les ouvrages portés dans ce prospectus serout expédiés, *franco*, à ceux qui en adresseront le prix, par *lettre affranchie*, en un mandat ou en timbres-poste. Lorsque la somme dépassera 5 *francs*, on voudra bien euvoyer un mandat sur la poste.

GRAMMAIRE

FRANÇAISE

PAR MM.

R. JOURDAN

S.-PRÉFET DES ÉTUDES AU COLLÈGE CHAPTAL
Auteur de plusieurs ouvrages élémentaires

ET

H. CASTEGNIER

PROFESSEUR DE LANGUES

1 beau vol. in-12 de 280 pages, cart. Prix : 1 fr. 50.

Il existe bien des Grammaires, mais les unes, qui se bornent aux premiers éléments, ne peuvent être mises qu'entre les mains des commençants; les autres, véritables traités raisonnés de la langue française, ne paraissent destinés qu'à ceux qui veulent en faire une étude approfondie.

Entre ces deux extrêmes, il existait une lacune que deux habiles professeurs viennent de combler de la manière la plus heureuse.

Pour arriver à ce résultat, il fallait, avant tout, une grande habitude du professorat et une absence complète de prétention à faire de la nouveauté.

MM. R. Jourdan et H. Castegnier l'ont parfaitement compris : ils n'ont consenti à publier leur Grammaire qu'après l'avoir enseignée à leurs élèves, pendant de longues années, la modifiant, pour l'améliorer, à mesure que la pratique de l'enseignement les éclairait ; puis ils l'ont faite, autant que possible, d'après les principes les plus généralement adoptés, afin de ne pas créer de nouvelles difficultés.

Nous pouvons donc, aujourd'hui, présenter leur Grammaire aux Institutions et aux familles avec la ferme conviction d'être utile. C'est un livre facile à apprendre et qui, néanmoins, renferme précisément ce qu'il faut savoir pour écrire et parler correctement le français.

Les auteurs y donnent eux-mêmes l'exemple de ce qu'ils enseignent, par l'emploi du style le plus pur, le plus clair, le plus précis ; les définitions sont courtes, simples, dégagées de tout commentaire ; les exemples sont presque tous tirés des meilleurs écrivains, nos maîtres en fait de style et de goût.

On s'est tout spécialement appesanti sur quelques parties qui embarrassent les étrangers ; c'est aussi dans le but de leur aplanir un peu les difficultés de notre langue qu'on a traité avec autant de détails la place des Compléments, l'emploi des Modes et des Temps, celui de *en, dans,* de la négation, etc.

De plus, comme il est prouvé que la clarté de la disposition des choses aide grandement à l'intelligence qui doit les comprendre, les auteurs ont apporté un soin tout particulier à l'arrangement des exemples, des verbes, des divers tableaux, et à l'exécution typographique de ce livre : la pureté, la variété des caractères, rien en un mot n'a été négligé pour que l'attention de l'élève fût attirée sur les points les plus essentiels, pour que chaque règle lui apparût isolée des autres, pour que toute recherche lui fût aisée à faire.

Enfin, attendu que cet ouvrage, bien qu'il soit complet, doit aussi servir aux commençants, on a indiqué par le signe + et par une différence de grosseur dans les caractères, les passages à étudier comme éléments ; plus tard, on devra revenir sur tout ce qui aura été laissé, à dessein, lors d'une première étude.

Cette disposition a permis aux auteurs de ne pas faire,

comme bon nombre de leurs devanciers, deux parties séparées dans leur grammaire : l'étude des mots et la syntaxe.

En réunissant dans chaque chapitre tout ce qui concerne la partie du discours dont il traite, ils ont ainsi évité le grand écueil de la dissémination des règles relatives au même sujet, source inévitable de confusion et de fréquentes répétitions. Les dix parties du discours ne font donc l'objet que de dix chapitres, présentant chacun un tout complet. C'est ainsi que le chapitre du substantif a dix-huit pages, celui de l'adjectif vingt-huit, celui du verbe bien davantage, car il offre tous les développements qu'exige cette partie si importante d'une langue. On y trouve, outre les modèles des verbes des quatre conjugaisons, des cinq espèces de verbes, des verbes interrogatifs et négatifs, etc., la conjugaison entière des verbes qui présentent des difficultés particulières, tels que *placer, manger, mener, appeler*, etc., etc.

Le traité des participes est complet, mais d'une simplicité remarquable.

Les mots invariables y sont exposés de façon à ne jamais laisser l'élève dans le cas de les confondre.

Enfin les figures de construction, les deux sortes d'analyses, la ponctuation, l'usage des cas et les principaux homonymes font chacun l'objet d'un chapitre soigneusement développé.

Peut-être, à la première vue, reprochera-t-on aux auteurs la grosseur du volume, mais il sera aisé de se convaincre qu'elle est en partie causée par les nombreux alinéa, les titres multipliés, la quantité de verbes, de tableaux, etc., et qu'en réalité, il y a dans cette grammaire moins de pages à apprendre que dans la plupart.

Cet ouvrage se recommande encore à plus d'un titre qu'il serait trop long d'énumérer; espérons qu'il sera justement apprécié par les institutions et les familles désireuses de mettre entre les mains des élèves un livre que le savoir et l'expérience des auteurs placent au premier rang parmi les livres utiles.

GRAMMAIRE

FRANÇAISE

AUX MÊMES LIBRAIRIES

LE LIVRE DE LECTURE DES ÉCOLES PRIMAIRES, suivi d'un choix
de Poésies, avec des Notes historiques, géographiques, etc.,
extrait des meilleurs écrivains et de livres approuvés par le
Conseil de l'instruction publique, par *Louis Duhamel*, auteur de
plusieurs ouvrages élémentaires. Septième édition. 1 beau vol.
in-12 de 288 pages, cart. Prix : 1 fr.

LECTURES JOURNALIÈRES, à l'usage des écoles et des familles,
par *Émile Souvestre*. 2e édit. 1 vol. in-12, cart. Prix : 1 fr. 25

NOUVEAU CHOIX DE POÉSIES, à l'usage des pensions, des écoles
et des classes élémentaires des lycées et des petits séminaires,
par *Jules Ponsard*. 2e édit. 1 vol. in-18 de 260 pages, cart.
Prix : 80 c.

Le rapide succès de ce livre s'explique par la variété des morceaux, le goût
vraiment délicat qui a présidé à leur choix et le soin qu'on a eu de n'admettre aucune pièce qui fût réellement au-dessus de l'intelligence des enfants.
— Le chef-d'œuvre de Racine, *Athalie*, qui termine le volume, en double
la valeur.

COURS ABRÉGÉ DE LITTÉRATURE, à l'usage des institutions de
demoiselles et des autres établissements où l'on n'étudie pas les
langues anciennes, par M. l'abbé *J. Verniolles*, chanoine honoraire de Tulle, supérieur du petit séminaire de Servières. 1 vol.
in-12, cart. Prix : 2 fr. 50.

Ce livre se distingue surtout par la clarté, la précision, la simplicité.
Les préceptes et les conseils qui concernent le style, les pensées, les différents genres de composition ont été l'objet d'un soin tout particulier. Mais
ce que l'auteur a développé avec plus de préférence encore, c'est la partie
relative au *style épistolaire*.

C.

GRAMMAIRE

FRANÇAISE

PAR MM.

R. JOURDAN

S.-PRÉFET DES ÉTUDES AU COLLÉGE CHAPTAL

Auteur de plusieurs ouvrages élémentaires

ET

H. CASTEGNIER

PROFESSEUR DE LANGUES

PARIS
LIBRAIRIE D'ÉTIENNE GIRAUD
20, RUE SAINT-SULPICE

NIMES
LIBRAIRIE DE LOUIS GIRAUD
BOULEVARD SAINT-ANTOINE

LOUIS GIRAUD, ÉDITEUR

1863

Le signe + indique les passages qui devront être appris par les commençants; ces passages sont imprimés en gros caractères.

Paris. — Imprimerie de P.-A. BOURDIER et Cie rue Mazarine, 30.

AVERTISSEMENT

La *Grammaire* que nous publions ici est l'ensemble des leçons préparées pour nos élèves, pendant un long professorat ; leçons successivement modifiées, à mesure que la pratique de l'enseignement nous révélait quelque amélioration à y apporter. Peut-être, sans les vives instances qui nous ont été faites, n'eussions-nous jamais songé à les offrir au public ; l'espérance d'être utiles nous y détermine.

Notre seul but a toujours été de chercher à

faciliter l'étude de la *langue française*, en simplifiant les définitions, les présentant claires et succinctes, et les dégageant de tout commentaire. Loin de nous la prétention de faire une Grammaire *nouvelle*; ébranler les principes établis, en s'écartant de la classification et des divisions généralement adoptées, n'est-ce pas créer des difficultés? Nous nous sommes appliqués, au contraire, à nous rapprocher, autant que possible, du plan le plus universellement suivi; et, nous conformant au désir exprimé par M. le Ministre de l'Instruction publique, dans son arrêté du 8 août 1851, nous avons fait plusieurs emprunts à l'*excellent ouvrage* de Lhomond.

Afin d'éviter la confusion qui résulte de la dissémination des règles relatives au même sujet, nous avons réuni, dans chaque chapitre, tout ce qui concerne la partie du discours dont il traite; nous avons aussi tâché de ne rien présenter, dans un chapitre, qui nécessitât, pour être bien compris, la connaissance du suivant; c'est ainsi qu'au lieu de placer dans le chapitre du Pronom ce qui a rapport au sujet et au complément, nous l'avons rejeté dans celui du Verbe.

Les étrangers trouveront dans notre ouvrage plusieurs règles, plusieurs remarques qui leur seront d'un grand secours; c'est en vue de leur aplanir un peu les difficultés de notre langue que nous nous sommes étendus aussi longuement sur la place des compléments, sur l'emploi du subjonctif; sur celui de *en, dans,* sur la négation, etc., etc.

Enfin, nous avons arrangé nos exemples, nos verbes, nos tableaux sur la formation des temps, sur les finales, nos analyses, etc., de manière que l'élève en tirât aisément profit; les yeux aident grandement à l'intelligence, et la clarté de la disposition ajoute beaucoup à celle de la définition.

Nous le répétons encore : nous avons voulu faire une *Grammaire* simple, facile à apprendre, et non un traité raisonné de la langue française; nous avons écrit un livre pour l'*enseignement*, et nous serons trop heureux s'il répond à notre but.

Qu'il nous soit permis, en terminant cette courte préface, de remercier MM. *Monjean*, directeur du collége Chaptal ; *de Saint-Mesmin*, préfet général des études du même collége ; et *Sarazin*, inspecteur des écoles communales, des excellents conseils qu'ils ont bien voulu nous donner. Le bienveillant intérêt qu'ils nous portent les a engagés à lire et à examiner consciencieusement notre manuscrit, et nous devons à leurs lumières plusieurs modifications dont nous savons apprécier toute la valeur.

GRAMMAIRE
FRANÇAISE

INTRODUCTION.

La grammaire est l'art de parler et d'écrire correctement.

Pour parler et pour écrire on emploie des mots.

Pour former les mots on emploie des lettres.

L'alphabet français se compose de vingt-six lettres.

Il y a deux sortes de lettres : les *voyelles* et les *consonnes*.

On appelle *voyelles* les lettres qui, même employées seules, peuvent former une voix, un son. Il y en a six :

a, e, i, o, u, y.

On appelle *consonnes* les lettres qui ne forment un son qu'avec le secours des voyelles. Il y en a vingt :

b, c, d, f, g, h, j, k, l, m, n, p, q, r, s, t, v, w, x, z.

Les mots ont une ou plusieurs *syllabes*.

On appelle *syllabe* un son produit par une voyelle seule, ou réunie à d'autres lettres.

Le nom de *polysyllabe* s'applique à un mot qui a

1

plusieurs syllabes, quel qu'en soit le nombre. Ex. :

Clar-té, me-su-re, a-mè-re-ment.

Lorsque dans la même syllabe l'oreille entend deux sons distincts, prononcés par une seule émission de voix, comme *ieu*, dans *Dieu*, cette syllabe prend le nom de *diphthongue*.

Les principales diphthongues sont :

ia.	Ex. :	Fiacre.	oin.	Ex. :	Soin.
ié.	»	Amitié.	ian.	»	Viande.
iais.	»	Niais.	ouan.	»	Chouan.
ien.	»	Mien.	oui.	»	Oui.
ieu.	»	Pieu.	ui.	»	Buis.
io.	»	Pioche.	uin.	»	Juin.

Différentes sortes d'E.

Il y a trois sortes d'e : l'*e muet*, l'*é fermé*, l'*e ouvert* :

1º L'*e muet* a le son ou tout à fait nul, comme dans *joue*, *soierie*; ou peu sensible, comme dans *livre*, *pomme*.

2º L'*e fermé* se prononce la bouche presque fermée, comme dans *bonté*, *nez*, *pommier*.

3º L'*e ouvert* se prononce en desserrant les dents, comme dans *modèle*, *succès*, *j'appelle*.

De l'Y.

L'*y* se prononce comme un *i* dans deux cas :

1º Au commencement et à la fin des mots. Ex. :

Yeux, dey.

2º Dans l'intérieur des mots entre deux consonnes. Ex. :

Style, tyran, physique.

L'*y* se prononce comme deux *i* dans l'intérieur des mots après une voyelle. Ex. :

Pays, essuyer, doyen.

De l'H.

L'*h* ne se prononce pas au commencement de certains mots, comme dans Homme, Honneur ; on l'appelle alors *h muet*.

Dans d'autres mots comme dans Hameau, Honte, l'*h* fait prononcer avec aspiration la voyelle qui suit ; on l'appelle alors *h aspiré*.

Des voyelles longues et des voyelles brèves.

Les *voyelles longues* sont celles sur lesquelles on appuie plus longtemps que sur les autres en les prononçant.

Les *voyelles brèves* sont celles sur lesquelles on n'appuie pas aussi longtemps.

Voyelles longues.					Voyelles brèves.				
a	est	long	dans	bâton.	*a*	est	bref	dans	chatte.
e	»	»	»	bête.	*e*	»	»	»	chouette.
i	»	»	»	abîme.	*i*	»	»	»	petite.
o	»	»	»	pôle.	*o*	»	»	»	col.
u	»	»	»	flûte.	*u*	»	»	»	butte.

Accents.

Il y a trois sortes d'*accents* : l'accent *aigu* (´), l'accent *grave* (`), et l'accent *circonflexe* (ˆ).

1° L'accent *aigu* ne se place que sur l'*é* fermé. Ex. :

Beauté, congé, délit.

2° L'accent *grave* se met généralement sur l'*è* ouvert. Ex. :

Accès, progrès,

et dans quelques mots sur l'*a* et sur l'*u*. Ex. :

Là, à, où.

3° L'accent *circonflexe* se met sur la plupart des voyelles longues. Ex. :

âge, tête, rôle.

De l'Apostrophe.

Lorsque, pour éviter la rencontre de deux voyelles, on supprime *e*, *a*, devant un mot, commençant par une voyelle ou un *h* muet, on remplace la lettre retranchée par une *apostrophe* ('). Ex. :

L'âme, l'hommage (pour *la* âme, *le* hommage).

La même chose a lieu dans le mot *si* placé devant *il*. Ex. :

S'*il* vient (pour *si il* vient).

Cédille.

La *cédille* (ᶜ) se place sous la lettre *c* devant les voyelles *a*, *o*, *u*, pour indiquer qu'elle doit se prononcer comme deux *s*. Ex. :

Leçon, aperçu.

Du Tréma.

Le *tréma* (··) se place sur une voyelle, pour indiquer qu'on doit la prononcer séparément d'une autre voyelle qui la précède immédiatement. Ex. :

Héroïsme, Ésaü.

Trait d'union.

Le *trait d'union* (-) sert à joindre deux mots qu'on ne peut séparer, ou des mots tellement unis par le sens qu'ils équivalent à un seul. Ex :

Ai-je, avais-tu.
Chef-d'œuvre, ciel-de-lit, arc-en-ciel.

Le *trait d'union* se place toujours entre le mot *même*, et le pronom personnel qui le précède. Ex. :

Moi-même ; eux-mêmes.

Il se place aussi après le mot *très*. Ex. :

Très-beau, très-riche.

Parties du discours.

Il y a en français dix espèces de mots qu'on appelle les *parties du discours*, ce sont : le SUBSTANTIF OU NOM, l'ARTICLE, l'ADJECTIF, le PRONOM, le VERBE, le PARTICIPE, l'ADVERBE, la PRÉPOSITION, la CONJONCTION et l'INTERJECTION.

1° Le *substantif* ou *nom* sert à nommer un être ou une chose. Ex. :

Homme, plume.

2° L'*article* se place avant le substantif et en fait connaître le genre et le nombre. Ex. :

Le cheval, *la* dame, *les* fleurs.

3° L'*adjectif* s'ajoute au substantif pour le qualifier ou pour le déterminer. Ex. :

Bon ami, *mon* frère, *ces* chiens.

4° Le *pronom* tient la place du nom. Ex. :

Mon frère *m'*aime, *il me* récompense.

5° Le *verbe* exprime l'état ou l'action. Ex. :

Être, avoir.

6° Le *participe* tient du verbe et de l'adjectif : il exprime tantôt une action, tantôt une qualité, une manière d'être. Ex. :

Je lis en *marchant*. Un père *chéri* de ses enfants.

7° La *préposition* exprime le rapport qui existe entre deux mots. Ex. :

> Je parle *de* mon ami. Vous allez *à* Paris.

8° L'*adverbe* modifie un verbe, un adjectif ou un autre adverbe. Ex. :

> François Ier combattait *vaillamment*. La chute du Niagara est *très*-imposante. Le rossignol chante *fort bien*.

9° La *conjonction* sert à lier les mots ou les phrases. Exemple :

> Paris *et* Londres sont deux grandes capitales. Sully aimait Henri IV, *mais* il ne le flattait pas.

10° L'*interjection* est un mot qui exprime une émotion vive et subite. Ex. :

> *Ah! — O* mon fils, crains Dieu ! — *Quelle honte! — Fi!*

Le SUBSTANTIF, l'ARTICLE, l'ADJECTIF, le PRONOM, le VERBE, le PARTICIPE sont des mots *variables*; c'est-à-dire sujets à de certains changements.

L'ADVERBE, la PRÉPOSITION, la CONJONCTION et l'INTERJECTION sont des mots *invariables*; c'est-à-dire qu'ils ne sont sujets à aucun changement.

L'*orthographe* est la partie de la grammaire qui traite de la manière d'écrire les mots.

La *syntaxe* est la partie qui traite de l'arrangement des mots et des phrases, d'après les règles établies.

CHAPITRE PREMIER.

Du SUBSTANTIF ou NOM.

† **1.** Le *substantif* ou *nom* est un mot qui sert à nommer un être ou une chose. Ex. :

> Paul, homme, cheval, Paris, table, bonté.

✝ **2.** Il y a deux sortes de substantifs : le *substantif commun,* et le *substantif propre.*

✝ **3.** Le substantif *commun* convient à tous les êtres ou à toutes les choses de la même espèce. Ex. :

Homme,   mouton,   habit.

✝ **4.** Le substantif *propre* ne convient qu'à un être ou à un objet particulier. Ex. :

Georges,   Rome,   Seine.

5. Parmi les substantifs communs on distingue le substantif *collectif* et le substantif *composé.*

6. Le substantif *collectif* est un substantif qui, même au singulier, représente plusieurs êtres ou plusieurs objets. Ex. :

Troupe,   foule,   quantité.

7. Il y a deux sortes de *substantifs collectifs* : le substantif *collectif général,* et le substantif *collectif partitif.* Le même mot peut être tantôt collectif général, tantôt collectif partitif.

8. Un collectif est *collectif général,* s'il exprime la totalité des êtres ou des objets dont on parle, ou bien un nombre déterminé de ces êtres ou de ces objets. Ex. :

La *foule* des sauvages est plongée dans l'ignorance.
Le *nombre* des victoires de Napoléon est prodigieux.

Il est *collectif partitif* s'il ne désigne qu'une partie des êtres ou des objets dont on parle, ou bien un nombre indéterminé de ces êtres ou de ces objets. Ex. :

Une *foule* de mendiants encombrent la porte de l'église.
Un grand *nombre* d'oiseaux quittent nos climats à l'approche
de l'hiver.

9. Le *substantif composé* est formé de deux ou de plusieurs mots équivalant à un seul et liés par un trait d'union. Ex. :

Avant-coureur,   chou-fleur,   ciel-de-lit.

GENRE ET NOMBRE.

† **10.** Dans les substantifs il faut considérer le *genre* et le *nombre*.

Du Genre.

† **11.** Il n'y a en français que deux genres : le *masculin* et le *féminin*.

Les noms d'hommes ou de mâles sont du genre *masculin*. Ex. :

Un *père*,   un *lion*.

Les noms de femmes ou de femelles sont du genre *féminin*. Ex. :

Une *mère*,   une *lionne*.

On a aussi donné le genre masculin ou le genre féminin à des êtres et à des choses qui ne sont ni mâles ni femelles, comme :

Le *soleil*,   la *lune*,   un *lit*,   une *loi*,   une *vertu*.

FORMATION DU FÉMININ DANS LES SUBSTANTIFS.

† **12.** Le féminin des substantifs se forme de diverses manières, savoir :

1° En ajoutant *e muet* au substantif masculin, comme dans :

Masculin.	Féminin.
Ours,	ours*e*.
Marchand,	marchand*e*.

2° En doublant la dernière consonne et en ajoutant un *e* muet ; ce qui a lieu dans les substantifs terminés par *en*, *on*. Ex. :

Masculin.	Féminin.
Chien,	chien*ne*.
Lion,	lion*ne*.

3° En changeant *e* en *esse*. Ex. :

Masculin,	Féminin.
Maître,	maîtresse.
Prêtre,	prêtresse.
Tigre,	tigresse.

4° D'une manière tout à fait irrégulière.

Masculin.	Féminin.	Masculin.	Féminin.
Homme,	femme.	Bœuf,	vache.
Bélier,	brebis.	Taureau,	génisse.
Roi,	reine.	Coq,	poule.

† **13.** REMARQUE. — Certains noms d'animaux servent pour les deux genres, tels sont :

Chenille, éléphant, fauvette, grenouille, papillon, rossignol, etc.

On ajoute les mots *mâle*, *femelle*, quand on veut préciser le genre. Ex. :

L'éléphant *mâle*, le rossignol *femelle*, etc.

14. Il y a des substantifs sur le genre desquels on peut avoir quelque incertitude, parce que autrefois ils avaient un genre différent de celui qu'on leur a assigné depuis, voici les principaux :

Masculins.

Abîme.	Balustre.	Hôtel.	Omnibus.
Age.	Concombre.	Incendie.	Obus.
Amadou.	Éloge.	Indice.	Orchestre.
Amidon.	Emplâtre.	Intervalle.	Parafe.
Antre.	Empois.	Ivoire.	Pétale.
Apprentissage.	Épisode.	Monticule.	Simples.
Autel.	Érésipèle.	Obélisque.	Ustensile.
Automate.	Hémisphère.	Obstacle.	Vivres.

Féminins.

Alcôve.	Écriture.	Nacre.	Pédale.
Antichambre.	Épitaphe.	Offre.	Sandaraque.
Artère.	Horloge.	Outre.	Sentinelle.
Atmosphère.	Insulte.	Patère.	Ténèbres.
Ébène.			

SUBSTANTIFS SUSCEPTIBLES DES DEUX GENRES.

15. *Aigle*, oiseau de proie, — pupitre d'église, — constellation, est masculin. Ex. :

> L'*aigle* impérieux qui plane au haut du ciel. (Volt.)
> Il y a *un* grand et *bel aigle* au milieu du chœur de Saint-
> Roch.
> L'*Aigle*, constellation de l'hémisphère septentrional, se lève avec
> le Capricorne, et *il* se couche quand le Lion se lève. (Trév.)

Aigle, employé au figuré, en parlant d'un homme qui a un génie, un mérite supérieur, est aussi masculin. Ex. :

> Cet habile général fut *un aigle* dans le combat.

Aigle est féminin en termes d'armoiries et dans le sens d'enseigne. Ex. :

> Il porte sur le tout d'azur, à *aigle* éployée d'argent. (Acad.)
> Les *aigles* romaines marchaient de victoire en victoire.

16. *Amour* est du masculin, excepté quand il désigne l'attachement de personnes de sexe différent ; dans ce sens, il est féminin, mais au pluriel seulement. Ex. :

> L'*amour* maternel est le plus beau de tous les sentiments.
> La déesse était représentée entourée de petit*s Amours.*
> Un cruel *amour.*　　De cruel*les amours.*

17. *Délice* et *orgue*, au singulier, sont masculins. Ex. :

> Un *délice* inouï.　　Un *orgue* excellent.

Au pluriel, ils sont féminins. Ex. :

> Il fait ses plus chè*res délices* de la lecture de la Bible.
> Les *orgues* de Saint-Eustache furent détrui*tes* par un incendie.

18. *Couple*, signifiant deux êtres unis, soit par le mariage, soit par toute autre cause pour agir de concert, est masculin. Ex. :

> *Un jeune couple* bien uni.　　*Un couple* de scélérats.

Couple, quand il signifie simplement deux objets de la même espèce, est féminin. Ex. :

Une couple d'œufs.   *Une couple* de poulets.
'Dans ces deux exemples *couple* signifie paire.)

19. *Enfant,* quand il désigne un garçon, est masculin.
Exemple :

Votre petit frère Léon est *un bel enfant.*

Quand il désigne une fille il est féminin. Ex. :

Votre petite sœur est *une gentille enfant.*

Enfants, au pluriel, est toujours masculin. Ex. :

De *beaux enfants,* des *enfants* obéissants.

20. *Foudre,* signifiant tonnerre, est féminin. Ex. :

Cet homme a été frappé de *la foudre.*

Les poëtes l'emploient quelquefois au masculin, dans cette même acception. Ex. :

Le foudre vengeur.

Foudre, au figuré, est masculin. Ex. :

Un foudre d'éloquence (c'est-à-dire un orateur remarquable).

Cependant, en parlant des foudres du Vatican, il est féminin.

21. *Gens* étant masculin, tous les adjectifs qui s'y rapportent doivent aussi être masculins ; cependant, lorsque l'adjectif qui précède immédiatement *gens* ne se termine pas, au masculin, par *e muet,* cet adjectif se met au féminin. Ex. :

Masculin.	Féminin.
Les gens polis.	Les malheureu*ses* gens.
Les honnêtes gens.	Les bon*nes* gens.

REMARQUE. — Quand il y a plusieurs adjectifs avant *gens,* ils sont tous du masculin, si celui qui précède immédiatement gens se termine par *e muet* ; sinon ils sont tous du féminin. Ex. :

Masculin.	Féminin.
Les vrais honnêtes gens.	Les vrai*es* bon*nes* gens.

EXCEPTION. — L'adjectif *tout*, placé seul avant *gens*, est toujours masculin ; lorsqu'il précède d'autres adjectifs, il suit la règle ci-dessus (n° 21 *Remarque*). Ex. :

Masculin.	**Féminin.**
Tous les gens.	Toutes les bonnes gens.
Tous les honnêtes gens.	Toutes les vieilles gens.

22. *Hymne* signifiant un chant profane, un chant particulier, est masculin. Ex. :

> *Un hymne* guerrier ; *un hymne* à la France.

Quand il désigne un chant adopté par l'Église, il est féminin. Ex. :

> Le roi Robert a composé de bel*les hymnes.*

23. *Orge,* signifiant de l'orge en grains, est masculin. Exemple :

> De l'*orge* perlé ; de l'*orge* mondé.

En parlant de la plante, il est féminin. Ex. :

> Les *orges* sont très-bel*les* cette année.

24. *Personne,* précédé de l'article ou d'un adjectif déterminatif, est substantif et féminin. Ex. :

> Votre frère m'est une *personne* bien chère.

Personne, employé sans article ni adjectif déterminatif, est pronom indéfini et masculin. Ex. :

> *Personne* n'est aussi pruden*t* que votre ami.

25. *Quelque chose,* considéré comme un seul mot, signifie *une chose,* et est masculin. Ex. :

> Il y a là *quelque chose* de surprenant.

Quelque chose, ayant le sens de *quelle que soit la chose* ou *les choses,* est féminin. Ex. :

> *Quelque chose* que j'aie faite, je n'ai pu vous plaire.

Autre chose, non déterminé, est masculin. Ex.

Donne-moi *autre chose* de bon.

SUBSTANTIFS QUI CHANGENT DE GENRE EN CHANGEANT DE SIGNIFICATION.

Masculin.	Féminin.
Aide, qui aide à quelqu'un. (Un aide de camp.)	*Aide*, assistance. (Une aide prompte.)
Aune, arbre.	*Aune*, mesure.
Barde, poëte ancien.	*Barde*, tranche de lard.
Crêpe, étoffe.	*Crêpe*, pâte.
Critique, celui qui juge un ouvrage.	*Critique*, jugement sur un ouvrage.
Enseigne, officier.	*Enseigne*, tableau.
Foret, outil.	*Forêt*, bois.
Garde, l'homme qui veille.	*Garde*, action de garder, — femme qui garde les malades.
Greffe, endroit où l'on délivre des actes.	*Greffe*, petite branche.
Guide, ce qui sert à nous conduire.	*Guide*, bande de cuir.
Héliotrope, plante.	*Héliotrope*, pierre précieuse.
Jujube, suc tiré du fusin.	*Jujube*, fruit.
Livre, assemblage de feuillets imprimés, — registre.	*Livre*, poids, — monnaie.
Manche, la partie par laquelle on tient un instrument.	*Manche*, partie d'un vêtement.
Manœuvre, ouvrier.	*Manœuvre*, mouvement qu'on fait faire aux troupes.
Mémoire, écrit.	*Mémoire*, faculté de retenir.
Merci, remercîment.	*Merci*, pouvoir : être à la merci.
Mode, manière d'être, — ton (en musique).	*Mode*, usage.
Moule, forme.	*Moule*, poisson.
Mousse, jeune matelot.	*Mousse*, espèce d'herbe.
OEuvre, recueil d'estampes d'un même graveur, — ouvrage n musicien.	*OEuvre*, action, ouvrage.
Office, secours, — emploi.	*Office*, endroit où l'on prépare les mets.
Ombre, jeu, — poisson.	*Ombre*, obscurité.
Page, jeune gentilhomme.	*Page*, côté d'un feuillet.

Masculin.	Féminin.
Pantomime, acteur qui joue sans parler.	*Pantomime*, action de jouer sans parler.
Parallèle, comparaison.	*Parallèle*, ligne.
Pater, oraison dominicale.	*Patère*, espèce d'ornement pour relever les tentures, les rideaux.
Pendule, instrument de physique.	*Pendule*, horloge.
Platine, métal.	*Platine*, partie d'une arme à feu.
Poêle, fourneau, — espèce de voile.	*Poêle*, ustensile de cuisine.
Poste, emploi, — endroit où l'on place des soldats.	*Poste*, bureau, relais.
Pourpre, couleur.	*Pourpre*, teinture, — dignité (au figuré).
Réglisse, suc tiré des racines de la plante.	*Réglisse*, plante.
Relâche, arrêt.	*Relâche*, endroit où relâchent les vaisseaux.
Remise, voiture.	*Remise*, espèce de hangar, — délai.
Satyre, demi-dieu.	*Satire*, critique.
Solde, fin d'un payement.	*Solde*, paye des soldats.
Somme, sommeil.	*Somme*, argent, — rivière.
Souris, ris peu prononcé.	*Souris*, animal.
Statuaire, sculpteur.	*Statuaire*, art de la sculpture.
Tour, machine, — trait de ruse, de finesse, — mouvement circulaire, — circonférence d'un corps.	*Tour*, bâtiment.
Triomphe, honneur.	*Triomphe*, jeu de cartes.
Trompette, celui qui sonne de la trompette.	*Trompette*, instrument.
Vase, ustensile.	*Vase*, boue.
Voile, morceau d'étoffe.	*Voile*, toile pour les vaisseaux.

Du Nombre.

† **26.** Il y a deux nombres : le *singulier* et le *pluriel*.

Un substantif est *singulier* quand il ne représente qu'un seul être ou un seul objet. Ex. :

> un homme, un lion.

Un substantif est *pluriel* quand il représente plusieurs êtres ou plusieurs objets. Ex. :

> des hommes, des livres.

FORMATION DU PLURIEL DANS LES SUBSTANTIFS.

Régle générale.

† **27**. Pour former le pluriel d'un substantif, on y ajoute un *s*. Ex. :

le père,	la mère,	la maison,
les pères,	les mères,	les maisons.

Exceptions.

I. Les substantifs terminés au singulier par *s*, *x* ou *z*, ne changent pas pour le pluriel. Ex. :

un héros,	une noix,	un nez,
des héros,	des noix,	des nez.

II. Les substantifs terminés au singulier par *au*, ou par *eu*, prennent *x* pour le pluriel. Ex. :

l'eau,	le jeu.
les eaux,	les jeux.

III. *Six* substantifs terminés par *ou* prennent *x* au pluriel, ce sont :

bijou,	chou,	hibou,
caillou,	genou,	pou.

Pluriel :

des bijoux,	des choux,	des hiboux,
des cailloux,	des genoux,	des poux.

Les autres substantifs en *ou* suivent la règle générale. Ex. :

un clou,	un verrou,	le licou,
des clous,	des verrous,	les licous.

IV. Les substantifs terminés au singulier par *al* changent cette terminaison en *aux* pour le pluriel. Ex. :

un journal,	un général,	un canal,
des journaux,	des généraux,	des canaux.

Cependant les substantifs :

aval,	chacal,	nopal (plante),
bal,	carnaval,	pal (pieu),
cal (durillon),	régal,	festival,

et quelques autres peu usités, suivent la règle générale. Ex. :

des avals,	des chacals,	des nopals,
des bals,	des carnavals,	des pals,
des cals,	des régals,	des festivals.

V. *Sept* substantifs terminés par *ail* changent *ail* en *aux* pour le pluriel, ce sont :

bail,	émail,	travail,	vitrail,
corail,	soupirail,	vantail.

Pluriel :

des baux,	des émaux,	des travaux,	des vitraux,
des coraux,	des soupiraux,	des vantaux.

Les autres substantifs en *ail* suivent la règle générale. Ex. :

un éventail,	un détail,
des éventails,	des détails.

28. Remarque. — Le mot *travail* fait au pluriel *travails* dans deux cas :

1° Pour désigner les machines employées pour contenir les chevaux vicieux qu'on veut panser ou ferrer. Ex. :

Il a fallu mettre ces chevaux dans des *travails*.

2° Pour désigner les comptes rendus à leurs supérieurs par des employés d'administration. Ex. :

Cet employé a remis aujourd'hui ses *travails* au ministre.

29. *Aïeul*, *ciel* et *œil* ont deux pluriels :
1° Aïeuls, ciels, œils,
2° Aïeux, cieux, yeux.

50. On dit des *aïeuls* quand on veut parler du grand-père paternel et du grand-père maternel. Ex. :

Cet enfant a encore ses *aïeuls*.

Des *aïeux*, quand on veut parler des ancêtres. Ex. :

Il se glorifie de ses *aïeux*.

31. On dit au pluriel *ciels*, dans : *ciels-de-lit*, *ciels de tableaux*, *ciels de carrière*, et dans le sens de climat. Ex. :

Les *ciels* de ces tableaux sont admirables.
La Grèce et l'Italie sont sous les plus beaux *ciels* de l'Europe.

Dans les autres cas on dit, des *cieux*. Ex. :

Les étoiles brillent aux *cieux*.
Les *cieux* sont la patrie des élus.

52. *Œil* ne fait *œils* que dans *œils-de-bœufs* (petites lucarnes), et dans les substantifs composés commençant par œil comme : *œils-de-chat*, *œils-de-serpent* (termes de lapidaires), *œils-de-perdrix* (termes de broderie), etc.
Dans tous les autres cas, on doit dire des *yeux*. Ex. :

Comme cette soupe a des *yeux!*
L'homme lève les *yeux* au ciel quand il souffre. (V. Hugo.)

33. Le mot *ail* a aussi deux pluriels :
Ail, considéré comme légume, fait au pluriel *aulx*. Ex. :

Des *aulx* bien frais.

Ail, considéré comme plante, en botanique, fait au pluriel *ails*. Ex. :

> Les *ails* appartiennent à la famille des liliacées.

NOMBRE DES SUBSTANTIFS PROPRES.

34. Les substantifs propres ne prennent pas la marque du pluriel. Ex :

> Les deux *Caton*, les trois *Horace*.

Il existe pourtant deux cas où les substantifs propres deviennent de vrais substantifs communs, et peuvent alors prendre la marque du pluriel.

1° Lorsqu'ils désignent de certaines familles royales, princières, etc.

> Les *Bourbons*, les *Guises*, les *Stuarts*, les *Condés*.

2° Lorsqu'ils désignent des individus qui ont de l'analogie, de la ressemblance, avec ceux dont on emploie le nom.

> Les *Bossuets* sont rares (c'est-à-dire de grands orateurs comme Bossuet).
> La France a eu ses *Césars* (c'est-à-dire de grands capitaines comme César).
> Il est dans nos hameaux des *Socrates* champêtres.
> (Le P. LOMBARD.)

1ʳᵉ REMARQUE. — Lorsqu'on se sert du nom des auteurs pour désigner leurs ouvrages, ce nom est invariable. Exemple :

> Les *Dacier*, les *Sanadon* ne sont pas supportables pour qui sait lire les originaux. (ANDRIEUX.)

2ᵉ REMARQUE. — On emploie quelquefois l'article au pluriel devant un nom propre, quoiqu'il ne désigne qu'un seul individu, comme dans cette phrase :

> Quel ne devait pas être le recueillement des fidèles à la voix des *Bossuet*, des *Massillon*, des *Fléchier* !

Il est évident que cela signifie : à la voix de Bossuet, de Massillon, de Fléchier ; il ne peut donc y avoir d's.

SUBSTANTIFS ÉTRANGERS.

35. Les substantifs empruntés aux langues étrangères prennent un s au pluriel comme de véritables substantifs français, lorsque ce sont des mots fréquemment usités. On écrira donc :

Des accessits.	Des duos.	Des pianos.
Des albums.	Des exeats.	Des solos.
Des bravos.	Des factotums.	Des tilburys.
Des biftecks.	Des hourras.	
Des clubs.	Des opéras.	

Exceptions.

I. Les locutions étrangères formées de plusieurs mots ne prennent jamais la marque du pluriel :

Des ad-libitum.	Des in-octavo.
Des auto-da-fé.	Des in-petto.
Des ecce-homo.	Des nec-plus-ultrà.
Des fac-simile.	Des post-scriptum.
Des in-folio.	Des vice-versâ.

II. Tous les mots étrangers qui servent à désigner des prières, des chants d'église, restent invariables :

Des alleluia.	Des confiteor.	Des miserere.
Des amen.	Des credo.	Des oremus.
Des angelus.	Des gloria.	Des Pater.
Des ave.	Des kyrie.	Des stabat.
Des benedicite.	Des magnificat.	

III. Quelques mots empruntés à l'italien et à l'anglais forment leur pluriel comme dans la langue à laquelle ils appartiennent, ce sont :

Un alderman,	des aldermen.
Un carbonaro,	des carbonari.
Un condottiere,	des condottieri.
Un dilettante,	des dilettanti.

Un gentleman,   des gentlemen.
Une lady,   des ladies.
Un lazzarone,   des lazzaroni.
Un penny,   des pence.

SUBSTANTIFS COMPOSÉS.

36. Dans les substantifs composés, il peut entrer des substantifs, des adjectifs, des verbes, des adverbes et des prépositions.

Parmi ces espèces de mots, le substantif et l'adjectif seuls peuvent prendre la marque du pluriel.

L'accord des substantifs composés est soumis à cinq règles.

1re RÈGLE. — SUBSTANTIFS COMPOSÉS FORMÉS DE DEUX SUBSTANTIFS.

37. Quand un *substantif composé* est formé de deux substantifs dont le second qualifie le premier, ils prennent l'un et l'autre la marque du pluriel. Ex. :

Un chou-fleur,   des choux-fleurs.
Un chef-lieu,   des chefs-lieux.
Un oiseau-mouche,   des oiseaux-mouches.
Un sapeur-pompier,   des sapeurs-pompiers.

REMARQUE. — Il y a quelques substantifs composés, formés de deux substantifs, dans lesquels le sens s'oppose à l'application de la règle. On écrit donc :

Au singulier.	Au pluriel.
Un bain-marie,	des bains-marie (bains inventés par Marie).
Un Colin-Maillard,	des Colin-Maillard (jeu où Colin cherche Maillard).
Un Hôtel-Dieu,	des Hôtels-Dieu (hôtels de Dieu).

2e RÈGLE. — SUBSTANTIFS COMPOSÉS FORMÉS D'UN SUBSTANTIF ET D'UN ADJECTIF.

38. Quand un *substantif composé* est formé d'un substantif et d'un adjectif, ils prennent l'un et l'autre la marque du pluriel. Ex. :

Au singulier.	Au pluriel.
Une basse-cour,	des basses-cours.
Un coffre-fort,	des coffres-forts.
Un petit-maître,	des petits-maîtres.

1re REMARQUE. — Si l'adjectif se rapporte à un mot sous-entendu, il faut avoir recours à l'analyse de l'expression, et faire accorder le substantif ou l'adjectif, suivant ce qu'indique le sens. Ex. :

Au singulier.	Au pluriel.
Un blanc-seing (une ou des signatures en blanc),	des blanc-seings (des signatures en blanc).
Un terre-plein (un endroit plein de terre),	des terre-pleins (des endroits pleins de terre).

2° REMARQUE. — Les mots *bot*, *huant*, *grièche*, *gutte*, *garou*, et quelques autres qui ne s'emploient pas seuls, sont considérés comme des adjectifs. On écrit donc :

Au singulier.	Au pluriel.
Un pied-bot,	des pieds-bots.
Un chat-huant,	des chats-huants.
Un loup-garou,	des loups-garous.
Une pie-grièche,	des pies-grièches.
De la gomme-gutte,	des gommes-guttes.

3° REMARQUE. — L'adjectif *grand* dans *grand'mère*, *grand'messe* et les mots *archi*, *co*, *demi*, *ex*, *in*, *mi*, *quasi*, *semi*, *vice*, placés devant le substantif, restent toujours invariables. Ex. :

Au singulier.	Au pluriel.
Une *grand*'mère,	des *grand*'mères.
Une *grand*'messe,	des *grand*'messes.
Un *vice*-roi,	des *co*-adjuteurs.

3ᵉ RÈGLE. — SUBSTANTIFS COMPOSÉS FORMÉS DE DEUX SUBSTANTIFS UNIS PAR UNE PRÉPOSITION.

39. Quand un *substantif composé* est formé de deux substantifs unis par une préposition, le premier seul prend la marque du pluriel. Ex. :

Un arc-en-ciel,	des arcs-en-ciel.
Un ciel-de-lit,	des ciels-de-lit.

REMARQUE. — Le sens de l'expression s'oppose quelquefois à l'accord du premier substantif ; on écrira donc, au pluriel comme au singulier, les mots : coq-à-l'âne, pied-à-terre, tête-à-tête, etc.

Un coq-à-l'âne	(discours sans suite où l'on passe du coq à l'âne),	des coq-à-l'âne.
Un pied-à-terre	(un ou des appartements où l'on n'est qu'en passant),	des pied-à-terre.
Un tête-à-tête	(une ou des entrevues dans lesquelles on est deux),	des tête-à-tête.

4ᵉ RÈGLE. — SUBSTANTIFS COMPOSÉS FORMÉS D'UN SUBSTANTIF ET D'UN MOT INVARIABLE.

40. Quand un *substantif composé* est formé d'un substantif et d'un mot invariable, verbe, adverbe ou préposition, le substantif prend ou rejette la marque du pluriel, suivant qu'il exprime une idée d'unité ou de pluralité. On écrira donc :

1º Avec s au pluriel seulement :

Un avant-coureur, des avant-coureurs (coureurs qui vont en avant).
Une arrière-saison, des arrière-saisons (des saisons en arrière).

2º Avec s au singulier et au pluriel :

Un cure-dents	(objet avec lequel on se cure les dents),	des cure-dents.
Un essuie-mains	(où l'on s'essuie les mains),	des essuie-mains.
Un porte-clés	(qui porte les clés),	des porte-clés.

3° Sans *s* au singulier et au pluriel :

Une contre-vérité	(une ou des choses contre la vérité),	des contre-vérité.
Un crève-cœur	(une ou des choses qui crèvent le cœur),	des crève-cœur.
Un gagne-pain	(ce qui fait gagner le pain),	des gagne-pain.

5° RÈGLE. — SUBSTANTIFS COMPOSÉS FORMÉS DE VERBES, D'ADVERBES, DE PRÉPOSITIONS.

41. Quand un *substantif composé* ne renferme que des verbes, des adverbes ou des prépositions, ces mots restent tous invariables :

Un passe-passe,	des passe-passe.
Un passe-partout,	des passe-partout.
Un pour-boire,	des pour-boire.

Substantifs unis par DE.

42. Lorsque deux substantifs sont unis par *de*, le sens peut seul indiquer si le second doit ou non prendre la marque du pluriel. En général, c'est le singulier qu'on emploie, le pluriel n'est d'usage que lorsqu'il y a une idée positive de nombre, de quantité.

On écrira donc :

Au singulier.	Au pluriel.
Un enfant plein de *zèle* (qui a du zèle).	Un enfant plein de *défauts* (qui a des défauts).
Un marchand de *plume* (qui vend de la plume pour literie).	Un marchand de *plumes* (qui vend des plumes pour écrire).
Des queues de *cheval* (de l'espèce d'animal nommé cheval).	Une troupe de *chevaux* (composée de plusieurs chevaux).

C'est aussi le sens qu'il faut consulter lorsqu'un substantif est précédé de *à, en, sans*. Ex. :

Être sans *pain* (n'avoir pas de pain).	Être sans *souliers* (on n'a pas qu'un soulier).
Avoir la plume en *main* (dans une main).	Avoir les rames en *mains* (dans les deux mains).

Aller à *pied* (expression qui signi-　Sauter à *pieds* joints (avec les
fie marcher).　　　　　　　　　pieds joints).

SUBSTANTIFS QUI NE SONT PAS SUSCEPTIBLES DES DEUX NOMBRES.

43. Il y a des substantifs qui ne s'emploient jamais au pluriel, ce sont :

1° Les noms de vices et de vertus. } L'égoïsme, la cupidité, la douceur, la modestie, la candeur, la charité, etc.

2° Quelques mots qui ne représentent ni des êtres ni des objets matériels. } L'audace, l'enfance, la compréhension, la vieillesse, la santé, le sort, le bonheur, etc., etc.

44. Il y a des substantifs qui n'ont pas de singulier ; les principaux sont :

Abois.	Arrhes.	Fiançailles.	Matines.
Aguets.	Assises.	Fonts (baptis-	Mœurs.
Aïeux.	Besicles.	maux).	Mouchettes.
Alentours.	Bestiaux.	Frais.	Nippes.
Ancêtres.	Broussailles.	Funérailles.	Nones.
Annales.	Calendes.	Hardes.	Obsèques.
Appas.	Catacombes.	Immondices.	Pincettes.
Archives.	Complies.	Jonchets.	Ténèbres.
Armoiries.	Décombres.	Mânes.	Vêpres.
Arrérages.	Dépens.	Matériaux.	

CHAPITRE DEUXIÈME.

De l'ARTICLE.

† **45.** L'*article* est un mot qu'on place avant le substantif, et qui en fait connaître le genre et le nombre.

† **46.** En français, il n'y a qu'un seul *article*, c'est

le ; il devient *la* au féminin, et *les* au pluriel, pour les deux genres. Ex. :

Le lion.	*Les* hommes.
La lionne.	*Les* femmes.

Élision et contraction.

† **47.** 1° On retranche *e* dans *le* et *a* dans *la* quand le mot suivant commence par une voyelle ou un *h* muet. Ex. :

*L'*argent (pour *le* argent).   *L'*humanité (pour *la* humanité).

Cette suppression se nomme *élision ;* on remplace alors la lettre retranchée par une apostrophe, et l'article s'appelle *article élidé.*

† **48.** 2° *Du, des, au, aux* sont formés de la réunion de *le* ou de *les* avec l'un des mots *de, à.* Cette réunion se nomme *contraction,* et ces articles s'appellent des *articles contractés.*

Du est mis pour *de le,*	*au* est mis pour *à le,*
Des pour *de les,*	*aux* pour *à les.*

La queue *du* castor est écailleuse (pour *de le* castor).
L'Asie fut le berceau *des* chrétiens (pour *de les* chrétiens).
Le Rhin prend sa source *au* mont Saint-Gothard (pour *à le* mont Saint-Gothard).
La Gaule fut longtemps soumise *aux* Romains (pour *à les* Romains).

Du et *au* s'emploient devant les substantifs masculins singuliers commençant par une consonne ou un *h* aspiré. Ex. :

Du pain, *au* hameau.

Des et *aux* s'emploient devant les substantifs pluriels, quel qu'en soit le genre. Ex. :

Des fruits,	*aux* héros,	*des* pêches,
Des habits,	*aux* amis,	*aux* images.

2

GRAMMAIRE

Emploi de l'Article.

CAS OU L'ON DOIT EMPLOYER L'ARTICLE.

49. 1° Devant les substantifs qui désignent : — toute une espèce , — tout un genre, — un être ou un objet particulier.

Espèce.

Le chien est l'ami de l'homme.

Les noix ont fort bon goût, mais il faut les ouvrir.   (FLORIAN.)

Genre.

Le chien de *Terre-Neuve* est la providence du voyageur.

Les cygnes de la *Nouvelle-Hollande* sont noirs.

Individu particulier.

Le chien de mon ami est doux et fidèle.

Le palais des Tuileries fut commencé par l'ordre de Catherine de Médicis.

50. 2° Devant un adjectif, un infinitif, ou tout mot auquel on veut donner la fonction d'un substantif.

Préférez *l'utile* à *l'agréable.*

Le boire et *le manger* sont tout pour la brute.

Ne t'inquiète pas trop *des qu'en dira-t-on.*

51. 3° Devant les substantifs pris dans un sens partitif, c'est-à-dire désignant une partie des êtres ou des objets dont on emploie le nom ; dans ce cas, l'article est toujours joint au mot *de.*

Coupez-moi *du* pain (*de le* pain).

Il fait *de la* fumée.

Nous avons *des* amis (*de les* amis).

Il y a en nous deux mobiles de nos déterminations : l'attrait *du* bien et celui *du* mal.   (SAUCIÉ.)

52. EXCEPTION. — Lorsque le substantif pris dans un sens partitif est précédé d'un adjectif, on supprime l'article et l'on n'emploie que la préposition *de*, à moins que ce substantif ne soit suivi d'un membre de phrase qui en rende le sens tout à fait déterminé. Ex. :

Sans article.	Avec l'article.
Donnez-moi *de* bon pain, *de* belles fleurs.	Donnez-moi *du* bon pain bis que vous avez rapporté ce matin.
L'art de dire *de* petites choses devient peut-être plus difficile que l'art d'en dire *de* grandes. (Buffon.)	Avez-vous acheté *des* excellentes plumes dont je vous ai parlé ?

53. Remarque. — Lorsque le substantif et l'adjectif, étant liés par le sens, équivalent à un seul mot, on fait usage de l'article. Ex. :

Des petits-maîtres. *Des* belles-dames (plante). *Des* jeunes gens.

CAS OU L'ON NE DOIT PAS EMPLOYER L'ARTICLE.

Règle générale.

54. On n'emploie pas l'article devant les substantifs pris dans un sens indéterminé, c'est-à-dire n'indiquant ni tout un genre, ni toute une espèce, ni une partie d'un genre ou d'une espèce, ni un être ou un objet particulier. Les substantifs sont donc sans article dans les cas suivants :

I. Quand ils désignent la matière dont une chose est faite.
{ Une table *de* marbre.
Un coffre *de* bois.

Ou certaine qualité applicable à un être ou à un objet.
{ Homme *de* génie.
Femme *de* mérite.
Robe *de* saison.

II. Lorsqu'ils suivent un verbe actif accompagné d'une négation.
{ Il n'a pas *d'*amis.
Nous ne voyons plus *de* soldats.
Si nous n'avions point *de* défauts, nous ne prendrions pas tant de plaisir à en trouver dans les autres.
(La Rochefoucauld.)

1re Exception. — Si le substantif placé après le verbe est suivi d'un adjectif ou d'un membre de phrase qui en rende le sens tout à fait déterminé, l'emploi de l'*article* a lieu. Ex. :

Je n'ai pas *des* pensées si frivoles.
Je n'ai lu aucun *des* livres que vous m'avez prêtés.
N'affectez point ici *des* soins si généreux. (Voltaire.)

2ᵉ Exception. — Quand le verbe actif accompagné de la négation est interrogatif, on emploie ou l'on omet l'article [1] :

Avec l'article.	Sans l'article.
N'avez-vous pas *du* courage et *des* amis?	N'avez-vous pas *de* courage?
Ne donnes-tu pas *des* récompenses ou *des* punitions?	Ne donne-t-il pas *de* récompenses ni *de* punitions?
Que n'ai-je *du* talent?	Que n'a-t-elle pas *de* talent?

III. Lorsque des substantifs suivent des collectifs ou des adverbes de quantité l'article ne s'emploie pas.

> Une *foule* d'enfants, beaucoup *de* maîtres.
> *Combien de* pauvres sont oubliés!
> (Bourdaloue.)
> Un *peu* d'esprit et beaucoup *d'*autorité, c'est ce qui a presque toujours gouverné le monde. (Balzac.)

Exception. — Après le collectif, *la plupart* et l'adverbe de quantité *bien*, on fait néanmoins usage de l'article. Ex. :

> La *plupart des* livres ; *bien des* enfants.
> Rien ne reprend mieux la *plupart des* hommes que la peinture de leurs défauts. (Molière.)

IV. Les substantifs mis en apostrophes, ceux qui forment une énumération, ceux qui sont précédés de certains mots, tels que : *espèce, genre, sorte*, etc., ne prennent généralement pas l'article.

> O *mortel* infortuné!
> *Enfants, femmes, vieillards,* tout fut massacré.
> Une espèce *de fruits*, une sorte *de tunique*.
> O céleste *amitié*, pourquoi tes flammes pures ne consument-elles pas toutes les âmes! (Lacépède.)

On le supprime aussi dans les proverbes, les sentences.

> *Pauvreté* n'est pas *vice*.
> Plus fait *douceur* que *violence*.

---

[1] L'étendue de cet ouvrage ne permet pas d'indiquer les diverses nuances relatives à l'emploi ou à la suppression de l'article dans ces sortes de phrases.

V. Enfin on emploie *sans article* les noms propres de divinités, de villes et d'individus particuliers (à moins qu'ils ne deviennent par le sens de véritables noms communs).

Dieu est le créateur du ciel et de la terre.
Homère est le plus grand poëte de l'antiquité.
Alexandre fit son entrée dans *Babylone* avec un éclat qui surpassait tout ce que l'univers avait jamais vu. (Bossuet.)

Accord de l'Article.

† **55.** L'article est toujours du même genre et du même nombre que le substantif qu'il précède. Ex. :

> Le roi, *la* reine, *les* princes.

Le plus, le mieux, le moins.

56. Lorsque l'article forme avec les adverbes *plus, mieux, moins,* un superlatif absolu, c'est-à-dire une qualité portée au plus haut degré, sans comparaison, il est invariable. Ex. :

> Elle ne rit pas lors même qu'elle est *le plus* contente.
> Ceux qu'il méprise *le plus* sont ceux qu'il traite *le mieux.*
> (Fénelon.)

Lorsque l'article forme avec ces mêmes adverbes un superlatif relatif, c'est-à-dire exprimant une qualité portée au plus haut degré, avec comparaison, il s'accorde en genre et en nombre avec le substantif auquel il se rapporte. Ex. :

> De toutes ces petites filles voici *la* plus studieuse.

Répétition de l'Article.

CAS OÙ L'ON RÉPÈTE L'ARTICLE.

57. 1° Avant chaque substantif.

Le papier, *les* livres, *les* plumes, tout est prêt.
Choisissez *la* paix ou *la* guerre, dit Fabius.
Fuyez *la* mollesse, *le* faste, *la* profusion.
(Fénelon.)

2.

58. 2° Avant chaque adjectif, lorsque chacun d'eux se rapporte à un substantif différent.
{
Le bon et *le* mauvais élève.
Le premier et *le* deuxième étage.
Il aime *la* poésie anglaise, *la* française et *l'*italienne. (VOLTAIRE.)
Le seizième et *le* dix-septième siècle furent marqués par de grandes découvertes.
}

59. REMARQUE. — Si les adjectifs se rapportent au même substantif, on n'emploie l'article que devant le premier. Exemple :

Le bon et sage élève.
A ces mots il lui tend *le* doux et tendre ouvrage. (BOILEAU.)

A moins que ces adjectifs ne soient précédés des mots *plus, mieux, moins.* Ex :

La *plus* belle, *la plus* noble vertu, c'est la charité.

CHAPITRE TROISIÈME.

De l'ADJECTIF.

† **60.** L'*adjectif* est un mot qui qualifie ou qui détermine le substantif. Ex. :

Bon, méchant, ce, mon, un, tout.

† **61.** Il y a deux sortes d'adjectifs : l'adjectif *qualificatif* et l'adjectif *déterminatif*.

DE L'ADJECTIF QUALIFICATIF.

† **62.** L'*adjectif qualificatif* ajoute au substantif une qualité bonne ou mauvaise. Ex. :

Bon père, *vilain* chapeau, enfant *indocile,* perle *précieuse.*

63. L'adjectif qualificatif, terminé par *ant* et formé d'un verbe, prend le nom d'*adjectif verbal*. Ex. :

Charmant (de charmer), aimant (d'aimer), obligeant (d'obliger).

64. On nomme *adjectif composé* deux mots liés par un trait d'union et équivalant à un seul adjectif qualificatif. Ex.:

Sourd-muet, ivre-mort, avant-dernier.

65. REMARQUE. — L'adjectif peut être employé *substantivement*; le substantif peut être employé *adjectivement*. Ex. :

Adjectifs pris substantivement.	Substantifs pris adjectivement.
Le *pauvre*. Des *plaisants*.	David fut *roi* et *prophète*.
Un *noble*. Les *riches*.	Jeanne d'Arc était *bergère*.
Préférez toujours l'*utile* à l'a-gréable.	Les patriarches étaient *pasteurs*.

ACCORD DE L'ADJECTIF QUALIFICATIF.

† **66.** L'*adjectif qualificatif* est toujours du même genre et du même nombre que le mot auquel il se rapporte. Ex. :

Le chapeau *rond*, la table *ronde*, les enfants *innocents*, les fleurs *charmantes*, il est *bon*, elle est *heureuse*.

† **67.** REMARQUE. — Lorsque l'adjectif se rapporte à plusieurs substantifs (ou pronoms) du même genre, il se met au pluriel et prend le genre de ces substantifs. Ex. :

Masculin pluriel.	Féminin pluriel.
Un livre et un cahier *neufs*.	La peinture et la musique sont *attrayantes*.

Lorsque les substantifs (ou pronoms) ne sont pas du même genre, l'adjectif se met au masculin pluriel. On doit alors placer le substantif masculin le dernier, si l'adjectif n'a pas la même terminaison pour les deux genres. Ex. :

Mon frère et ma sœur sont *habiles*.	Ma sœur et mon frère sont *courageux*.
Un homme et une femme *honnêtes*.	Une femme et un homme *prudents*.

Exceptions.

Cas où l'adjectif ne s'accorde qu'avec le dernier substantif.

68. 1° Lorsque les substantifs sont *synonymes*, c'est-à-dire ont à peu près la même signification.	Toute sa vie n'a été qu'un travail, qu'une application *continuelle*. (MASSILLON.)
69. 2° Lorsque les substantifs sont unis par *ou* [1].	Ce duvet *ou* ces soies sont très-*serrées* [2], très-*fournies* et très-*douces* au toucher. (BUFFON.)
70. 3° Lorsque les substantifs sont placés par *gradation*.	C'est pour moi un ami, un père *tendre* et *dévoué*.

Cas où l'adjectif ne s'accorde qu'avec le premier substantif.

71. Lorsqu'un adjectif est placé après deux substantifs unis par *comme, de même que, ainsi que, aussi bien que, plutôt que*, etc., il s'accorde avec le premier. Ex. :

La chair du lynx, *comme* celle de tous les animaux de proie, n'est pas *bonne* à manger. (BUFFON.)

[1] Quelquefois cependant, pour éviter une équivoque, on fait accorder l'adjectif avec les deux substantifs. Ainsi l'on écrira : *Un homme et une femme jeunes et alertes*, si l'on attribue les qualités de *jeune* et *alerte* aux deux substantifs ; et : *Un homme et une femme jeune et alerte*, si les adjectifs *jeune* et *alerte* ne se rapportent qu'à femme.

[2] Le participe passé des verbes est considéré comme adjectif quand il est employé sans auxiliaire.

Adjectif placé après plusieurs substantifs unis par DE.

72. Un adjectif placé après plusieurs substantifs unis par *de* s'accorde avec celui de ces substantifs auquel il se rapporte par le sens. Ex. :

Des robes *de* soie *sales* et *déchirées*.	(Les robes sont sales et dé- chirées.)
Des chapeaux *de* paille *frais* et à la mode.	(Les chapeaux sont frais.)
Des robes *de* satin *broché*.	(Le satin est broché.)
Des chapeaux *de* paille *anglaise*.	(La paille est anglaise.)

ACCORD DE L'ADJECTIF PRÉCÉDÉ D'UN COLLECTIF.

73. Lorsqu'un adjectif est précédé d'un collectif il s'accorde, suivant le sens, soit avec le collectif lui-même, soit avec le substantif qui suit ce collectif. Ex. :

Une *troupe* d'enfants *joyeux* et *aimables* le suivaient en battant des mains. (Les enfants étaient joyeux et aimables et non la troupe.)

Une *partie* de ces marchandises est *avariée*. (Une partie des marchandises est avariée et non toutes les marchandises.)

74. Remarque. —Lorsque le sens ne détermine pas suffisamment si c'est avec le collectif ou avec le substantif que doit avoir lieu l'accord, on applique la règle suivante :

1° Si le collectif est *général*, c'est avec lui que s'accorde l'adjectif ;

2° Si le collectif est *partitif*, c'est avec le substantif qui le suit que se fait l'accord. (*Voir* n° 8.)

FORMATION DU FÉMININ DANS LES ADJECTIFS.

Règle générale.

† **75.** Pour former le *féminin* d'un adjectif on y ajoute un *e muet*. Ex. :

Masculin.	Féminin.
Prudent,	prudente.
Joli,	jolie.
Grand,	grande.

Exceptions.

I. Les adjectifs terminés au masculin par un *e muet* ne changent pas pour le féminin. Ex. :

Un enfant aimable.	Une femme aimable.
Un homme honnête.	Une fille honnête.

II. Dans les adjectifs terminés par *el, eil, on, en, et*, et dans la plupart des adjectifs terminés par *s*, on double la dernière consonne avant d'ajouter l'*e muet*. Ex. :

Masculin.	Féminin.
Tel,	telle.
Pareil,	pareille.
Bon,	bonne.
Païen,	païenne.
Coquet,	coquette.
Muet,	muette.
Gras,	grasse.
Épais,	épaisse.

Six adjectifs terminés par *et* font exception à cette règle ; ils prennent un accent grave sur l'*e* qui précède le *t* et ne doublent pas cette consonne, ce sont :

Masculin.	Féminin.
Complet,	complète.
Concret,	concrète.
Discret,	discrète.
Inquiet,	inquiète.
Replet.	replète.
Secret,	secrète.

III. On double encore la dernière consonne dans :

Masculin.		Féminin.
Bellot,		bellotte.
Gentil,		gentille.
Paysan,		paysanne.
Nul,		nulle.
Sot,		sotte.
Vieillot,		vieillotte.

IV.

	Jumeau	fait	jumelle.
	Beau	»	belle.
	Nouveau	»	nouvelle.
	Fou	»	folle.
	Mou	»	molle.

Ces quatre derniers adjectifs sont formés de *bel*, *nouvel*, *fol*, *mol*, qu'on emploie au masculin, au lieu de *beau*, *nouveau*, *fou*, *mou*, devant une voyelle ou un *h* muet.

V. Les adjectifs terminés par *f* changent cet *f* en *ve*.

Naïf,	naïve.
Neuf,	neuve.

VI. Les adjectifs terminés par *x* changent cet *x* en *se*.

Jaloux,	jalouse.
Peureux,	peureuse.

Excepté :

Doux	fait	douce,
Faux	»	fausse,
Préfix	»	préfixe.
Roux	»	rousse.
Vieux	»	vieille.

Ce dernier est formé du masculin *vieil*, employé devant une voyelle ou un *h* muet.

VII. Les adjectifs terminés par *eur* forment leur féminin de différentes manières :

1° Ceux qui sont terminés par *érieur* suivent la règle générale; c'est-à-dire prennent un *e muet*. Ex. :

Masculin,	Féminin.
Antérieur,	antérieure.
Extérieur,	extérieure.
Supérieur,	supérieure.

Il en est de même de :

Majeur,	majeure.
Mineur,	mineure.
Meilleur,	meilleure.

2º Ceux qui sont terminés en *eur* et qui dérivent du participe présent d'un verbe par le changement de *ant* en *eur* font leur féminin en *euse*. Ex. :

Masculin.	Féminin.
Ment*eur*,	ment*euse*.
Vend*eur*,	vend*euse*.
Chant*eur*,	chant*euse*.

Cependant quelques adjectifs ne suivent pas cette règle, bien qu'ils soient formés du participe présent du verbe, tels sont :

Masculin.	Féminin.
Exécuteur,	exécutrice.
Inspecteur,	inspectrice.
Inventeur,	inventrice.
Persécuteur,	persécutrice.
Gouverneur,	gouvernante.
Vengeur,	vengeresse.
Pécheur (qui commet des péchés),	pécheresse.
Enchanteur,	enchanteresse.
Chasseur,	chasseresse (poétique).
Bailleur (de fonds),	bailleresse.
Défendeur (en justice),	défenderesse.
Demandeur, { (termes de pra-	demanderesse.
Vendeur, { tique),	venderesse.

3º Les adjectifs terminés par *teur* qui ne sont pas formés d'un participe présent, font leur féminin en *trice*. Ex. :

Masculin.	Féminin.
Accusa*teur*,	accusa*trice*.
Audi*teur*,	audi*trice*.

Débi*teur*,	débi*trice*.
Déla*teur*,	déla*trice*.
Protec*teur*,	protec*trice*.
Spolia*teur*,	spolia*trice*.
Traduc*teur*,	traduc*trice*.

EXCEPTIONS.	Servi*teur*	fait	serv*ante*.
	Ambassad*eur*	»	ambassad*rice*.

4º Les adjectifs en *eur* qui expriment des états généralement exercés par des hommes ne changent pas au féminin. Ex. :

Auteur, docteur, professeur, successeur.

VIII. Les adjectifs terminés au masculin par *er* forment leur féminin d'après la règle générale, mais ils prennent un *accent grave* sur l'avant-dernier *e*. Ex. :

Fier,	fi*ère*.
Guerrier,	guerr*ière*.

IX. Les adjectifs terminés par *gu* prennent un *tréma* sur l'*e* qu'on ajoute pour former le féminin.

Aigu,	aiguë.
Contigu,	contiguë.

X. *Châtain*, *dispos*, *fat*, ne s'emploient qu'au masculin.

Artisan, *grognon*, *partisan*, *témoin*, sont des deux genres.

XI. Enfin les adjectifs suivants font leur féminin d'une manière irrégulière.

Masculin.	Féminin.
Blanc,	blanche.
Bénin,	bénigne.
Caduc,	caduque.
Coi,	coite.
Favori,	favorite.

3

Masculin.	Féminin.
Franc [1],	franche.
Frais,	fraîche.
Grec,	grecque.
Long,	longue.
Malin,	maligne.
Oblong,	oblongue.
Public,	publique.
Sec,	sèche.
Tiers,	tierce.
Turc,	turque.

FORMATION DU PLURIEL DANS LES ADJECTIFS.

Règle générale.

† **76.** Le *pluriel* se forme dans les adjectifs, comme dans les substantifs, en ajoutant un *s*.

Singulier.	Pluriel.
Le bon père,	les bons pères.
La belle fleur,	les belles fleurs.

Exceptions.

I. Les adjectifs terminés au singulier par *s*, *x*, ne changent pas pour le pluriel.

Singulier.	Pluriel.
Un enfant studieux,	des enfants studieux.
Un habit gris,	des habits gris.

II. Les adjectifs terminés par *au* prennent *x* au pluriel.

Singulier.	Pluriel.
Un livre nouveau,	des livres nouveaux.
Le beau chien,	les beaux chiens.

---

[1] Franc, nom de nation, fait franque.

III. Les adjectifs terminés par *al* font, pour la plupart, leur pluriel en *aux*.

Singulier.	Pluriel.
Brutal,	brutaux.
Loyal,	loyaux.
Musical,	musicaux.
Original,	originaux.
Biennal,	biennaux.
Doctrinal,	doctrinaux.
Machinal,	machinaux.
Pascal,	pascaux.
Trivial,	triviaux.

(Le pluriel de ces cinq derniers mots est peu usité.)

REMARQUE. — Tous les adjectifs en *al* qui appartiennent au vocabulaire de la médecine font leur pluriel en *aux*.

Singulier.	Pluriel.
Cérébral,	cérébraux.
Intercostal,	intercostaux, etc.

Quelques adjectifs terminés par *al* font leur pluriel d'après la règle générale; ils sont rarement employés au pluriel; les principaux sont :

Singulier.	Pluriel.
Amical,	amicals.
Austral,	australs.
Bancal,	bancals.
Boréal,	boréals.
Fatal,	fatals.
Filial,	filials.
Final,	finals.
Frugal,	frugals.
Glacial,	glacials.
Initial,	initials.
Jovial,	jovials.
Natal,	natals.
Naval,	navals.
Théâtral,	théâtrals.

REMARQUE. — Il y a des adjectifs en *al* qui s'emploient presque toujours avec des substantifs féminins, tels sont :

Bénéficial.	Expérimental.	Transversal.
Collégial.	Médicinal.	Virginal.
Diagonal.	Paroissial.	Zodiacal.
Diamétral.	Patronal.	

Ces adjectifs peuvent cependant se trouver accidentellement employés avec un substantif masculin pluriel, alors on doit préférer la terminaison *als*.

IV. L'adjectif *tout* ne conserve pas le *t* au pluriel. Ex. :

> *Tous* les hommes sont sujets à l'erreur.
> *Tous* les fleuves se jettent dans la mer.

ADJECTIFS SOUMIS POUR L'ACCORD A DES RÈGLES PARTICULIÈRES.

Demi.

77. L'adjectif *demi* reste invariable quand il précède le substantif qu'il qualifie.

Il s'accorde, mais en genre seulement, quand il est placé après le substantif. Ex. :

Invariable.	Variable.
Hercule était un des *demi*-dieux des anciens.	Les éclipses totales de soleil ne durent pas plus de deux minutes et *demie*.
Les *demi*-mesures n'amènent jamais de bons résultats.	La révolution de la lune s'opère en vingt-sept jours et *demi* environ.

Feu.

78. L'adjectif *feu* reste invariable quand il est séparé du substantif qu'il qualifie, par un article ou un adjectif déterminatif.

Il s'accorde quand il précède immédiatement le substantif. Ex. :

Invariable.	Variable.
Feu la reine était la Providence des pauvres.	La *feue* reine était le modèle de toutes les vertus.
C'est *feu* votre mère qui a veillé sur mon enfance.	Jamais je n'oublierai les conseils de ma protectrice, votre *feue* mère.

Franc de port. — Sauf.

79. Les adjectifs *franc de port* et *sauf* sont invariables quand ils précèdent le substantif.

Ils s'accordent quand ils le suivent : Ex. :

Invariable.	Variable.
Je vous envoie *franc de port* les lettres que vous m'avez demandées.	J'ai reçu vos lettres *franches de port*.
Sauf mes papiers, j'ai tout perdu.	Ils sont arrivés sains et *saufs*.

Nu.

80. L'adjectif *nu* ne reste invariable que lorsqu'il précède immédiatement les mots *bras, cou, jambe, main, pied, tête*.

Avant tout autre mot, il s'accorde. Ex. :

Invariable.	Variable.
Nu-jambes, *nu*-bras.	*Nue*-propriété.
Saint Louis porta la couronne d'épines, *nu*-pieds, *nu*-tête, depuis le bois de Vincennes jusqu'à Notre-Dame. (WAILLY.)	Toute *nue*, la vérité peut paraître dure, mais jamais injuste.

Nu, placé après toute espèce de substantifs, suit la règle générale. Ex. :

Pieds *nus*; jambes *nues*.

Accoutumez vos enfants à demeurer été et hiver, jour et nuit, toujours tête *nue*. (J.-J. ROUSSEAU.)

Cas où l'adjectif reste invariable.

81. 1° Quand un adjectif modifie un verbe, il devient adverbe et reste invariable. Ex. :

> Ces fleurs sentent *bon*. Ces enfants courent *fort*.
> Vous m'avez vendu *cher* vos secours inhumains. (RACINE.)

REMARQUE. — L'adjectif *possible* est souvent pris adverbialement sans que le verbe qu'il modifie soit exprimé ; cela a lieu ordinairement lorsqu'il y a dans la phrase *plus, moins, le plus, le moins*. Ex. :

> Donnez le bon exemple, et dites le moins de paroles *possible*.
>   (Qu'il vous est possible.)
> Cet élève a fait le plus de devoirs *possible*. (Qu'il lui a été possible.)

Mais on écrirait, en faisant accorder *possible* avec le substantif qu'il qualifie :

> J'ai fait tous les efforts *possibles* en pareille circonstance.
> Sa mauvaise conduite lui a attiré tous les maux *possibles*, tous les châtiments imaginables.

Dans ces deux dernières phrases, il n'y a pas de verbe sous-entendu.

82. 2° Quand deux adjectifs forment une expression, dans laquelle on reconnaît, par l'analyse, que le premier adjectif est pris substantivement, et que le second sert à le qualifier, l'un et l'autre restent invariables. Ex. :

> Des étoffes *gris-brun*, *vert-clair* (c'est-à-dire d'un gris brun d'un vert clair).
> Elle a des chapeaux *rose-tendre* et des robes *vert-foncé*.
> Les cheveux *blond-cendré* sont fort rares.

REMARQUE. — Certains substantifs servent à désigner des couleurs ; ils restent invariables. Ex. :

> Des chapeaux *marron*. — Des gants *paille*.

Remarque sur l'adjectif qui accompagne AVOIR L'AIR.

83. Quand un adjectif est employé avec l'expression *avoir l'air*, il s'accorde avec *air* s'il exprime une qualité applicable à ce mot; dans le cas contraire, il prend le genre et le nombre de la personne ou de la chose dont on parle. Ex. :

Accord avec air.	Accord avec la personne ou la chose dont on parle.
Cette petite fille a l'air *gai* (on peut dire un air gai).	Ces hommes ont l'air *pressés* (on ne peut pas dire un air pressé).
Ils ont l'air *ravi* (on peut dire un air ravi).	Cette pomme a l'air *mûre* (on ne peut pas dire un air mûr).
	Il serait mieux de dire :
Comme elle a l'air *bon* et *doux* (on peut dire un air bon, un air doux).	Ces hommes paraissent pressés, semblent pressés, ont l'air d'être pressés.
	Cette pomme paraît (semble) mûre, a l'air d'être mûre.

DES ADJECTIFS COMPOSÉS.

84. Les *adjectifs composés* sont formés, soit de deux adjectifs, soit d'un adjectif et d'un mot invariable (adverbe, préposition ou adjectif pris adverbialement).

Parmi ces mots, l'adjectif seul est susceptible d'accord. Il en résulte les trois règles suivantes :

1º Lorsqu'un *adjectif* composé est formé de deux adjectifs, ils s'accordent l'un et l'autre, en genre et en nombre, avec le substantif qu'ils qualifient. Ex. :

> Des hommes *ivres-morts.*
> Des enfants *sourds-muets.*

2º Lorsqu'un *adjectif composé* est formé de deux adjectifs, mais que le premier tient lieu d'un adverbe, le second adjectif seul s'accorde. Ex. :

> Des enfants *nouveau-nés* (nouvellement nés).
> Des cheveux *clair-semés* (pour semés clairement).
> Légère et *court-vêtue* elle allait à grands pas. (LA FONTAINE.)

Exception. — *Frais cueilli* et *tout-puissant* font au féminin singulier : *fraîche cueillie* et *toute-puissante*, et au féminin pluriel : *fraîches cueillies* et *toutes-puissantes*.

> Du pain blanc et des cerises *fraîches cueillies* composaient tout le festin.
> La prière du juste est *toute-puissante*.

3° Lorsqu'un *adjectif composé* est formé d'un adjectif et d'un mot invariable (adverbe ou préposition), l'adjectif seul s'accorde. Ex. :

> Des enfants *bien-aimés*.
> Les *avant-derniers* élèves.

Adjectifs qu'on ne peut pas appliquer indifféremment aux personnes et aux choses.

85. Certains adjectifs ne peuvent qualifier que des noms de personnes ou de choses personnifiées. Tels sont : *consolable, inconsolable*, etc. On dira :

> Il est *inconsolable* dans sa douleur,

Et non :

> Sa douleur est *inconsolable* (la raison en est qu'on ne peut consoler des choses).

D'autres adjectifs, au contraire, ne sauraient qualifier que des noms de choses, tels sont : *pardonnable, impardonnable, contestable, incontestable, déplorable*, etc. On dira :

> Cette faute est *impardonnable*.
> Le fait que vous avancez est *contestable*.

Et non :

> Votre ami est impardonnable d'avoir commis cette faute.
> Vous êtes contestable dans ce que vous avancez (on ne peut ni pardonner ni contester quelqu'un).

DEGRÉS DE QUALIFICATION.

86. On compte dans les adjectifs trois degrés de qualification :

Le *positif*, — le *comparatif*, — le *superlatif*.

1° L'adjectif est au *positif* quand il exprime une qualité simple. Ex. :

> Un *bon* cheval, une *belle* robe.
> J'ajoute à ces tableaux la peinture *effroyable*
> De leur concorde *impie, affreuse, inexorable*. (CORNEILLE.)

2° L'adjectif est au *comparatif* lorsqu'il exprime une qualité comparée à celle d'un autre être ou d'un autre objet. Ex. :

> Son oiseau est *plus beau* que celui de mon frère.
> Sa tunique est *aussi fraîche* que celle de son cousin.
> Mon papier est *moins grand* que le sien.

3° L'adjectif est au *superlatif* quand il exprime une qualité portée au plus haut degré ou à un très-haut degré. Ex. :

> Son cheval est *le plus beau* que je connaisse.
> Cette personne est *fort douce* et *extrêmement obligeante*.
> Avec l'appui de Dieu, on trouve de la force et du courage pour
>   supporter *les plus grands* malheurs. (Mᵐᵉ DE SÉVIGNÉ.)
> La jeunesse est un temps *fort précieux*. (FLEURY.)

DES DIFFÉRENTES SORTES DE COMPARATIFS.

87. Il y a trois sortes de comparatifs :

1° Le *comparatif de supériorité*, qui se forme en plaçant les adverbes *plus, mieux*, devant l'adjectif :

> Plus grand ; plus fort ; mieux fait.
> Le bien est *plus ancien* dans le monde que le mal. (D'AGUESSEAU.)

2° Le *comparatif d'égalité*, qui se forme en plaçant l'adverbe *aussi* devant l'adjectif.

> Aussi brave ; aussi difficile.
> Il demeurait là sans parler, *aussi triste* et *aussi confus* que s'il
>   eût été coupable. (FLÉCHIER.)

3.

3° Le *comparatif d'infériorité*, qui se forme en plaçant l'adverbe *moins* devant l'adjectif :

> Moins savant ; moins propre.
> Étant *moins oisifs*, ils s'ennuyaient moins. (FLEURY.)

88. REMARQUE. — Il n'y a en français que trois adjectifs qui forment leur comparatif sans le secours d'un adverbe, ce sont : *bon, petit, mauvais*, dont les comparatifs sont *meilleur, moindre, pire*. Ex. :

> La *meilleure* leçon, c'est l'exemple.
> Le *moindre* effort est récompensé.
> Le *pire* des maux, c'est le vice.

DIFFÉRENTES SORTES DE SUPERLATIFS.

89. Il y a deux sortes de superlatifs :

1° Le *superlatif relatif*, qui exprime une qualité portée au plus haut degré, relativement à une autre. Il se forme à l'aide de *le plus* pour le masculin, *la plus* pour le féminin, *les plus* pour le pluriel.

> Donne *le plus neuf* de tes chapeaux.
> Cette fleur est *la plus fraîche* de toutes.
> Voici *les plus beaux fruits* du verger.

2° Le *superlatif absolu*, qui exprime une qualité portée au plus haut degré ou à un très-haut degré sans comparaison. Il se forme à l'aide de *le plus* (pour les deux genres et pour les deux nombres), *très, fort, extrêmement,* etc. Ex. :

> C'est quand elle pleure qu'elle est *le plus* intéressante.
> Les paroles qui brillent *le plus* sont souvent celles qui pèsent le moins. (BALZAC.)
> La Providence règle tout et démêle tout : nous sommes ici des spectateurs *très-aveugles* et *très-ignorants*.
> (Mme DE SÉVIGNÉ.)

COMPLÉMENT DES ADJECTIFS.

90. On nomme *complément* d'un adjectif un mot, substantif, pronom ou verbe, qui suit cet adjectif, et qui, à l'aide d'une préposition, en complète la qualification. Ainsi l'on dit :

> Lent *à punir* ; plein *de grâce* ; coupable *de trahison* ; bon *pour nous*, etc.

Les adjectifs n'ont pas tous des compléments ;

Tous les adjectifs susceptibles d'avoir des compléments ne demandent pas après eux la même préposition.

La lecture des bons auteurs est le meilleur guide à suivre ; du reste, il faut observer les trois règles suivantes :

91. 1° Ne pas donner de *complément* à un adjectif qui a par lui-même une qualification complète, déterminée, comme : *unique*, *légal*, *pacifique*, etc.

92. 2° Ne pas former le *complément* d'un adjectif à l'aide d'une préposition autre que celle que l'usage lui a donnée; ainsi l'on dit : Coupable *de*, prêt *à*, utile *à*, aimé *de*, etc.

93. 3° Ne pas donner à deux adjectifs le même *complément* lorsque ces deux adjectifs demandent après eux des prépositions différentes. On dira :

> Un homme respecté et chéri *de* tout le monde,

parce qu'on dit également respecté *de*, et chéri *de* ; mais il serait incorrect de dire :

> Un homme bon et chéri *de* tout le monde ;

attendu qu'on dit bon *pour* et chéri *de*.

PLACE DE L'ADJECTIF.

94. En français, la place des adjectifs n'est pas soumise à des règles grammaticales ; néanmoins elle est irrévocablement déterminée par l'usage et appartient au génie de la langue. La lecture des bons auteurs doit encore guider en cette circonstance.

Voici pourtant une liste de certaines expressions dans

lesquelles la place de l'adjectif change entièrement le sens. Ex. :

Un bon homme (homme qui a de la bonhomie, de la crédulité).

Un homme bon (homme qui a de la bonté).

Un brave homme (homme qui a de la probité).

Un homme brave (homme qui a du courage, de la bravoure).

Un certain mal (un mal particulier).

Un mal certain (un mal assuré).

Une commune voix (la réunion de toutes les voix).

Une voix commune (une voix ordinaire, sans distinction).

Un faux jour (jour qui éclaire un tableau dans un sens contraire à celui que l'artiste a choisi en faisant le tableau).

Un jour faux (jour qui éclaire un tableau contre nature).

Une fausse porte (porte qui sert à se dérober sans être vu).

Une porte fausse (un simulacre de porte).

Un galant homme (un homme qui a des sentiments nobles, qui est honnête).

Un homme galant (un homme qui cherche à plaire).

La dernière année (la dernière année d'une période dont on parle).

L'année dernière (année qui précède celle où l'on est).

Un grand homme (homme d'un grand mérite, d'un grand talent).

Un homme grand (homme d'une taille élevée).

Un honnête homme (un homme qui mérite l'estime).

Un homme honnête (homme poli).

Même différence entre :

Honnêtes gens.

Gens honnêtes.

Malhonnête homme (homme sans probité).

Homme malhonnête (homme impoli).

Mauvais air (extérieur désagréable).

L'air mauvais (l'air méchant).

Méchant homme (qui se refuse à ce qu'on désire).

Un homme méchant (qui commet le mal — fait de mauvaises actions).

Méchante satire (satire sans esprit).

Une satire méchante (satire qui renferme des traits mordants).

Le nouveau vin (vin autre que celui qu'on buvait).

Le vin nouveau (du vin fait nouvellement).

Même différence entre :

Nouvel habit.	Habit nouveau.
Nouveau livre.	Livre nouveau.
Un pauvre homme (homme sans capacité).	Un homme pauvre (homme sans fortune).
Un plaisant homme (homme ridicule).	Un homme plaisant (homme gai).
Un petit homme (homme de petite taille).	Un homme petit (celui qui commet des actions mesquines).
Les propres termes (les mêmes termes, les mêmes expressions).	Les termes propres (les expressions justes, convenables).
Un simple homme (un homme seul).	Un homme simple (homme qui a du naturel).
Un unique habit (habit seul en nombre).	Un habit unique (seul dans son genre).
Un vilain homme (homme laid).	Un homme vilain ⎱ qui agissent
Une vilaine femme (femme laide).	Une femme vilaine ⎰ mesquinement.

DE L'ADJECTIF DÉTERMINATIF.

† **95.** L'adjectif *déterminatif* se place devant le substantif pour le déterminer en y ajoutant une idée 1° de possession; 2° d'indication; 3° de nombre, d'ordre; 4° ou une idée vague, générale.

† **96.** Il y a quatre sortes d'*adjectifs déterminatifs :*

1° L'adjectif *possessif*.

2° L'adjectif *démonstratif*.

3° L'adjectif *numéral*.

4° L'adjectif *indéfini*.

Accord de l'adjectif déterminatif.

† **97.** L'adjectif *déterminatif* est toujours du même genre et du même nombre que le substantif qu'il détermine. Ex. :

Mon livre; *ma* plume; *ces* papiers; *toute* personne; *quelle* femme; *ces* rivaux; *cette* histoire.

REMARQUE. — La plupart des adjectifs déterminatifs n'ont, au pluriel, qu'une forme pour les deux genres. Ex. :

Masculin.	Féminin.
Mes livres.	*Mes* plumes.
Trois chevaux.	*Trois* brebis.
Ces tableaux.	*Ces* images.
Quelques amis.	*Quelques* minutes.

DE L'ADJECTIF POSSESSIF.

† **98.** L'adjectif *possessif* détermine le substantif qu'il précède en y ajoutant une idée de possession. Ex. :

Mon chien ; *sa* plume ; *leurs* enfants.

† **99.** Les adjectifs possessifs sont :

Mas. sing.	Fém. sing.	Plur. des deux genres.
Mon.	Ma.	Mes.
Ton.	Ta.	Tes.
Son.	Sa.	Ses.
Notre.	Notre.	Nos.
Votre.	Votre.	Vos.
Leur.	Leur.	Leurs.

† **100.** REMARQUE. — On emploie *mon, ton, son*, au lieu de *ma, ta, sa*, devant un substantif féminin qui commence par une *voyelle* ou un *h muet*. Ex. :

Mon école ; *ton* armoire ; *son* habitude.

Cas où l'on n'emploie pas l'adjectif possessif.

101. On n'emploie pas l'adjectif possessif lorsqu'il n'est pas nécessaire au sens, et qu'on peut le remplacer par l'article sans donner lieu à une équivoque. On dira donc :

Je me suis coupé *le* doigt (et non mon doigt).

Il s'est foulé *le* pied (et non son pied).

Ces étrangers sont venus des îles les plus éloignées baisser *les* yeux devant la gloire de Sa Majesté. (MASSILLON.)

REMARQUE. — Cependant on emploie l'adjectif possessif en parlant d'une chose habituelle ou d'une chose qu'on veut désigner d'une manière spéciale ; une personne sujette à la migraine dira :

> J'ai *ma* migraine aujourd'hui.

On dira aussi :

> Je souffre à *mon* bras, à *mon* genou (pour indiquer spéciale-
> ment le genou ou le bras atteint d'un mal particulier).

Son, sa, ses, leur, leurs.

102. Lorsque le possesseur est un nom de chose, *son, sa, ses, leur, leurs,* sont rarement d'usage ; on les remplace par l'article et le mot *en,* toutes les fois que la construction de la phrase le permet. Ex. :

Avec l'adjectif possessif.	Avec EN.
La ville a *ses* plaisirs.	J'aime la ville, *les* plaisirs *en* sont toujours nouveaux.
Ces livres ont *leur* mérite.	Je lis vos livres, *le* mérite *en* est incontestable.
Cet ouvrage a *ses* défauts.	Le temps est précieux, mais on n'*en* connaît pas *le* prix. (FÉNELON.)
Toutes les langues ont *leurs* beautés.	Notre ignorance nous ferait pitié, si notre vanité ne nous *en* dérobait *la* connaissance. (FONTENELLE.)

Leur, leurs.

103. Un substantif précédé de *leur* se met au singulier lorsqu'il ne désigne, par le sens, qu'un être ou qu'un objet. Ex. :

> Ces enfants (ils sont frères) chérissent *leur* mère.

Au contraire, il se met au pluriel s'il représente plu-sieurs êtres ou plusieurs objets distincts. Ex. :

> Ces enfants (ils ne sont pas frères) chérissent *leurs* mères.

Exemples.

Singulier.	Pluriel.
Les cieux instruisent la terre à révérer *leur* auteur. (J.-B. ROUSSEAU.)	Les mots de morale et d'huma-nité sont sans cesse dans *leurs* bouches. (CHATEAUBRIAND.)

Singulier.	Pluriel.
Là, de hautes montagnes vont porter *leur* front glacé presque dans les nues.	*Leurs* ménages étaient tout leur docte entretien, et *leurs* livres un dé, du fil et des aiguilles. (MOLIÈRE.)

REMARQUE. — On mettra au singulier :

Je me suis informé de *leur* santé.
Nous avons fait *leur* bonheur.

Attendu que les mots *santé, bonheur* sont au nombre de ceux qu'il n'est pas d'usage d'employer au pluriel.

DE L'ADJECTIF DÉMONSTRATIF.

† 104. L'adjectif *démonstratif* détermine le substantif qui le précède, en y ajoutant une idée d'indication. Ex :

Ce chapeau; *cet* ami; *cette* table; *ces* livres.

† 105. Les adjectifs démonstratifs sont :

Masc. sing.	Fém. sing.	Plur. des deux genres.
Ce. Cet.	Cette.	Ces.

† 106. REMARQUE. — *Ce* s'emploie devant les substantifs masculins qui commencent par une *consonne* ou un *h aspiré.* Ex. :

Ce livre; *ce* héros.

Cet s'emploie devant ceux qui commencent par une *voyelle* ou un *h muet.* Ex :

Cet éventail; *cet* habit.

DE L'ADJECTIF NUMÉRAL.

† 107. L'adjectif *numéral*, ou adjectif de nombre, exprime, soit la quantité, soit le rang des êtres ou des objets qu'il détermine. Ex. :

Vingt, cent, dix, troisième, cinquième.

† **108.** Il y a deux sortes d'adjectifs numéraux :
l'adjectif *numéral cardinal* et l'adjectif *numéral ordinal.*

1° L'adjectif *numéral cardinal* marque la quantité. Ex. :

> Vingt, quinze, cent.

2° L'adjectif *numéral ordinal* marque le rang, la
place. Ex. :

> Second, trentième, cinquantième.

109. REMARQUE. — On emploie par abréviation l'adjectif
numéral cardinal au lieu de l'adjectif numéral ordinal
dans divers cas, entre autres : dans les quantièmes des
mois, la nomenclature des souverains, les dates, les pages,
les chapitres d'un ouvrage. Ex. :

> L'équinoxe de printemps a lieu le *vingt et un* mars (le vingt
> et unième jour).
> Philippe *deux* (deuxième du nom) reçut le titre d'Auguste.
> Pharamond s'établit dans la Gaule en *quatre cent vingt* (la
> quatre cent vingtième année).
> Vous trouverez cette définition page *vingt-cinq* (vingt-cin-
> quième), chapitre *deux* (deuxième).

L'adjectif ordinal *premier* ne se remplace pas par l'adjectif cardinal *un.* Ex. :

> Le *premier* janvier ; Henri *premier.*

ACCORD DE L'ADJECTIF NUMÉRAL CARDINAL.

110. Les adjectifs de nombre *cardinaux* sont toujours
invariables. Ex. :

> Les *quatre* chevaux ; les *huit* plumes.

EXCEPTION. — *Vingt* et *cent* font seuls exception à cette
règle et peuvent varier en nombre.

Vingt et cent.

111. *Vingt* et *cent* prennent la marque du pluriel lorsqu'il y a avant eux un adjectif de nombre et qu'il n'y en a pas après, c'est-à-dire lorsqu'ils expriment plusieurs vingtaines ou plusieurs centaines justes. Ex. :

Quatre-vingts oiseaux ; *huit cents* pigeons ; *six cents* brebis.

REMARQUE. — Lorsque *vingt* et *cent* sont employés par abréviation pour vingtième et centième, comme dans : page *quatre-vingt*, chapitre *deux cent*, ils restent toujours invariables, car il ne s'agit pas alors de plusieurs vingtaines ni de plusieurs centaines, mais bien de la quatre-vingtième page et du deux centième chapitre.

Mille.

112. *Mille*, adjectif de nombre, est toujours invariable. Ex. :

Deux *mille* hommes, six *mille* chevaux.
Mille ennemis cruels assiégent notre vie. (VOLTAIRE.)
L'an deux *mille* de la création. (ACAD.)

Par abréviation on l'écrit *mil*[1] dans la supputation des années, seulement à partir de l'ère chrétienne. Ex. :

L'an *mil* huit cent cinquante.
C'était en *mil* cinq cent quatre-vingt-neuf que le bon roi Henri monta sur le trône.

DE L'ADJECTIF INDÉFINI.

† **113.** L'adjectif *indéfini* détermine le substantif d'une manière vague, générale. Ex. :

Quelques livres, *maints* objets.

† **114.** Les adjectifs indéfinis sont :

Aucun.	Maint.	Plusieurs.	Quelconque.
Certain.	Même.	Quel.	Tel.
Chaque.	Nul.	Quelque.	Tout.

Les *mêmes* chevaux ; des livres *quelconques*.

NOTA. En parlant des années qui appartiennent au millésime où nous ne sommes pas encore, on écrit *mille.* — *Mille*, longueur de chemin, est un substantif commun qui prend *s* au pluriel, suivant la règle générale.

Chaque.

115. *Chaque* doit toujours être suivi d'un substantif. Ex. :

Chaque instant ; *chaque* fleur.

Chaque homme a au milieu du cœur un tribunal où il commence par se juger soi-même. (CHATEAUBRIAND.)

Aucun et nul.

116. *Aucun* et *nul* ne prennent la marque du pluriel que lorsqu'ils précèdent des substantifs qui ne s'emploient pas au singulier ou qui changent d'acception en changeant de nombre. Ex. :

Singulier.	Pluriel.
Aucun mérite.	*Aucuns* obsèques.
Nul guerrier.	*Nuls* pleurs.
Nulle science n'est pour elles trop profonde.	*Nulles* funérailles ne furent aussi magnifiques que celles de l'empereur Napoléon premier.
Et céans, beaucoup plus qu'en *aucun* lieu du monde, les secrets les plus hauts se laissent concevoir. (MOLIÈRE.)	La république n'avait *aucunes* troupes [1] aguerries, *aucun* officier expérimenté. (VOLTAIRE.)

REMARQUE. — *Nul* devient un véritable adjectif qualificatif quand il signifie *sans valeur, sans effet* ; il s'accorde alors en genre et en nombre avec le substantif qu'il qualifie. Ex.

Ces papiers sont *nuls ;* cette affaire est *nulle.*

Même.

117. *Même* est tantôt adjectif, tantôt adverbe.

Même est adjectif et s'accorde avec le mot qu'il détermine dans les cas suivants :

1° Lorsqu'il précède un substantif. { Les *mêmes* vertus qui servent à fonder un empire servent aussi à le conserver. (MONTESQUIEU.)

---

[1] *Troupe*, au singulier, signifie foule, réunion ; au pluriel, il désigne l'armée.

| 2° Lorsqu'il suit un substantif. | Les dieux *mêmes* les ont couronnés de leurs propres mains avec des couronnes que rien ne peut flétrir. (FÉNELON.) |
| 3° Lorsqu'il suit un pronom. | Moi-*même*; nous-*mêmes*; eux-*mêmes*. Il faut tolérer les défauts des autres et tendre à n'en pas avoir nous-*mêmes*. (FLÉCHIER.) |

Même est adverbe et conséquemment invariable :

1° Lorsqu'il modifie un verbe.	Ils font du bien *même* à un ennemi. Nous ne devons jamais rechercher les méchants, nous devons *même* les éviter avec soin.
2° Lorsqu'il suit plusieurs substantifs.	Les animaux, les plantes *même* étaient des divinités en Égypte. J'ai tout à craindre de leurs larmes, de leurs soupirs, de leurs plaisirs *même*. (MONTESQUIEU.)
3° Chaque fois qu'il a le sens de *aussi, et même, sans excepter.*	Tout citoyen doit obéir aux lois *même* injustes (c'est-à-dire : *et même aux lois injustes*).

Quelque.

118. *Quelque* est soumis à trois règles :

1° *Quelque*, placé devant un substantif, est adjectif et s'accorde. Ex. :

Quelques amis; *quelque* intérêt.

Quelques crimes toujours précèdent les grands crimes. (RACINE.)

REMARQUE. — Ce substantif peut être immédiatement précédé d'un adjectif qui le qualifie.

Quelques bons amis; *quelques* grandes épreuves.

Mais, *quelques* vains lauriers que promette la guerre,
On peut être héros sans ravager la terre. (BOILEAU.)

2° Placé devant un adjectif, un participe ou un adverbe, *quelque* est adverbe et reste invariable.

Quelque célèbres que fussent ces acteurs.
Quelque fanées que soient ces fleurs.

Quelque bien écrits que soient ces ouvrages, ils ont peu de succès. (ACAD.)

REMARQUE. — On écrira aussi sans accord :

Quelque savants écrivains qu'ils soient.
Quelque grands poëtes que fussent ces hommes.

Attendu qu'ici *savants écrivains*, *grands poëtes*, jouent réellement le rôle d'adjectifs. Ce ne sont pas quelques écrivains savants, quelques poëtes grands qu'on a en vue, mais des individus qualifiés du titre de *savants écrivains* et de *grands poëtes*.

3° Placé devant un verbe, *quelque* s'écrit en deux mots, *quel que*. L'adjectif *quel* s'accorde en genre et en nombre avec le sujet du verbe, et *que* reste invariable :

Quelle que soit sa légèreté.
Quels que soient les humains, il faut vivre avec eux.
Un mortel difficile est toujours malheureux. (GRESSET.)

Tout.

119. *Tout* est tantôt adjectif, tantôt pronom et tantôt adverbe.

1° *Tout* est adjectif et s'accorde quand il précède un substantif ou un pronom. Ex. :

Tous vos livres; *toute* vérité; *tous* ceux qui vous aiment.
Toutes celles qui vous portent de l'intérêt.
Toute notre vie n'est qu'une suite de ménagements et de complaisances. (MASSILLON.)
C'est dans la solitude que *toutes* les heures laissent une trace, que *tous* les instants sont représentés par une pensée.
(THOMAS.)

2° *Tout* est pronom quand il tient la place d'un substantif, et il en prend le genre et le nombre. Ex. :

Nous y touchons *tous;* nous sommes *tous* sujets à la mort.
Tu connais tes devoirs, tu les rempliras *tous*. (ANCELOT.)

3° *Tout* est adverbe et reste invariable quand il précède

un adjectif, un participe, un adverbe ou un gérondif[1], et
enfin chaque fois qu'il a le sens de *tout à fait, entièrement*
(ce qui arrive souvent quand il précède un substantif non
déterminé). Ex. :

> *Tout* instruits qu'ils sont ; *tout* bien élevés qu'étaient ces en-
> fants.
> *Tout* en étudiant ils s'amusaient.
> La maison est *tout* en flamme.
> Britannicus mourant excitera le zèle
> De ses amis *tout* prêts à prendre sa querelle. (RACINE.)
> Ce diable était *tout* yeux et *tout* oreilles. (LA FONTAINE.)

EXCEPTION. — Lorsque *tout* précède un adjectif ou un participe féminin, commençant par une consonne ou un *h* aspiré, on le fait accorder par raison d'euphonie[2]. Ex. :

> Cette jeune fille est *toute* honteuse.
> Elles sont *toutes* naturelles, *toutes* charmantes.
> La jeunesse d'Athènes, *toute* corrompue qu'elle était, estimait
> et respectait la vertu. (ROLLIN.)

Remarque sur TOUT suivi D'AUTRE et d'un substantif.

120. *Tout*, employé sans déterminatif devant l'adjectif
autre suivi d'un substantif, est adjectif ; précédé d'un
déterminatif, il est adverbe. Ex. :

TOUT adjectif.	TOUT adverbe.
Toute autre lecture ne lui plaît pas.	Une *tout* autre lecture lui conviendrait mieux.
Toute autre place qu'un trône eût été indigne d'elle. (BOSSUET.)	Une *tout* autre place serait mieux dans ses attributions.

Remarque sur le nombre du substantif précédé immédiatement de TOUT.

121. 1° Lorsque *tout* a le sens de *chaque*, le substantif

---

[1] *Gérondif*, participe présent précédé de *en* se rapportant au sujet de la
phrase.

Euphonie, douceur du son.

qui le suit immédiatement doit être au singulier. Ex. :

> A *tout* moment ; à *toute* heure.
> *Tout* homme en naissant contracte l'obligation d'aimer sa patrie. (DE NOÉ.)
> Il change à *tout* moment d'esprit comme de mode. (BOILEAU.)

2° Lorsque, au contraire, le sens indique que le substantif exprime une collection d'êtres ou d'objets, on le met au pluriel. Ex. :

> J'ai voyagé en *tous* pays (dans tous les pays).
> Il s'exprime presque en *toutes* langues (dans toutes les langues).

RÉPÉTITION DE L'ADJECTIF DÉTERMINATIF.

122. Les règles données n⁰ˢ 57, 58, 59, sur la répétition de l'article, s'appliquent à celle de l'adjectif déterminatif. Ex. :

En répétant l'adjectif déterminatif.	Sans répéter l'adjectif déterminatif.
Mon père et *ma* mère.	*Mon* grand et beau tableau.
Ce livre et *ce* pupitre.	*Chaque* belle et généreuse action.
Chaque heure et *chaque* minute.	*Un* bon et aimable enfant.
Mon beau et *mon* vilain crayon.	*Ce* grand et bel oiseau.
Un méchant et *un* bon camarade.	

CHAPITRE QUATRIÈME.

Du PRONOM.

† 123. Le *Pronom* est un mot qui tient la place du nom ou substantif. Ex. :

> Si Paul travaille, *il* sera récompensé.

Le mot *il* est un pronom qui représente ici le substantif *Paul*.

† **124.** Dans le discours, la personne qui parle, parle d'elle-même, parle aux autres, ou parle des autres ; de là trois *personnes.*

La première personne ;

La deuxième personne ;

La troisième personne.

Les mots qui représentent la personne qui parle sont de la *première personne.* Ex. :

> *Je* chante. — *Je me* promène. — Donne-*moi* ce livre.

Les mots qui représentent les personnes à qui l'on parle sont de la *deuxième personne.* Ex. :

> *Tu* ris. — *Tu te* souviens. — *Vous* êtes attentif.

Les mots qui représentent les personnes ou les choses dont on parle sont de la *troisième personne.* Ex. :

> *Il* apprend. — *Elles se* cachent. — Nous *les* aimons.

Cas où l'on ne fait pas usage des pronoms.

125. On ne doit pas représenter par un pronom un substantif employé sans aucun déterminatif, surtout lorsqu'il équivaut avec le verbe qui le précède à une seule expression, comme :

Faire grâce, qui est l'équivalent de pardonner ;

Rendre justice, celui de juger ;

Entendre raison, celui de raisonner ;

Faire fortune, celui de s'enrichir.

On ne dit donc pas :

> Tu lui fais injure, et *elle* est méritée.
> Je vous demande grâce pour lui, accordez-*la*-moi.
> Une âme noble rend justice même à ceux qui *la* lui refusent.
> Il a fait fortune et sait *en* jouir.

Pour être correct, il faudrait déterminer les substantifs *injure, grâce, justice, fortune.*

> Tu lui fais une injure, etc.

> Je vous demande sa grâce, etc.
> Une âme noble rend la justice, etc.
> Il a fait sa fortune, etc.

Il en est de même des expressions telles que :

Agir avec prudence qui équivaut à : agir prudemment;
Marcher avec lenteur, à : marcher lentement.

Il serait donc incorrect de dire :

Agissez avec prudence, et *elle* sera votre meilleur guide, etc.

ACCORD DU PRONOM.

† **126.** Un *pronom* est toujours du genre, du nombre et de la personne du substantif dont il tient la place; si je dis, en parlant de mon père :

> *Il* est malade,

Il sera masculin singulier, troisième personne, comme le substantif *père*.

En parlant à ma sœur :

> *Tu* seras récompensée.

Tu sera féminin singulier, deuxième personne, comme le substantif *sœur*.

En parlant de mes cahiers :

> *Ils* sont propres.

Ils sera masculin pluriel, troisième personne, comme le substantif *cahiers*.

DIFFÉRENTES SORTES DE PRONOMS.

† **127.** Il y a cinq sortes de *pronoms :*

1° Les pronoms personnels;
2° Les pronoms démonstratifs.
3° Les pronoms possessifs;
4° Les pronoms relatifs;
5° Les pronoms indéfinis.

4

DES PRONOMS PERSONNELS.

† **128**. Les pronoms *personnels* sont ceux qui désignent le plus ordinairement les trois personnes. Ex. :

Je cherche, *tu* aimes, *il* lit.

† **129**. Les pronoms personnels sont :

1re pers.	Sing. : Je, me moi. Plur. : Nous.	2e pers.	Sing. : Tu, te, toi. Plur. : Vous.	

3e pers.	Sing. : Il, elle, le, la, lui, soi. Plur. : Ils, elles, les, leur, eux.	Pour les deux nombres.	se. en. y.

Le, la, les.

† **130**. Les mots *le*, *la*, *les*, sont quelquefois *articles* et quelquefois *pronoms personnels*.

Le, la, les, sont *articles* quand ils précèdent un substantif; *pronoms personnels* quand ils accompagnent un verbe. Ex. :

Articles.	Pronoms personnels.
Le livre.	Je *le* vois.
La plume.	Tu *la* connais.
Les compas.	Nous *les* estimons.

Leur.

† **131**. *Leur* est tantôt *adjectif possessif*, tantôt *pronom personnel*.

Leur, adjectif possessif, accompagne toujours un substantif et fait *leurs* au pluriel.

Leur, pronom personnel (pluriel de *lui*), signifie *à eux*, *à elles*, accompagne toujours un verbe et ne prend jamais *s*. Ex. :

Adjectif possessif.	Pronom personnel.
Leur cheval est superbe.	Je *leur* réponds (je réponds à eux ou à elles).
Leurs tableaux sont magnifiques.	Nous *leur* en avons parlé (avons parlé à eux ou à elles).

En.

† 152. *En* est tantôt *pronom personnel*, tantôt *préposition*.

En est *pronom personnel* quand il signifie *de cela, de lui, d'elles, d'eux, d'elles*. Il accompagne toujours un verbe.

En est *préposition* quand il précède un substantif, un pronom ou un participe présent. Ex. :

Pronom personnel.	Préposition.
Je redoute l'oisiveté, j'*en* connais les effets (les effets de cela.)	Bayard mourut *en* héros.
Vous aimez cet enfant et vous *en* parlez sans cesse (vous parlez de lui).	Les Cévennes sont *en* France.
	J'ai confiance *en* lui.
	On s'instruit *en* lisant l'histoire.

Y.

† 153. *Y* est tantôt *pronom personnel*, tantôt *adverbe*.

Y est *pronom personnel* quand il signifie *à lui, à elle, à vous, à eux, à elles, à cela*. Il accompagne toujours un verbe.

Y est *adverbe* quand il veut dire *là, à cet endroit*. Ex. :

Pronom personnel.	Adverbe.
C'est un honnête homme, fiez-vous-*y*. (ACAD.)(Fiez-vous à lui.)	J'*y* cours. (Je cours là.)
Je parle souvent de vous, j'*y* pense plus souvent encore. (Mᵐᵉ DE SÉVIGNÉ.) (Je pense à vous.)	Les bras des mères sont faits de tendresse ; les enfants *y* dorment profondément. (V. H.) (Dorment là.)
On vous flatte, prenez-*y* garde. (Prenez garde à cela.)	

Remarque sur l'emploi de EN, Y.

154. *En, y*, pronoms, se disent généralement des choses, cependant ils peuvent s'employer en parlant des personnes, quand ils ne donnent lieu à aucune équivoque. Ex. :

Les Ottomans n'étaient qu'une armée, Soliman *en* avait fait une nation. (LAMARTINE.)

On ne trouve dans les hommes ni les vertus ni les talents qu'on *y* cherche. (FÉNELON.)

Emploi de LUI, EUX, ELLE, ELLES.

135. *Lui, eux, elle, elles,* précédés d'une des prépositions *à, de,* ne se disent ordinairement que des personnes ou des choses personnifiées.

En parlant des choses non personnifiées, on fait usage de *en, y.* Ex. :

En parlant des personnes.	En parlant des choses.
J'aime mon ami et je pense *à lui.*	Ce livre me plaît et j'*y* pense.
Nous regrettons nos amis et nous parlons *d'eux.*	Nous regrettons les jardins et nous *en* parlons.
Nous avons aperçu votre mère quand nous ne songions guère *à elle.*	Nous avons vu le défilé des troupes quand nous n'*y* songions guère.
Nous regardons ces dames, mais nous ne rions pas *d'elles.*	Nous avons regardé ces caricatures et nous *en* avons ri.

Accord du pronom LE.

136. Le pronom *le* reste invariable lorsqu'il représente :

1° Un adjectif ou un participe ;

2° Un substantif pris adjectivement ;

3° Un membre de phrase. (Dans ce dernier cas il équivaut à *cela*). Ex. :

Êtes-vous sages ? — Nous *le* sommes.	(*le* est mis pour l'adjectif *sages*.)
Est-il tombé ? — Il *l'*est.	(*l'* est mis pour le participe *tombé*.)
Êtes-vous mère ? — Je *le* suis.	(*le* est mis pour le substantif *mère*, pris adjectivement.)
Sont-ils ennemis ? — Ils *le* sont.	(*le* est mis pour le substantif *ennemis*, pris adjectivement.)
Solon ne fut pas ébloui des trésors de Crésus, comme ce roi *l'*avait pensé.	(*l'* est mis pour la phrase : Avait pensé *cela*, qu'il serait ébloui.)

Le pronom *le* s'accorde lorsqu'il représente

1° Un substantif ;

2° Un adjectif pris substantivement. Ex. :

Êtes-vous la mère de cette petite fille ? — Je *la* suis.	(*la* est mis pour le subst. *mère*.)
Serons-nous vos témoins ? — Vous *les* serez.	(*les* est mis pour l'adjectif *témoins*, pris substantivement.)

157. REMARQUE. — Lorsque *le* représente une phrase, on peut souvent l'omettre sans être incorrect ; mais il est préférable de l'exprimer. Ex. :

> C'est avant-hier qu'il a reçu sa nomination, comme je vous *l'*ai dit. (Ou comme je vous ai dit.)
> Je suis arrivé le premier, comme je *le* fais toujours. (Ou comme je fais toujours.)

Soi.

158. Le pronom *soi* est toujours singulier ; il s'emploie ordinairement en parlant des choses. Ex. :

> Une grande reconnaissance comporte avec *soi* beaucoup de goût et d'amitié pour la personne qu'on oblige. (LA BRUYÈRE.)
> Un corps électrisé attire à *soi* les corps légers qu'on en approche.

On peut l'employer en parlant des personnes :

1° Avec une expression indéfinie comme *on, quiconque, personne,* etc. Ex :

> *On* trouve un certain plaisir à parler de *soi*.
> *Quiconque* rapporte tout à *soi* n'a pas beaucoup d'amis. (ACAD.)

2° Pour éviter une équivoque ou pour rendre le sens plus précis. Ex. :

> Il n'aime pas son père, il ne pense qu'à *soi*. (Qu'à *lui* serait équivoque.)
> Un homme vain trouve son compte à dire du bien et du mal de *soi*. (LA BRUYÈRE.)

4.

DES PRONOMS DÉMONSTRATIFS.

† **159.** Les pronoms *démonstratifs* indiquent, démontrent les personnes ou les choses qu'ils représentent. Ex. :

> Votre écriture n'est pas aussi lisible que *celle* de votre frère.
> Le sol de l'Europe est mieux cultivé que *celui* de l'Asie.

† **140.** Les pronoms démonstratifs sont :

Masc. sing.	Fém. sing.	Masc. plur.	Fémin. plur.
Celui.	Celle.	Ceux.	Celles.
Celui-ci.	Celle-ci.	Ceux-ci.	Celles-ci.
Celui-là.	Celle-là.	Ceux-là.	Celles-là.
Ceci.	**Des deux genres et des deux nombres.**		
Cela.		Ce.	

† **141.** REMARQUE. — Le mot *ce* est quelquefois *adjectif démonstratif* et quelquefois *pronom démonstratif*.

Ce est *adjectif démonstratif* quand il précède un substantif; il est *pronom démonstratif* quand il précède le verbe *être* [1] ou un des mots *qui, que, quoi, dont*. Ex. :

Adjectif démonstratif.	Pronom démonstratif.
Ce couteau.	*Ce* sont mes amis.
Ce livre.	*Ce* qui amuse n'est pas toujours *ce* qui instruit.
Ce [2] grand général.	Faites *ce* que vous voudrez.
Ce joli canif.	*Ce* dont vous parlez.

On écrit aussi : *c'en est fait, c'en était fait*, etc.

Emploi de CE.

142. *Ce*, employé par pléonasme [3] devant le verbe *être* donne à l'expression plus de force, plus de précision. On

---

[1] Le verbe *être*, non employé comme auxiliaire.

[2] Le substantif déterminé par *ce* peut être précédé d'un ou de plusieurs adjectifs.

[3] Répétition du même mot ou de la même idée.

doit donc généralement faire usage de ce pronom toutes les fois que la construction de la phrase l'admet : Ex. :

> Un grand obstacle au bonheur, *c'est* de s'attendre à un trop grand bonheur. (FONTENELLE.)
> Ce qui éclairait cet homme, *c'était* le cœur. (V. HUGO.)
> L'aliment de l'âme, *c'est* la vérité et la justice. (FÉNELON.)
> Oui, me laisser mourir, *c'est* assez me venger. (ARNAULT.)

REMARQUE. — L'emploi du pronom *ce* est de rigueur lorsque ce pronom est déjà employé au commencement de la phrase, devant un pronom relatif, et que le verbe *être* est suivi d'un mot pluriel. Ex. :

> *Ce* qui me rassure, *ce* sont les bons principes qu'il a reçus.
> *Ce* dont il s'agit ici, *ce* sont ces deux règles si importantes.

143. On emploie *ce* et non *il, elle, ils, elles,* devant le verbe *être,* lorsque ce verbe a pour attribut (nº 213) un substantif ou un pronom. Ex. :

> *C'est* mon meilleur *ami; c'est lui* qui m'a sauvé la vie; *ce* sont mes *ennemis.*
> *C'est* mon *frère!* oui, *c'est lui,* je le connais à peine.
> (LONGEPIERRE.)

Celui-ci, celle-ci, celui-là, celle-là, Ceux-ci, celles-ci, ceux-là, celles-là.

144. *Celui-ci, celle-ci, ceux-ci, celles-ci* désignent les êtres ou les objets les plus proches de la personne qui parle.

Celui-là, celle-là, ceux-là, celles-là désignent les plus éloignés. Ex. :

> De ces deux chapeaux lequel préférez-vous? *Celui-ci* (le plus proche) ou *celui-là?* (le plus éloigné).

Dans une phrase, *celui-ci, celle-ci, ceux-ci, celles-ci,* représentent les êtres ou les objets énoncés les derniers: *celui-là, celle-là, ceux-là, celles-là,* les êtres ou les objets énoncés les premiers. Ex. :

> Voici un livre instructif et un livre amusant; *celui-ci* (le livre

amusant) est pour votre petit frère; *celui-là* (le livre ins-
tructif) pour vous.

La comédie diffère de la tragédie en ce que *celle-ci* veut pour
son sujet une action illustre, extraordinaire, sérieuse;
celle-là s'arrête à une action commune et enjouée. (CORN.)

Celui, celle, ceux, celles.

145. *Celui, celle, ceux, celles*, doivent toujours être suivis
d'un pronom relatif ou d'une préposition. Il est incorrect
de placer immédiatement après ces pronoms un adjectif
ou un participe passé. Ex. :

Voici la lettre d'hier et voici *celle qui* est écrite depuis ce
matin (non pas : celle écrite ce matin).

J'ai choisi, parmi ces ouvrages, *ceux qui* sont remarquables
par le choix des expressions (non pas : ceux remarquables).

Ceci, cela.

146. *Ceci* a toujours rapport à ce qui le suit dans la
phrase. Ex. :

Il y a *ceci* de charmant dans votre ami, c'est qu'il est aussi
modeste qu'éclairé.

Cela a toujours rapport à ce qui le précède dans la
phrase. Ex. :

Si vous réussissez, *cela* assurera votre sort.

Par abréviation, on dit *ça* pour *cela* dans le style familier.

Ah *ça* ! que fais-tu ? Donne-moi donc *ça*.

PRONOMS POSSESSIFS.

† **147.** Les pronoms *possessifs* indiquent à qui appartiennent les personnes ou les choses qu'ils représentent. Ex. :

Ce livre est plus beau que *le mien.*
Voici ma plume, où est *la vôtre?*

† 148. Les pronoms possessifs sont :

Masc. sing.	Fém. sing.	Masc. plur.	Fém. plur.
Le mien.	La mienne.	Les miens.	Les miennes.
Le tien.	La tienne.	Les tiens.	Les tiennes.
Le sien.	La sienne.	Les siens.	Les siennes.
Le nôtre.	La nôtre.	Les nôtres.	Les nôtres.
Le vôtre.	La vôtre.	Les vôtres.	Les vôtres.
Le leur.	La leur.	Les leurs.	Les leurs.

149. REMARQUE. — Les pronoms possessifs doivent toujours représenter un substantif exprimé auparavant ; il ne faut donc pas commencer une lettre ainsi :

La mienne est pour vous féliciter de votre succès.

Le mot *lettre* n'ayant pas été exprimé, la phrase serait incorrecte.

Dans le style commercial, le besoin d'être concis fait souvent employer de semblables locutions ; ce n'est pas à imiter.

PRONOMS RELATIFS.

† 150. Les pronoms *relatifs* représentent avec un rapport intime les substantifs dont ils tiennent la place. Ex. :

L'homme *qui* nous parle ; les enfants *qui* sautent.

† 151. Les pronoms relatifs sont :

Masc. sing.	Fém. sing.	Masc. plur.	Fém. plur.
Lequel.	Laquelle.	Lesquels.	Lesquelles.

Pour les deux genres et les deux nombres.

Qui, que, quoi, dont.

Antécédent du pronom relatif.

† 152. Le mot représenté par le pronom relatif s'appelle *antécédent* du pronom relatif.

Ainsi dans :

Le cheval *qui* galope,

cheval est l'antécédent du pronom *qui*.

153. Le pronom relatif doit être rapproché de son antécédent. Ex. :

Il y a dans cette bibliothèque beaucoup de livres *qui* vous intéresseront.

Il y aurait faute, si l'on disait :

Il y a beaucoup de livres dans cette bibliothèque qui vous
intéresseront.

Qui, étant séparé de son antécédent *livres*, semblerait se
rapporter à bibliothèque.

1re EXCEPTION. — *Tel*, antécédent de *qui*, est parfois séparé de ce pronom. Ex. :

Tel donne à pleines mains *qui* n'oblige personne.

Tel repousse aujourd'hui la misère importune,
Qui tombera demain dans la même infortune. (LA HARPE.)

2e EXCEPTION. — *Celui-là*, placé au commencement d'une
phrase au lieu de *celui*, se sépare aussi du pronom relatif
dont il est l'antécédent :

Celui-là est à plaindre *qui* n'est pas aimé.
Celui-là est bon *qui* fait du bien aux autres. (LA BRUYÈRE.)

**Remarques sur l'emploi de : Qui, que, dont, lequel,
laquelle, etc.**

154. Lorsque l'emploi de *qui, que, dont*, parfois donner
lieu à une équivoque, on remplace ces pronoms par *lequel,
laquelle*, etc.

J'ai vu le frère de votre cousine, *lequel* est fort aimable.

Si l'on disait :

J'ai vu le frère de votre cousine, *qui* est fort aimable,

qui semblerait représenter *cousine*.

J'ai reçu la photographie de mon frère, *laquelle* j'ai fait encadrer avec soin. (Et non *que* j'ai fait encadrer).

155. *Qui,* précédé d'une préposition, et formant alors un complément indirect (nº 179), ne se dit que des personnes et des choses personnifiées. Ex. :

> Vois-tu l'homme *de qui* j'ai parlé?
> Forêt *à qui* j'ai confié mes douleurs.
> Tâchez de vous ajuster aux mœurs et aux manières des gens *avec qui* vous avez à vivre. (Mᵐᵉ DE SÉVIGNÉ.)
> ... Ver *à qui* je dois mes nobles vêtements,
> De tes travaux si courts que les fruits sont charmants !
> (RACINE fils.)

En parlant des choses non personnifiées, on emploie *dont,* ou *lequel, laquelle, lesquels, lesquelles,* précédés d'une préposition. Ex. :

> Les fleurs *dont* vous aimez le parfum.
> La vie humaine est semblable à un chemin *dont* l'issue est un précipice affreux. (BOSSUET.)
> La merveille de *laquelle* tu t'étonnes.

On peut employer les pronoms *dont, lequel, laquelle, lesquels, lesquelles,* au lieu de *qui,* en parlant des personnes ; c'est le goût qui en décide. Ex. :

> C'est la dame de qui (ou de laquelle, ou dont) nous avons parlé hier.

156. *Auquel, dans lequel, par lequel,* etc., sont souvent remplacés par *où.* Ex. :

> Voilà l'endroit *où* (auquel) est arrivé l'accident.
> Les plus grands malheurs des hommes sont ceux *où* (dans lesquels) ils tombent par leurs vices. (LA ROCHEFOUCAULD.)

157. — REMARQUE. Il faut toujours éviter avec soin d'employer trop souvent les mots *qui, que, quoi,* dans une même phrase.

On ne dirait pas :

> Voici les fautes *que* j'avais prévu *que* vous feriez et *qui* causeraient votre malheur.

Il faudrait donner un autre tour à la phrase, par exemple :

> J'avais prévu que vous feriez ces fautes et qu'elles causeraient votre malheur.

Dont, d'où.

158. *Dont* s'emploie pour exprimer la relation ou l'idée d'être né. Ex. :

> L'ami *dont* j'ai béni la présence.
> La fortune *dont* la possession est si incertaine.
> Les nobles aïeux *dont* il est descendu.

D'où s'emploie pour exprimer l'action de sortir. Ex. :

> Le pays *d'où* j'arrive. La chambre *d'où* je viens.

DES PRONOMS INDÉFINIS.

† **159.** Les pronoms *indéfinis* indiquent, sans les préciser, les personnes ou les choses qu'ils représentent. Ex. :

> *On* parle. — *Chacun* a son opinion. — *Quelqu'un* approche.

† **160.** Les pronoms indéfinis sont :

Aucun.	L'un.	On.	Quelqu'un.	
Autrui.	L'autre.	Personne.	Quiconque.	Tout.
Chacun.	L'un et l'autre.	Plusieurs.	Tel.	

161. REMARQUE. — *Aucun, plusieurs, tel, tout,* sont *adjectifs indéfinis* ou *pronoms indéfinis.*

Ils sont *adjectifs indéfinis* quand ils précèdent un substantif.

Pronoms indéfinis quand ils accompagnent un verbe; ils représentent alors un substantif. Ex. :

Adjectifs indéfinis.	Pronoms indéfinis.
Aucun conseil ne vaut un bon exemple.	De tous ses amis *aucun* ne l'a secouru.
Plusieurs élèves ont été récompensés.	*Plusieurs* se croient du mérite et n'en ont guère.

Adjectifs indéfinis.	**Pronoms indéfinis.**
Tel maître, *tel* valet.	*Tel* qui rit vendredi dimanche pleurera.
Tout le savoir du monde ne vaut pas un bon cœur.	Ils sont *tous* enchantés de vos progrès.

On.

162. *On* est masculin singulier; cependant les adjectifs ou les participes en rapport avec ce mot sont féminins, quand le pronom *on* représente spécialement une femme [1]. Ex. :

> *On* est heureuse d'être chérie de son mari.

Ces adjectifs sont pluriels quand on désigne clairement plusieurs individus. Ex. :

> On s'estime souvent quoiqu'*on* soit rivaux.

163. On fait usage de *l'on*, au lieu de *on*, par euphonie, après *et, si, ou, ni, qui*, chaque fois que ces mots ne sont pas suivis de : *le, la, les, leur*. Ex. :

> Et l'*on* dit qu'il est arrivé.
> On écrira ou l'*on* viendra.
> Quand on se porte bien, on admire comment on pourrait faire si l'*on* était malade (Pascal).
> L'éloquence est un art de dire les choses de telle façon que ceux à qui l'*on* parle puissent les entendre sans peine et avec plaisir (Pascal).

On dirait aussi, afin d'éviter la répétition de la même consonnance :

> Parlez clairement, pour que l'*on* comprenne (et non *qu'on* comprenne).
> Voici deux règles que l'*on* confond (et non *qu'on* confond).

Chacun.

164. *Chacun*, précédé d'un pluriel, demande tantôt *leur, leurs*, tantôt *son, sa, ses*.

1° Il prend *leur, leurs*, quand il est avant le complément

---

[1] Il en est de même du pronom *quiconque*. Ex. : Quiconque est bonne mère est tendre et dévouée.

5

direct du verbe ou qu'il n'y a pas de complément direct.

Il prend *son, sa, ses*, quand il suit le complément direct. Ex. :

Avec **LEUR, LEURS.**	Avec **SON, SA, SES.**
Ils ont pris chacun *leur* chapeau.	Les mendiants reçurent des secours chacun à *son* tour.
Les langues ont chacune *leurs* bizarreries (BOILEAU).	Ces enfants ont apporté leur cotisation, chacun suivant *ses* moyens.
Ces hommes jouent chacun à *leur* tour.	

L'un l'autre, l'un et l'autre, Les uns les autres, les uns et les autres.

165. *L'un l'autre* exprime la réciprocité entre deux êtres ou deux objets. Ex. :

> Ces deux enfants se chérissent *l'un l'autre*.
> *L'un l'autre* vainement semblent se haïr (BOILEAU).

Les uns les autres exprime la réciprocité entre plus de deux êtres ou de deux objets. Ex. :

> Ces hommes se méprisent *les uns les autres*.
> Les Phéniciens étonnés se regardaient *les uns les autres*.
> (FÉNELON.)

166. *L'un et l'autre, les uns et les autres* expriment la pluralité sans idée de réciprocité. Ex. :

> *L'un et l'autre* ont parlé. *Les uns et les autres* me plaisent.
> *L'un et l'autre* à ces mots ont levé le poignard. (RACINE.)

CHAPITRE CINQUIÈME.

Du VERBE.

† **167.** Le *verbe* est un mot qui exprime un état ou une action. Ex. :

> Être, reposer, marcher, écrire.

† **168.** On reconnaît qu'un mot est verbe toutes les fois qu'on peut le faire précéder d'un des pronoms : *Je, tu, il, nous, vous, ils.* Ex. :

Je *cours,* tu *donnes,* il *voit,* nous *entendons,* vous *admirez,* ils *ont.*

DU SUJET.

† **169.** Le *sujet* est le mot qui représente l'être (ou l'objet) qui supporte l'état ou qui fait l'action exprimée par le verbe.

On trouve le *sujet* en plaçant, avant le verbe, la question : *Qui est-ce qui,* ou : *Qu'est-ce qui.* Le mot qui répond à cette question est le *sujet* du verbe. Ex. :

Mon *frère* parle.

Qui est-ce qui parle? Mon *frère. Frère* est donc le sujet de *parle;*

La *terre* tourne.

Qu'est-ce qui tourne? La *terre : Terre* est donc le sujet de *tourne.*

170. Le *sujet* du verbe peut être :

1° Un substantif,

2° Un pronom,

3° Un verbe au présent ou au passé de l'infinitif,

4° Tout mot employé substantivement.

Le *bonheur* est un bien que nous vend la *nature.* (VOLTAIRE.)
Mais, grâce à du bon sens, *je* sais ce que *je* vaux.
(CASIMIR DELAVIGNE.)
Rien ne trouble sa fin, *c'*est le soir d'un beau jour.
(LA FONTAINE.)
Calomnier est une lâcheté.
Avoir menti pour vous excuser est votre plus grand tort.
Le *fort* doit protéger le faible.
Les *si,* les *mais* entravent tout.

PLACE DU PRONOM SUJET.

171. Le *pronom sujet* se place généralement avant le

verbe ; néanmoins il peut se trouver après, dans plusieurs cas, savoir :

1° Lorsqu'on interroge.

> Pensez-*vous* à votre avenir ?
> Que dites-*vous ?*
> Est-*il* aucun moment
> Qui vous puisse assurer d'un second seulement ? (LA FONTAINE.)

REMARQUE. — Dans les temps composés, le sujet se met entre l'auxiliaire et le participe. Ex. :

A-t-*il* bien réfléchi ?   Sont-*elles* parties ?

Ai-*je* quitté pour toi le trône et ma patrie ? (LA TOUCHE.)

2° Dans les exclamations.

> Oh ! que dirait-*il*, s'il l'apprenait !
> Combien nos fronts pour elle ont-*ils* rougi de fois ! (RACINE).

3° Lorsque le verbe est au subjonctif, sans qu'aucune conjonction le précède. (Cette règle s'applique à toute espèce de sujet.)

> Puissiez-*vous* réussir !
> Fasse le *ciel* qu'il n'oublie jamais ses devoirs !
> Je suis souris, vivent les *rats !*
> (LA FONTAINE.)

4° Après les mots *aussi*, *peut-être*, *tel*, *au moins*, *du moins*, *en vain*, *à peine*, etc. Mais cette inversion n'est pas de rigueur.

> *Peut-être* est-*il* ici, ou : *Il* est peut-être ici.
> *En vain* l'ai-*je* prié, ou : *Je* l'ai prié en vain.
> Du fruit de tant de soins *à peine* jouissant,
> En avez-*vous* six mois paru reconnaissant.
> (RACINE.)

5° Dans certaines expressions annonçant qu'on rapporte les paroles de quelqu'un, comme : *Dit-il*, *répond-il*. (Cette règle s'applique à toute espèce de sujet.)

> Je suis heureux, disait-*il*, quand je fais des heureux.
> Eh ! vous voilà ! bonjour, dit-*elle*. (FLORIAN.)
> Je voudrais, disiez-*vous*, ne pas savoir écrire.
> (RACINE.)
> J'aime trop mon fils, disait ce bon *père*, pour tolérer ses défauts.

6° Lorsqu'on supprime *si*, exprimant une condition.

> Eussiez-*vous* été moins dur, vous eussiez gagné ma confiance (c'est-à-dire : Si vous eussiez été moins dur).

RÉPÉTITION DU SUJET.

172. Tout verbe, à un mode personnel, doit avoir un *sujet*. Ex. :

L'*oiseau* vole ; les *enfants* étudient ; *nous* courons ; *elles* chantent.

173. Lorsque plusieurs verbes ont pour sujet le même pronom, on peut n'exprimer ce pronom que devant le premier verbe, ou le répéter devant chacun. Ex. :

Il court, danse, rit comme un enfant ; ou : *Il* court, *il* danse, *il* rit comme un enfant.
Je regarde sa faute et ne vois plus son rang. (CORNEILLE.)
Partout *il* divertit, et jamais *il* ne lasse. (BOILEAU.)

La suppression du sujet donne plus de vivacité à l'expression de la pensée ; la répétition, plus d'énergie et de précision.

174. REMARQUE. La répétition du pronom sujet est de rigueur lorsqu'on passe du négatif à l'affirmatif. Ex. :

Tu ne l'aimes pas et *tu* le protéges.
Il ne court jamais et *il* arrive toujours le premier.

DU COMPLÉMENT.

† **175.** Le *complément*[1] d'un verbe est le mot qui rend complète l'idée exprimée par ce verbe. Ainsi, dans :

J'aime *ma patrie*,   je cours *dans le jardin*,

j'aime n'exprimerait pas une idée complète sans les mots *ma patrie ;* ni *je cours,* sans les mots *dans le jardin. Ma patrie* est donc le complément de *j'aime ; dans le jardin,* le complément de *je cours.*

176. Le *complément* du verbe peut être :

1º Un substantif,
2º Un pronom,

[1] Le complément s'appelle aussi régime, parce qu'il est régi par le verbe.

3º Un verbe au présent ou au passé de l'infinitif,

4º Tout mot pris substantivement. Ex. :

Il faut tolérer les *défauts* des autres, (Mme de Maintenon.)
Les enfants veulent *tout* savoir. (Fleury.)
On ne saurait *être* trop sévère pour soi-même.
Je voudrais *avoir appris* les langues vivantes.
Un honnête homme qui dit *oui* et *non* mérite d'être cru.
                            (La Bruyère.)
J'écoutais en silence et ne me permettais
Le moindre *si*, le moindre *mais*. (Sedaine.)

DES DIFFÉRENTES SORTES DE COMPLÉMENTS.

† **177.** Il y a deux sortes de *compléments :*

1º Le complément *direct ;*

2º Le complément *indirect.*

DU COMPLÉMENT DIRECT.

† **178.** Le *complément direct* est le mot qui, sans l'aide d'aucun autre mot, peut rendre complète l'idée exprimée par le verbe.

On le trouve en mettant, après le verbe, la question *qui* ou *quoi.* Le mot qui répond à cette question est le *complément direct* du verbe. Ex. :

Je cherche un *enfant* sage et studieux.
Il regarde un *tableau.*

Je cherche qui? *Un enfant.* Il regarde quoi? *Un tableau.* Donc *enfant* est le *complément direct* de *cherche ; tableau* est celui de *regarde.*

DU COMPLÉMENT INDIRECT.

† **179.** Le *complément indirect* est le mot qui, à l'aide d'une préposition, complète l'idée exprimée par le verbe.

On le trouve en faisant, après le verbe, une des

questions *à qui*, *de qui*, *par qui*, *pour qui*, *avec qui*, etc.;
ou *à quoi*, *de quoi*, etc. Ex. :

> Élie parla sévèrement *à Achab*.
> Les sauvages vivent *de chasse*.

Élie parla à qui? *A Achab*. Les sauvages vivent de quoi? *De chasse*.

A Achab est le *complément indirect* de *parla;*
De chasse est le *complément indirect* de *vivent*.

Remarques.

I. Un verbe ne peut avoir deux *compléments directs*.
Il ne faut donc pas imiter ce vers de Racine :

> Ne *vous* informez pas *ce* que je deviendrai.

Le verbe *informez* se trouve avoir pour compléments directs *vous* et *ce*.
On doit dire :

> Ne vous informez pas *de ce* que je deviendrai.

Il y a ainsi un complément direct (*vous*) et un complément indirect (*de ce que*).

II. Le complément direct d'un verbe peut se composer de plusieurs parties unies par une conjonction, mais il est essentiel que ces parties soient des mots de même nature. Ex. :

> J'aime la *lecture* et l'*étude ;*

et non :

> J'aime la *lecture* et *étudier*.

> Je veux un *ami* et une *existence* tranquille ;

et non :

> Je veux un *ami* et *vivre* tranquille.

III. Un verbe peut avoir deux *compléments indirects*, si

ces compléments n'expriment pas le même rapport, la même circonstance. Ex. :

> Je parle *de vous avec plaisir*.
> Nous pensons *à lui malgré ses torts*.

Il serait incorrect de dire :

> C'est *à vous à qui* je pense.

A vous et *à qui* exprimant ici le même rapport. On doit dire :

> C'est *à vous que* je pense.

IV. Il faut toujours donner à un verbe le complément qui lui convient. Par conséquent, lorsque deux verbes demandent des compléments différents, on ne peut leur donner un seul et même complément.

Ainsi, il serait incorrect de dire :

> Il assembla et parla *aux autorités*.

Car *assembler* demande un complément direct, et *parler* un complément indirect. Il faudrait dire :

> Il assembla les *autorités* et *leur* parla.

DE QUELQUES PRONOMS COMPLÉMENTS.

† **180.** 1° Les pronoms *le, la, les, que* [1], sont toujours compléments *directs*.

> Je *le* sais ; nous *les* voyons ; vous *les* aimez ; le chapeau *que* vous avez choisi.

† **181.** 2° *Lui, leur, en, dont, y* sont toujours compléments *indirects* (parce qu'ils renferment une préposition). Ex. :

> Je *lui* envoie de l'argent (j'envoie de l'argent *à lui*).
> Il *leur* parle (il parle *à eux*).

---

[1] Il peut arriver cependant qu'il y ait une préposition sous-entendue avant *que* ; il est alors complément indirect. Ex. : L'année *qu'*il a fait un grand orage (c'est-à-dire : l'année pendant laquelle).

Vous *en* voulez encore (vous voulez encore *de cela*).

L'enfant *dont* vous vous occupez (l'enfant *de qui* vous vous occupez).

J'*y* pense (je pense *à cela*).

† **182.** 3º *Me, te, se, nous, vous,* sont tantôt compléments *directs* et tantôt compléments *indirects*.

Ils sont *compléments directs* quand ils signifient : *moi, toi, lui, elle, eux, elles, nous, vous.* Ex. :

> Il *m*'aime (il aime *moi*).
> Je *te* regarde (je regarde *toi*).
> Il ou elle *se* cache (il ou elle cache *lui* ou *elle*).
> Ils ou elles *se* querellent (ils ou elles querellent *eux* ou *elles*).
> Nous *nous* regardons (nous regardons *nous*).
> Ils *vous* admirent (ils admirent *vous*).

Ils sont *compléments indirects* quand ils signifient *à moi, à toi, à lui, à elle, à elles, à eux, à nous, à vous.* Ex. :

> Il *me* montre sa plume (il montre *à moi* sa plume).
> Elle *te* pardonne (elle pardonne *à toi*).
> Il ou elle *se* figure cela (il ou elle figure cela *à lui* ou *à elle*).
> Ils ou elles *se* répondent (ils ou elles répondent *à eux* ou *à elles*).
> Vous *nous* avez parlé (vous avez parlé *à nous*).
> Nous *vous* écrivons (nous écrivons *à vous*).

PLACE DES PRONOMS COMPLÉMENTS.

183. Les *pronoms* personnels *compléments* se placent immédiatement avant le verbe. Ex. :

> Cela *me* plaît ; nous *les* obligeons.
> Quoi Bayard je *te* loue et tu *me* condamnes ! (FÉNELON.)
> Celui qui ne perd pas de temps *en* a beaucoup. (FONTENELLE.)

184. 1ʳᵉ EXCEPTION. — Le pronom complément d'un verbe à l'impératif, employé affirmativement, se place après ce verbe. Ex. :

> Ouvre-*moi ;* parle-*leur ;* écoute-*le ;* prends-*la.*
> Réponds-*moi* donc, docteur, et mets-*toi* sur les bancs.
> (BOILEAU.)

5.

REMARQUE. — Lorsqu'il y a deux impératifs de suite, le complément du second peut le précéder. Ex. :

> Étudiez-*le* et *l'*étudiez toujours (ou bien : et étudiez-*le* toujours).
> Prenez ce livre et *le* portez à votre frère (ou bien : et portez-*le* à votre frère).
> Polissez-*le* sans cesse, et *le* repolissez. (BOILEAU.)

185. 2ᵉ EXCEPTION. Quand un verbe à l'infinitif dépend d'un verbe neutre, le pronom complément se met ordinairement entre ces deux verbes. Ex. :

> Je viens *vous* voir ; il va *le* chercher.

Cette exception n'est pas de rigueur. On peut dire aussi :

> Je *vous* viens voir ; il *le* va chercher.

PLACE RELATIVE DES COMPLÉMENTS.

186. Lorsqu'un verbe a deux compléments, dont l'un est direct et l'autre indirect, on doit placer le *complément direct* en premier. Ex. :

> J'ai reçu votre *lettre* avec grand plaisir.
> Souvent nous sacrifions les *lumières* de notre intelligence aux erreurs et aux préjugés de ceux avec qui nous vivons.
> (MASSILLON.)

On s'écarte de cette règle :

1º Lorsque le complément direct a plus d'étendue que le complément indirect, l'élégance veut alors qu'on le place après ce dernier. Ex. :

> Dieu *nous* rendra avec usure *le bien que nous aurons fait.*

2º Lorsque la clarté de la phrase exige qu'on rapproche du verbe le complément indirect. Ex. :

> Puissiez-vous attendrir *par vos prières* ce cœur endurci.

Le rapport du complément indirect serait douteux si l'on disait :

> Puissiez-vous attendrir ce cœur endurci *par vos prières.*

Remarque sur LE, LA, LES, employés avec LUI, LEUR, ME, TE, SE, NOUS, VOUS.

187. Lorsqu'un verbe a pour complément direct *le*, *la* ou *les*, et pour complément indirect *lui* ou *leur*, on suit la règle habituelle, c'est-à-dire on place le complément direct en premier. Ex. :

Je *le* lui dis.	Nous *le* leur apprenons.
Tu *la* leur montres.	Vous *la* lui expliquez.
Il *les* lui cache.	Ils *les* leur répètent.

Si le complément indirect est *me*, *te*, *se*, *nous* ou *vous*, on le place avant *le*, *la*, *les*. Ex. :

Tu *me* le rappelles.	Vous *nous* la cachez.
Je *te* la donne.	Nous *vous* le disons.
Il *se* les répète.	

Remarque sur le verbe employé avec EN et un autre pronom personnel.

188. Lorsqu'un verbe a pour compléments le pronom *en* et un autre pronom personnel, c'est *en* qu'on place le dernier. Ex. :

Nous vous *en* prions; prête-nous-*en*; je lui *en* ai refusé.

Remarque sur l'impératif employé avec Y et un pronom.

189. Lorsqu'un verbe à l'impératif a pour complément direct un des quatre pronoms personnels, *moi*, *toi*, *le*, *la*, et qu'il est accompagné de l'adverbe *y*, on peut énoncer cet adverbe avant ou après le pronom. Ex. :

Envoyez-*y*-moi, ou : Envoyez-m'*y*.
Portez-*y*-le, ou : Portez-l'*y*.

Du reste, ces constructions doivent être évitées l'une et l'autre ; il vaut mieux dire :

Envoyez-moi *là* ; portez-le *à cet endroit*.

RÉPÉTITION DU PRONOM COMPLÉMENT.

190. Le pronom complément se répète avant chaque verbe à un temps simple. Ex. :

> Je *t'*aime et *te* respecte ; il *nous* montre ses livres et *nous* les donne.

191. Lorsque les verbes sont à un temps composé, on peut répéter le pronom complément avant chaque verbe, ou ne l'exprimer qu'avant le premier. Ex. :

> Je *l'*ai lu et étudié,

ou :

> Je *l'*ai lu et je *l'*ai étudié.

> Nous *l'*avons entendu et compris,

ou :

> Nous *l'*avons entendu et nous *l'*avons compris.

(Lorsqu'on supprime le pronom complément on supprime l'auxiliaire).

EXCEPTION. — Lorsque l'un des verbes demande un complément direct et l'autre un complément indirect, il faut répéter le pronom complément avant chacun de ces verbes. Ex. :

> Je *vous* ai vu et je *vous* ai parlé.

et non :

> Je *vous* ai vu et parlé ;

car le verbe *voir* demande un complément direct, et le verbe *parler* un complément indirect.

ACCORD DU VERBE.

Règles.

† 192. I. Le verbe est toujours du même nombre et de la même personne que son *sujet*. Ex. :

> *Je* chante ; *ils* espèrent ; *on* court ; les *enfants* dorment ; voici le livre que lisaient mes *frères* ; danses-*tu*.

† **193**. II. Lorsque le sujet se compose de plusieurs mots de la même personne, le verbe doit être au pluriel et de la même personne que ces mots. Ex. :

> Mon *père* et ma *mère* travaillent à mon bonheur ; *elle* et *lui* croient à votre succès.
> Ni *Dieu* ni le *roi* ne vous ont donné charge d'âmes.
>   (MME DE MAINTENON.)

EXCEPTION. — Quand les mots formant le sujet sont unis par *ni*, le verbe se met au singulier, s'il exprime un état ou une action qu'un seul des sujets puisse supporter ou faire. Ex. :

> Ni votre père ni son ami ne *sera* élu député du département.

(Un seul pourrait être élu puisqu'il n'y a qu'un emploi.)

> Ni votre cantate ni la mienne n'*a* été chantée à l'Opéra ce soir.

(Une seule aurait pu y être chantée dans la même soirée.)

194. III. Lorsque le sujet se compose de plusieurs mots de différentes personnes, le verbe se met au pluriel, et prend la personne qui a la priorité. La première personne a la priorité sur la seconde ; la seconde a la priorité sur la troisième. Ex. :

> Vous et moi *irons*. Vous et lui *partirez* demain. Ni elle ni moi n'*aurons* le temps d'aller vous voir.

Il vaut mieux, dans ce cas, répéter *nous* ou *vous*. Ex. :

> Vous et votre ami *vous* partirez demain. Ni moi ni lui *nous* ne pourrons sortir.
> Vous et moi *nous* sommes contents de notre sort. (ACAD.)

Exceptions.

Cas où le verbe ne s'accorde qu'avec le dernier mot sujet.

195. 1° Lorsque les mots formant le sujet sont synonymes.

> Sa *candeur*, son *innocence*, lui *gagne* toutes les sympathies.
> L'*assiduité*, l'*application* de cet élève lui *assure* des succès.

196. 2° Lorsqu'ils sont unis par *ou* [1].

> Votre père *ou* votre mère vous *accompagnera* dans cette démarche.
> Il est difficile qu'en un jeune homme l'étude *ou* la bonté de l'esprit *supplée* à l'expérience. (FLEURY.)

REMARQUE. — Lorsque les sujets unis par *ou* sont de différentes personnes, le verbe suit la règle générale ; il se met au pluriel et prend la personne qui a la priorité. Ex. :

> Mon frère ou moi *prendrons* de vos nouvelles.
> Vous ou lui *recevrez* cette récompense.

197. 3° Lorsque les mots sujets forment une *gradation*.

> Un mot obligeant, un sourire, un regard bienveillant *encourage* l'infortuné.
> Cette feinte douceur, cette ombre d'amitié *Vient* de la politique et non de la pitié. (CORNEILLE.)

198. 4° Lorsqu'ils se trouvent, pour ainsi dire, résumés, compris dans une expression générale, comme *tout, rien, personne.*

> Ainsi, dans la morale religieuse, le principe, la fin, le moyen, *tout est fixé, tout est* consolant. (MARMONTEL.)
> Vieillards, femmes, enfants, *rien n'échappa* au carnage.

Cas où le verbe s'accorde avec le premier sujet.

199. Lorsque les mots formant le sujet sont unis par les conjonctions : *comme, de même que, ainsi que, aussi bien que, plutôt que,* etc., exprimant la comparaison, le verbe s'accorde avec le premier. Ex. :

> Votre frère, *ainsi que* son ami, *étudie* avec ardeur.
> La santé, *comme* la fortune, *retire* ses faveurs à ceux qui en abusent. (SAINT-ÉVREMOND.)

---

[1] On trouve souvent le verbe qui a pour sujets des mots unis par *ou* au pluriel, parce que cette conjonction se trouve employée dans le sens de *et*. C'est à tort qu'on en change ainsi la signification ; elle ne peut jamais marquer addition ; mieux vaut employer *et*.

Accord du verbe après les collectifs.

200. Un verbe précédé d'un *collectif* s'accorde, soit avec ce collectif, soit avec le substantif qui suit ce dernier. C'est celui des deux mots qui frappe le plus l'esprit qui doit être considéré comme sujet. Ex. :

> La *moitié* des électeurs *vota* pour ce candidat.

(On a en vue la *moitié* seulement et non tous les électeurs, le verbe est au sing.)

> Phalante lui-même se voit enveloppé par une *foule* d'ennemis qui *s'efforcent* de le renverser. (FÉNELON.)

(Accord avec *ennemis*; ce sont les *ennemis* qui s'efforcent.)

201. Lorsque le sens de la phrase laisse quelque incertitude, il faut suivre la règle suivante, semblable à celle qui a été donnée pour l'adjectif (n° 74).

Faire accorder le verbe :

1° Avec le *collectif*, s'il est général.

2° Avec le *substantif*, si le collectif est partitif.

REMARQUE. — *La plupart* veut toujours le verbe au pluriel; il en est de même des adverbes de quantité, tels que : *assez, infiniment, beaucoup, peu, trop*, etc., suivis d'un substantif pluriel exprimé ou sous-entendu. Ex. :

> La *plupart* des arbres ont gelé en mil huit cent neuf.
> *Peu* de gens sont assez sages pour préférer le blâme qui leur est utile à la louange qui les trahit. (LA ROCHEFOUCAULD.)

Accord du verbe précédé de UN DE, UN DES.

202. Après *un de, un des*, le verbe se met tantôt au singulier, tantôt au pluriel, suivant que l'état ou l'action qu'il exprime peut être attribuée à un seul être (ou à un seul objet), ou bien à plusieurs. Ex. :

Singulier.	Pluriel.
C'est *un de* mes enfants qui vous a écrit (un seul a écrit).	C'est *un des* enfants qui *jouaient* l'autre jour (plusieurs jouaient).
C'est *un des* historiens que vous avez vus qui *a* parlé de ce fait (un seul a parlé).	Je vous ai présenté *un des* historiens qui *ont* parlé de ce fait (plusieurs en ont parlé).

Accord du verbe précédé de PLUS D'UN.

203. — Le verbe précédé de *plus d'un* se met au singulier, à moins qu'il n'exprime une idée de réciprocité. Ex. :

Singulier.	Pluriel.
Plus d'un homme sensé *pense* ainsi.	*Plus* d'un menteur se *trompent* l'un l'autre.
Plus d'un héros *a souillé* sa gloire par des cruautés.	*Plus* d'un élève s'*aident* à faire leurs devoirs.

Accord du verbe ayant pour sujet QUI.

204. Tout verbe ayant pour sujet *qui*, s'accorde avec ce pronom, qui lui-même est toujours du nombre et de la personne de son antécédent. Ex. :

C'est *moi qui*, par ce coup, *préparai* sa victoire. (LA FOSSE.)	L'antécédent de *qui* est *moi*, 1re pers. du sing.
Il n'y a que la *religion qui puisse* sauver les hommes et les États. (RACINE.)	L'antécédent *de qui* est *religion*, 3e pers. du sing.
Les *joies qui sont* artificielles durent peu. (BALZAC.)	L'antécédent de *qui* est *joies*, 3e pers. plur.
Il possède cette *bonté*, cette *bienveillance qui gagne* les cœurs.	L'antécédent de *qui* est *bienveillance* (règle des synonymes, n° 195).
C'est mon père *ou* ma *mère qui a frappé*.	L'antécédent de *qui* est *mère* (règle des mots unis par *ou*, n° 196).
Est-ce lui *ou vous qui partirez?*	L'antécédent de *qui* est *vous* (n° 196, rem.).
C'est une parole, un geste, un *regard* de vous *qui* la *ranimerait*.	L'antécédent de *qui* est *regard* (règle des mots formant gradation, n° 197).
Il n'a ni parents ni amis ni *personne* enfin *qui puisse* le secourir.	L'antécédent de *qui* est *personne* (expression générale, n° 198).
C'est le grand *nombre* d'amis que vous avez *qui prouve* en votre faveur.	L'antécédent de *qui* est *nombre* (règle des collectifs, n° 200).
J'ai vu une quantité d'*enfants qui jouaient* à la balle.	L'antécédent de *qui* est *enfants* (règle des collectifs, n° 200).

205. REMARQUE. — On doit dire :

> Nous étions deux qui *pensions* de même.
> Nous étions les deux qui *pensaient* de même,

parce que, dans la première phrase, *qui* (sujet du verbe), est de la première personne du pluriel, car il ne peut avoir pour antécédent que *nous* (pronom de la première personne du pluriel), puisque *deux*, étant adjectif, ne saurait être antécédent.

Dans la seconde phrase, au contraire, l'article *les* annonce qu'il y a un substantif sous-entendu après *deux*, et ce substantif de la troisième personne du pluriel est l'antécédent de *qui* (sujet du verbe).

De même on dirait :

> Je suis Alexandre qui *ai* triomphé partout.
> Je suis cet Alexandre qui *a* triomphé partout,

parce que dans la première phrase, *Alexandre*, antécédent de *qui*, et attribut (n° 213) du sujet *je*, étant employé sans déterminatif, ne fait pour ainsi dire qu'un avec ce sujet, et est comme lui de la première personne du singulier.

Dans la seconde phrase, *Alexandre* étant déterminé, n'est plus lié au sujet d'une manière aussi intime, et n'en prend pas la personne.

Accord du verbe ÊTRE ayant CE pour sujet.

206. Lorsque le verbe *être* a pour sujet le pronom démonstratif *ce*, il est toujours au singulier, à moins qu'il ne soit suivi d'un mot à la troisième personne du pluriel. Ex. :

C'est nous qui vous donnons ce conseil.

C'est le travail et la vertu qui assurent le bonheur.

Ce sera vous qui serez son protecteur.

Ce sont les Phéniciens qui ont apporté en Europe les caractères de l'alphabet.

Ce seraient paroles exquises,
Si *c'était* un grand qui parlât.
(MOLIÈRE.)

REMARQUE. — *Si ce n'est*, qui signifie *excepté, sinon*, reste toujours au singulier. Ex. :

> *Si ce n'est* les Turcs, tous les peuples de l'Europe sont chrétiens.

DIFFÉRENTES SORTES DE VERBES.

† **207.** Il y a six espèces de verbes.

1° Le verbe *auxiliaire*, (n° 208).

2° Le verbe *actif*, (n° 218).

3° Le verbe *neutre*, (n° 220).

4° Le verbe *passif*, (n° 221).

5° Le verbe *pronominal*, (n° 222).

6° Le verbe *unipersonnel*, (n° 224).

VERBES AUXILIAIRES.

† **208.** Un verbe *auxiliaire* est celui qui sert à conjuguer d'autres verbes.

† **209.** En français, il n'y a que deux auxiliaires : *avoir* et *être*.

Avoir marque l'action. Ex. :

> Il *a* écrit ; l'enfant *avait* couru.

Être exprime l'état. Ex. :

> Mon livre *est* perdu ; ma plume *était* restée là.

Emploi du verbe AVOIR.

210. *Avoir* sert à conjuguer :

1° Le verbe *avoir* lui-même. Ex. :

> J'*ai eu*, nous *avions eu*.

2° Le verbe *être*. Ex. :

> Il *a été*, vous *auriez été*.

3° Tous les verbes *actifs* ou employés *activement* (n° 219). Ex. :

> Nous *avons aimé*; il *a monté* plusieurs étages.

4° Les verbes *neutres* qui expriment l'action. Ex. :

> Il *a marché* doucement ; j'*ai couru* après lui.

EXCEPTION. — *Aller*, *arriver*, *choir*, *décéder*, *éclore*, *entrer*, *naître*, *mourir*, *tomber*, *venir* et ses dérivés, *devenir*, *intervenir*, *parvenir*, *revenir*, *survenir*, prennent l'auxiliaire *être*, bien qu'ils expriment ordinairement l'action. Ex. :

> Nous *sommes allés* chez lui. A quelle heure *sont*-ils *venus?*
> Elle *est née* à Paris. Vous *étiez entré* avant moi.

5° La plupart des verbes *unipersonnels*. Ex. :

> Il *a plu* ; il *avait fallu* ; il *aura tonné*.

VERBE *AVOIR*.

MODE INDICATIF.

TEMPS SIMPLES.	TEMPS COMPOSÉS.
Présent.	**Passé indéfini.**
Sing. 1re*pers.* J'ai.	*Sing.* 1re*pers.* J'ai eu.
2e — Tu as.	2e — Tu as eu.
3e — Il *ou* elle a.	3e — Il *ou* elle a eu.
Plur. 1re*pers.* Nous avons.	*Plur.* 1re*pers.* Nous avons eu.
2e — Vous avez.	2^c — Vous avez eu.
3e — Ils *ou* elles ont.	3e — Ils *ou* elles ont eu.
Imparfait.	**Plus-que-parfait.**
Sing. 1re*pers.* J'avais.	*Sing.* 1re*pers.* J'avais eu.
2e — Tu avais.	2° — Tu avais eu.
3e — Il avait.	3e — Il avait eu.
Plur. 1re*pers.* Nous avions.	*Plur.* 1re*pers.* Nous avions eu.
2e — Vous aviez.	2e — Vous aviez eu.
3e — Ils avaient.	3e — Ils avaient eu.

TEMPS SIMPLES.	TEMPS COMPOSÉS.

Passé défini.

				Passé antérieur.		

Sing.
- 1re *pers.* J'eus.
- 2e — Tu eus.
- 3e — Il eut.

Plur.
- 1re *pers.* Nous eûmes.
- 2e — Vous eûtes.
- 3e — Ils eurent.

Sing.
- 1re *pers.* J'eus eu.
- 2e — Tu eus eu.
- 3e — Il eut eu.

Plur.
- 1re *pers.* Nous eûmes eu.
- 2e — Vous eûtes eu.
- 3e — Ils eurent eu.

Futur.

Futur antérieur.

Sing.
- 1re *pers.* J'aurai.
- 2e — Tu auras.
- 3e — Il aura.

Plur.
- 1re *pers.* Nous aurons.
- 2e — Vous aurez.
- 3e — Ils auront.

Sing.
- 1re *pers.* J'aurai eu.
- 2e — Tu auras eu.
- 3e — Il aura eu.

Plur.
- 1re *pers.* Nous aurons eu.
- 2e — Vous aurez eu.
- 3e — Ils auront eu.

MODE CONDITIONNEL

TEMPS SIMPLE.

Présent.

Sing.
- 1re *pers.* J'aurais.
- 2e — Tu aurais.
- 3e — Il aurait.

Plur.
- 1re *pers.* Nous aurions.
- 2e — Vous auriez.
- 3e — Ils auraient.

TEMPS COMPOSÉS.

Premier passé.

Deuxième passé.

Sing.
- 1re *pers.* J'aurais eu.
- 2e — Tu aurais eu.
- 3e — Il aurait eu.

Plur.
- 1re *pers.* Nous aurions eu.
- 2e — Vous auriez eu.
- 3e — Ils auraient eu.

Sing.
- 1re *pers.* J'eusse eu.
- 2e — Tu eusses eu.
- 3e — Il eût eu.

Plur.
- 1re *pers.* Nous eussions eu.
- 2e — Vous eussiez eu.
- 3e — Ils eussent eu.

MODE IMPÉRATIF.

*Ce mode n'a pas de 1re personne du singulier, ni de
3e personne du singulier ni du pluriel.*

TEMPS SIMPLE.	TEMPS COMPOSÉ.

Présent. / **Passé.**

Sing.
- 1re pers. »
- 2e — Aie.
- 3e — »

Plur.
- 1re pers. Ayons.
- 2e — Ayez.
- 3e — »

Sing.
- 1re pers. »
- 2e — Aie eu.
- 3e — »

Plur.
- 1re pers. Ayons eu.
- 2e — Ayez eu.
- 3e — »

MODE SUBJONCTIF.

TEMPS SIMPLES.	TEMPS COMPOSÉS.

Présent. / **Passé.**

Sing.
- 1re pers. Que j'aie.
- 2e — Que tu aies.
- 3e — Qu'il ait.

Plur.
- 1re pers. Que nous ayons.
- 2e — Que vous ayez.
- 3e — Qu'ils aient.

Sing.
- 1re pers. Que j'aie eu.
- 2e — Que tu aies eu.
- 3e — Qu'il ait eu.

Plur.
- 1re pers. Que nous ayons eu.
- 2e — Que vous ayez eu.
- 3e — Qu'ils aient eu.

Imparfait. / **Plus-que-parfait.**

Sing.
- 1re pers. Que j'eusse.
- 2e — Que tu eusses.
- 3e — Qu'il eût.

Plur.
- 1re pers. Que nous eussions.
- 2e — Que vous eussiez.
- 3e — Qu'ils eussent.

Sing.
- 1re pers. Que j'eusse eu.
- 2e — Que tu eusses eu.
- 3e — Qu'il eût eu.

Plur.
- 1re pers. Que nous eussions eu.
- 2e — Que vous eussiez eu.
- 3e — Qu'ils eussent eu.

MODE INFINITIF.

TEMPS SIMPLES.	TEMPS COMPOSÉS.
Présent.	**Passé.**
Avoir.	Avoir eu.
Participe présent.	**Participe passé.**
Ayant.	Ayant eu, — eue, — eus, — eues.

211. Remarque. — Lorsque le verbe *avoir* n'est pas employé pour conjuguer un autre verbe, il est verbe *actif*. Ex. :

> Il *a* de l'estime pour vous.
> *Auriez*-vous honte d'avouer la vérité ?

Emploi du verbe ÊTRE.

212. *Être* sert à conjuguer :

1° Tous les verbes *passifs*.

> Ils *sont aimés ;* qu'elles *soient punies.*

2° Les verbes *neutres* quand ils expriment l'état. **Ex. :**

> Ils *sont partis* depuis deux jours ; elle *est disparue.*

3° Quelques verbes *neutres*, quoiqu'ils expriment l'action (n° 210. *Except.*). **Ex. :**

> Ils *sont venus ;* nous *sommes allés.*

4° Quelques verbes *unipersonnels*. **Ex. :**

> Il *est résulté ;* il *sera arrivé* un accident.

5° Les verbes *pronominaux* (il tient alors lieu *d'avoir*). **Ex. :**

> Nous nous *sommes aperçus* (c'est-à-dire nous *avons aperçu* nous).
> Il se *sont imaginé* (ils *ont imaginé* à eux).

VERBE *ÊTRE.*

MODE INDICATIF.

TEMPS SIMPLES.		TEMPS COMPOSÉS.	
Présent.		**Passé indéfini.**	
Sing.	1re *pers.* Je suis.	*Sing.*	1re *pers.* J'ai été.
	2e — Tu es.		2e — Tu as été.
	3e — Il *ou* elle est.		3e — Il *ou* elle a été.
Plur.	1re *pers.* Nous sommes.	*Plur.*	1re *pers.* Nous avons été.
	2e — Vous êtes.		2e — Vous avez été.
	3e — Ils *ou* elles sont.		3e — Ils *ou* elles ont été.

TEMPS SIMPLES.	TEMPS COMPOSÉS.

Imparfait.

Sing.
- 1re *pers.* J'étais.
- 2e — Tu étais.
- 3e — Il était.

Plur.
- 1re *pers.* Nous étions.
- 2e — Vous étiez.
- 3e — Ils étaient.

Plus-que-parfait.

Sing.
- 1re *pers.* J'avais été.
- 2e — Tu avais été.
- 3e — Il avait été.

Plur.
- 1re *pers.* Nous avions été.
- 2e — Vous aviez été.
- 3e — Ils avaient été.

Passé défini.

Sing.
- 1re *pers.* Je fus.
- 2e — Tu fus.
- 3e — Il fut.

Plur.
- 1re *pers.* Nous fûmes.
- 2e — Vous fûtes.
- 3e — Ils furent.

Passé antérieur.

Sing.
- 1re *pers.* J'eus été.
- 2e — Tu eus été.
- 3e — Il eut été.

Plur.
- 1re *pers.* Nous eûmes été.
- 2e — Vous eûtes été.
- 3e — Ils eurent été.

Futur.

Sing.
- 1re *pers.* Je serai.
- 2e — Tu seras.
- 3e — Il sera.

Plur.
- 1re *pers.* Nous serons.
- 2e — Vous serez.
- 3e — Ils seront.

Futur antérieur.

Sing.
- 1re *pers.* J'aurai été.
- 2e — Tu auras été.
- 3e — Il aura été.

Plur.
- 1re *pers.* Nous aurons été.
- 2e — Vous aurez été.
- 3e — Ils auront été.

MODE CONDITIONNEL.

TEMPS SIMPLE.

Présent.

Sing.
- 1re *pers.* Je serais.
- 2e — Tu serais.
- 3e — Il serait.

Plur.
- 1re *pers.* Nous serions.
- 2e — Vous seriez.
- 3e — Ils seraient.

TEMPS COMPOSÉS.

Premier passé.

Sing.
- 1re *pers.* J'aurais été.
- 2e — Tu aurais été.
- 3e — Il aurait été.

Plur.
- 1re *pers.* Nous aurions été.
- 2e — Vous auriez été.
- 3e — Ils auraient été.

Deuxième passé.

Sing.
- 1re *pers.* J'eusse été.
- 2e — Tu eusses été.
- 3e — Il eût été.

Plur.
- 1re *pers.* Nous eussions été.
- 2e — Vous eussiez été.
- 3e — Ils eussent été.

MODE IMPÉRATIF.

Ce mode n'a pas de 1re personne du singulier, ni de 3e personne
du singulier, ni du pluriel.

TEMPS SIMPLE.	TEMPS COMPOSÉ.
Présent.	**Passé.**

Sing.
- 1re *pers.* »
- 2e — Sois.
- 3e — »

Plur.
- 1re *pers.* Soyons.
- 2e — Soyez.
- 3e — »

Sing.
- 1re *pers.* »
- 2e — Aie été.
- 3e — »

Plur.
- 1re *pers.* Ayons été.
- 2e — Ayez été.
- 3e — »

MODE SUBJONCTIF.

TEMPS SIMPLES.	TEMPS COMPOSÉS.
Présent.	**Passé.**

Sing.
- 1re *pers.* Que je sois.
- 2e — Que tu sois.
- 3e — Qu'il soit.

Plur.
- 1re *pers.* Que nous soyons.
- 2e — Que vous soyez.
- 3e — Qu'ils soient.

Sing.
- 1re *pers.* Que j'aie été.
- 2e — Que tu aies été.
- 3e — Qu'il ait été.

Plur.
- 1re *pers.* Que nous ayons été.
- 2e — Que vous ayez été.
- 3e — Qu'ils aient été.

Imparfait.

Plus-que-parfait.

Sing.
- 1re *pers.* Que je fusse.
- 2e — Que tu fusses.
- 3e — Qu'il fût.

Plur.
- 1re *pers.* Que nous fussions.
- 2e — Que vous fussiez.
- 3e — Qu'ils fussent.

Sing.
- 1re *pers.* Que j'eusse été.
- 2e — Que tu eusses été.
- 3e — Qu'il eût été.

Plur.
- 1re *pers.* Que nous eussions été
- 2e — Que vous eussiez été.
- 3e — Qu'ils eussent été.

MODE INFINITIF.

TEMPS SIMPLES.	TEMPS COMPOSÉS.
Présent.	**Passé.**
Être.	Avoir été.
Participe présent.	**Participe passé.**
Étant.	Ayant été.

213. Remarque. — Le verbe *être* prend le nom de verbe *substantif* lorsqu'il ne sert pas à conjuguer un autre verbe. Ce verbe est complet par lui-même, et conséquemment n'a jamais de complément. Le mot qui semble être son complément direct se nomme *attribut du sujet*. Ex. :

> *C'est* un *homme* de bien. *C'est vous* qui m'avez guidé par vos conseils.
> L'étude *est* l'*apprentissage* de la vie. (Fleury.)

VERBES QUI CHANGENT D'AUXILIAIRE SANS CHANGER D'ACCEPTION.

214. Les verbes neutres : *accourir, apparaître, cesser, changer, croître, décroître, déchoir, dégénérer, descendre, disparaître, échoir, empirer, expirer, grandir, sortir, tomber, vieillir* et quelques autres prennent tantôt *être*, tantôt *avoir*, pour former leurs temps composés :

Être lorsqu'ils expriment un état.

Avoir lorsqu'ils expriment une action.

Exemples.

Avec ÊTRE.	Avec AVOIR.
Je *suis monté* depuis cinq minutes.	J'ai *monté* dix fois aujourd'hui.
Elle *est disparue* depuis quelques jours.	Elle a *disparu* pendant une heure.
Comme cet enfant *est grandi* !	Cet enfant a *grandi* de la tête en deux ans.
Je *suis descendu* depuis une heure.	J'ai *descendu* à huit heures, puis à dix.
La rivière *est* déjà *crûe* de deux mètres.	La rivière a *crû* de six mètres en une nuit.
Votre frère *est* tellement *changé* que je ne l'ai point reconnu.	Votre ami a beaucoup *changé* cette année.
La trêve *était* à peine *expirée* que la guerre recommençait de toute part.	La trêve conclue entre la France et l'Autriche *avait expiré* au mois d'août.

Remarque. — En parlant des personnes, *expirer* prend toujours *avoir*. Ex.

> Votre pauvre ami a *expiré* dans mes bras.

VERBES QUI CHANGENT D'AUXILIAIRE EN CHANGEANT D'ACCEPTION.

Convenir.

215. *Convenir*, signifiant *tomber d'accord*, forme ses temps composés avec l'auxiliaire *être*. Ex. :

> Je *suis convenu* de lui donner trois cents francs de sa montre.
> Nous *étions convenus* de nous trouver au collége à huit heures.

Lorsqu'il signifie *plaire, être convenable*, il prend l'auxiliaire *avoir*. Ex. :

> Cet ouvrage m'*a* beaucoup *convenu*. Vos manières n'*ont* pas *convenu* à ma mère.

Demeurer.

216. *Demeurer* se conjugue avec *avoir* lorsqu'il signifie *habiter*; dans tous les autres cas il se conjugue avec *être*. Ex. :

Avec AVOIR.	Avec ÊTRE.
J'*ai demeuré* deux ans à Nantes.	Trois cents hommes *sont demeurés* sur le champ de bataille.
Vos amis *ont demeuré* dans cet hôtel.	Ces personnes *étaient demeurées* tout étonnées.

Échapper.

217. *Échapper* prend l'auxiliaire *être* quand on veut parler d'une chose qu'on a faite ou dite sans réflexion, par inadvertance. Ex. :

> Cette plainte m'*est échappée*. Mon secret m'*est échappé*.

Il prend *avoir* dans tous les autres cas. Ex :

> Vos défauts m'*ont échappé* jusqu'à présent.
> Une des fautes de votre dictée m'*avait échappé* tout d'abord.
> Il *a échappé* au danger.

DU VERBE ACTIF.

† **218.** Le verbe *actif* exprime une action faite par le sujet; il a toujours un complément direct.

Ses temps composés se forment avec avoir. Ex. :

> Tu *as reçu* une lettre. Nous *avons donné* une leçon.

Tout verbe immédiatement après lequel on peut placer les mots *quelqu'un* ou *quelque chose* est *actif;* ainsi *amener, prendre, chercher*, sont des verbes *actifs,* parce qu'on peut *amener quelqu'un, prendre quelque chose, chercher quelqu'un* ou *quelque chose.*

219. Un verbe *actif* se trouve quelquefois sans complément direct. On dit alors qu'il est employé *neutralement;* un verbe *neutre* peut accidentellement avoir un complément direct, on dit alors qu'il est employé *activement.* Ex. :

Verbes actifs employés neutralement.	Verbes neutres employés activement.
Le coup *a porté.*	Il *parle* sept langues.
Il *a reculé* devant le danger.	Il *travaille* le français.
L'armée ennemie *commence* à plier.	*Montez* votre montre.

(Comme modèles de verbes actifs, apprendre les verbes : *porter, punir, apercevoir* et *vendre,* page 114 et suivantes. Voir le *nota.*)

DU VERBE NEUTRE.

† **220.** Le verbe *neutre* exprime une action faite ou reçue par le sujet, il n'a jamais de complément direct.

Les temps composés se forment, dans certains verbes neutres, avec *être;* dans d'autres, avec *avoir;* et dans d'autres enfin, tantôt avec *être,* tantôt avec *avoir.* Ex. :

Je *suis parti.* J'ai *dormi.* Nous *aurons nui. Elle est montée.* Il *a monté.*

(Le verbe neutre employé avec *avoir* se conjugue comme les verbes actifs. Page 114 et suivantes.)

NOTA. Faire étudier avec soin les quatre verbes *porter, punir, apercevoir* et *vendre,* types des quatre conjugaisons, et le tableau des finales, qui n'ont été placés plus loin que pour ne pas interrompre la définition des six espèces de verbes.

VERBE NEUTRE *ARRIVER.*

(Auxiliaire *être*).

MODE INDICATIF.

TEMPS SIMPLES.	TEMPS COMPOSÉS.

Présent.

J'arriv-e.
Tu arriv-es.
Il arriv-e.
Elle arriv-e.
Nous arriv-ons.
Vous arriv-ez.
Ils arriv-ent.
Elles arriv-ent.

Passé indéfini.

Je suis
Tu es   } arriv-é
Il est   *ou*
Elle est   arriv-ée.
Nous sommes
Vous êtes   } arriv-és
Ils sont   *ou*
Elles sont   arriv-ées.

Imparfait.

J'arriv-ais.
Tu arriv-ais.
Il arriv-ait.
Elle arriv-ait.
Nous arriv-ions.
Vous arriv-iez.
Ils arriv-aient.
Elles arriv-aient.

Plus-que-parfait.

J'étais
Tu étais   } arriv-é
Il était   *ou*
Elle était   arriv-ée.
Nous étions
Vous étiez   } arriv-és
Ils étaient   *ou*
Elles étaient   arriv-ées.

Passé défini.

J'arriv-ai.
Tu arriv-as.
Il arriv-a.
Elle arriv-a.
Nous arriv-âmes.
Vous arriv-âtes.
Ils arriv-èrent.
Elles arriv-èrent.

Passé antérieur.

Je fus
Tu fus   } arriv-é
Il fut   *ou*
Elle fut   arriv-ée.
Nous fûmes
Vous fûtes   } arriv-és
Ils furent   *ou*
Elles furent.   arriv-ées.

Futur.

J'arriv-erai.
Tu arriv-eras.
Il arriv-era.
Elle arriv-era.
Nous arriv-erons.
Vous arriv-erez.
Ils arriv-eront.
Elles arriv-eront.

Futur antérieur.

Je serai
Tu seras   } arrivé
Il sera   *ou*
Elle sera   arrivée.
Nous serons
Vous serez   } arriv-és
Ils seront   *ou*
Elles seront   arriv-ées.

MODE CONDITIONNEL.

TEMPS SIMPLE.

Présent.

J'arriv-erais.
Tu arriv-erais.
Il *ou* elle arriv-erait.
Nous arriv-erions.
Vous arriv-eriez.
Ils *ou* elles arriv-eraient.

TEMPS COMPOSÉS.

Premier passé.		Deuxième passé.	
Je serais	arriv-é *ou* arriv-ée.	Je fusse	arriv-é *ou* arriv-ée.
Tu serais		Tu fusses	
Il serait		Il fût	
Elle serait		Elle fût	
Nous serions	arriv-és *ou* arriv-ées.	Nous fussions	arrivés *ou* arrivées.
Vous seriez		Vous fussiez	
Ils seraient		Ils fussent	
Elles seraient		Elles fussent	

MODE IMPÉRATIF.

Ce mode n'a pas de 1re pers. du sing., ni de 3e pers. du sing., ni du plur.

TEMPS SIMPLE.	TEMPS COMPOSÉ.	
Présent.	**Passé.**	
Arrive.	Sois	arriv-é *ou* arriv-ée.
Arrivons.	Soyons	arriv-és *ou*
Arrivez.	Soyez	arriv-ées.

MODE SUBJONCTIF.

TEMPS SIMPLES.	TEMPS COMPOSÉS.	
Présent.	**Passé.**	
Que j'arriv-e.	Que je sois	arriv-é *ou* arriv-ée.
Que tu arriv-es.	Que tu sois	
Qu'il arriv-e.	Qu'il soit	
Qu'elle arrive.	Qu'elle soit	
Que nous arriv-ions.	Que nous soyons	arriv-és *ou* arriv-ées.
Que vous arriv-iez.	Que vous soyez	
Qu'ils arriv-ent.	Qu'ils soient	
Qu'elles arriv-ent.	Qu'elles soient	

6.

Imparfait.	Plus-que-parfait.
Que j'arriv-asse.	Que je fusse
Que tu arriv-asses.	Que tu fusses ⎱ arriv-é
Qu'il arriv-ât.	Qu'il fût ⎰ ou
Qu'elle arriv-ât.	Qu'elle fût ⎰ arriv-ée.
Que nous arriv-assions.	Que nous fussions ⎱ arrivés
Que vous arriv-assiez.	Que vous fussiez ⎰ ou
Qu'ils arriv-assent.	Qu'ils fussent ⎰ arriv-ées.
Qu'elles arriv-assent.	Qu'elles fussent ⎰

MODE INFINITIF.

TEMPS SIMPLE.	TEMPS COMPOSÉ.
Présent.	**Passé.**
Arriv-er.	Être ⎰ Arriv-é — arriv-ée. ⎱ Arriv-és — Arriv-ées.
Participe présent.	**Participe passé.**
Arriv-ant.	Étant ⎰ Arriv-é — arriv-ée. ⎱ Arriv-és — arriv-ées.

DU VERBE PASSIF.

† **221.** Le verbe *passif*[1] exprime une action reçue, supportée par le sujet ; il ne peut avoir de complément direct, et n'a pas de temps simples.

Il prend l'auxiliaire *être* dans toutes sa conjugaison et peut se tourner activement. Ex. :

> Il *est aimé* (on l'aime). Nous *sommes entendus* (on nous entend). Vous *avez été informés* (on vous a informés). Qu'ils *aient été surpris* (qu'on les ait surpris).

---

[1] Il ne faut pas confondre le verbe passif avec le verbe neutre conjugué avec *être*. Le verbe passif peut toujours se remplacer par un verbe actif, *au même temps*, dont le complément direct est le mot qui servait de sujet au verbe passif. Le verbe neutre conjugué avec *être* ne peut admettre ce changement. Ex. : *Ils ont été punis* (on peut dire : *On les a punis*, le verbe peut devenir actif sans changer de temps, donc il est passif). *Ils sont partis* (on ne peut pas dire : *On les part* : c'est un verbe neutre).

VERBE PASSIF *ÊTRE REÇU.*

MODE INDICATIF.

| TEMPS SIMPLES. | TEMPS COMPOSÉS. |

Présent.

Je suis
Tu es
Il est
Elle est
} reç-u *ou* reç-ue.

Nous sommes
Vous êtes
Ils sont
Elles sont
} reç-us *ou* reç-ues.

Passé indéfini.

J'ai été
Tu as été
Il a été
Elle a été
} reç-u *ou* reç-ue.

Nous avons été
Vous avez été
Ils ont été
Elles ont été
} reç-us *ou* reç-ues.

Imparfait.

J'étais
Tu étais
Il était
Elle était
} reç-u *ou* reç-ue.

Nous étions
Vous étiez
Ils étaient
Elles étaient
} reç-us *ou* reç-ues.

Plus-que-parfait.

J'avais été
Tu avais été
Il avait été
Elle avait été
} reç-u *ou* reç-ue.

Nous avions été
Vous aviez été
Ils avaient été
Elles avaient été
} reç-us *ou* reç-ues.

Passé défini.

Je fus
Tu fus
Il fut
Elle fut
} reç-u *ou* reç-ue.

Nous fûmes
Vous fûtes
Ils furent
Elles furent
} reç-us *ou* reç-ues.

Passé antérieur.

J'eus été
Tu eus été
Il eut été
Elle eut été
} reç-u *ou* reç-ue.

Nous eûmes été
Vous cûtes été
Ils eurent été
Elles curent été
} reç-us *ou* reç-ues.

Futur.

Je serai
Tu seras
Il sera
Elle sera
} reç-u *ou* reç-ue.

Nous serons
Vous serez
Ils seront
Elles seront
} reç-us *ou* reç-ues.

Futur antérieur.

J'aurai été
Tu auras été
Il aura été
Elle aura été
} reç-u *ou* reç-ue.

Nous aurons été
Vous aurez été
Ils auront été
Elles auront été
} reç-us *ou* reç-ues.

MODE CONDITIONNEL.

TEMPS SIMPLE.

Présent.

Je serais	
Tu serais	reç-u
Il serait	*ou*
Elle serait	reç-ue.
Nous serions	
Vous seriez	reç-us
Ils seraient	*ou*
Elles seraient.	reç-ues.

TEMPS COMPOSÉS.

Premier passé.		Deuxième Passé.	
J'aurais été		J'eusse été	
Tu aurais été	reç-u	Tu eusses été	reç-u
Il aurait été	*ou*	Il eût été	*ou*
Elle aurait été	reç-ue.	Elle eût été	reç-ue.
Nous aurions été		Nous eussions été	
Vous auriez été	reç-us	Vous eussiez été	reç-us
Ils auraient été	*ou*	Ils eussent été	*ou*
Elles auraient été	reç-ues.	Elles eussent été	reç-ues.

MODE IMPÉRATIF.

Ce mode n'a pas de 1re pers. du sing., ni de 3e pers. du sing., ni du plur.

TEMPS SIMPLE.		TEMPS COMPOSÉ.	

Présent.		Passé.	
Sois	reç-u	Aie été	reç-u
	ou		*ou*
	reç-ue.		reçu-e.
Soyons	reç-us	Ayons été	reç-us
Soyez	*ou*	Ayez été	*ou*
	reç-ues.		reç-ues.

MODE SUBJONCTIF.

TEMPS SIMPLES.		TEMPS COMPOSÉS.	

Présent.		Passé.	
Que je sois	reç-u	Que j'aie été	reç-u
Que tu sois	*ou*	Que tu aies été	*ou*
Qu'il soit	reç-ue.	Qu'il ait été	reç-ue.
Qu'elle soit		Qu'elle ait été	
Que nous soyons	reç-us	Que nous ayons été	reç-us
Que vous soyez	*ou*	Que vous ayez été	*ou*
Qu'ils soient	reç-ues.	Qu'ils aient été	reç-ues.
Qu'elles soient		Qu'elles aient été	

Imparfait.		Plus-que-parfait.	
Que je fusse	⎰ reç-u	Que j'eusse été	⎰ reç-u
Que tu fusses	⎱ *ou*	Que tu eusses été	⎱ *ou*
Qu'il fût	reç-ue.	Qu'il eût été	reç-ue.
Qu'elle fût		Qu'elle eût été	
Que nous fussions	⎰ reç-us	Que nous eussions été	⎰ reç-us
Que vous fussiez	⎱ *ou*	Que vous eussiez été	⎱ *ou*
Qu'ils fussent	reç-ues.	Qu'ils eussent été	reç-ues.
Qu'elles fussent		Qu'elles eussent été	

MODE INFINITIF.

TEMPS SIMPLES.		TEMPS COMPOSÉS.	
Présent.		**Passé.**	
Être reç-u.		Avoir été	⎰ reç-u — reçu-e. ⎱ reçu-s — reçu-es.
Participe présent.		**Participe passé.**	
Étant reç-u.		Ayant été	⎰ reç-u — reç-ue. ⎱ reç-us — reç-ues.

DU VERBE PRONOMINAL.

† **222.** Le verbe *pronominal* exprime une action faite par le sujet et se conjugue avec deux pronoms (ou avec un substantif et un pronom) de la même personne, représentant le même être ou le même objet : il a tantôt un complément direct, tantôt un complément indirect.

Ses temps composés se forment avec *être* employé pour *avoir*. Ex. :

Tu t'*es habillé* (tu as habillé toi). Il s'*était enfui* (il avait enfui lui). Nous nous *sommes agenouillés* (nous avons agenouillé nous). Mes amis se *sont parlé* (ils ont parlé à eux).

223. REMARQUE. — Il y a des verbes pronominaux *essentiels* et des verbes pronominaux *accidentels*; les premiers ne s'emploient jamais sans deux pronoms de la même personne, les autres sont des verbes actifs ou neutres employés pronominalement, c'est-à-dire avec deux pronoms de la même personne. Ex :

Verbes pronominaux essentiels.

S'abstenir, s'agenouiller, s'absenter, se repentir, s'emparer, s'arroger.

Verbes pronominaux accidentels.

Se rappeler (du verbe actif *rappeler*).

Se nuire (du verbe neutre *nuire*).

S'apercevoir (du verbe actif *apercevoir*).

VERBE PRONOMINAL *SE DÉVOUER.*

MODE INDICATIF.

TEMPS SIMPLES.	TEMPS COMPOSÉS.

Présent.

Je me dévou-e.
Tu te dévou-es.
Il se dévou-e.
Elle se dévou-e.
Nous nous dévou-ons.
Vous vous dévou-ez.
Ils se dévou-ent.
Elles se dévou-ent.

Passé indéfini.

Je me suis
Tu t'es
Il s'est
Elle s'est
} dévou-é *ou* dévou-ée.

Nous nous sommes
Vous vous êtes
Ils se sont
Elles se sont
} dévou-és *ou* dévou-ées.

Imparfait.

Je me dévou-ais.
Tu te dévou-ais.
Il se dévou-ait.
Elle se dévou-ait.
Nous nous dévou-ions
Vous vous dévou-iez.
Ils se dévou-aient.
Elles se dévou-aient.

Plus-que-parfait.

Je m'étais
Tu t'étais
Il s'était
Elle s'était
} dévou-é *ou* dévou-ée.

Nous nous étions
Vous vous étiez
Ils s'étaient
Elles s'étaient
} dévou-és. *ou* dévou-ées.

Passé défini.

Je me dévou-ai.
Tu te dévou-as.
Il se dévou-a.
Elle se dévou-a.
Nous nous dévou-âmes.
Vous vous dévou-âtes.
Ils se dévou-èrent.
Elles se dévou-èrent.

Passé antérieur.

Je me fus
Tu te fus
Il se fut
Elle se fut
} dévou-é *ou* dévou-ée.

Nous nous fûmes
Vous vous fûtes
Ils se furent
Elles se furent
} dévou-és. *ou* dévou-ées.

Futur.	Futur antérieur.

Je me dévou-erai.

Je me serai

Tu te dévou-eras.

Tu te seras

Il se dévou-era.

Il se sera

$\left.\begin{array}{l}\text{dévou-é}\\ \textit{ou}\\ \text{dévou-ée.}\end{array}\right\}$

Elle se dévou-era.

Elle se sera

Nous nous dévou-erons.

Nous nous serons

Vous vous dévou-erez.

Vous vous serez

Ils se dévou-eront.

Ils se seront

$\left.\begin{array}{l}\text{dévou-és}\\ \textit{ou}\\ \text{dévou-ées.}\end{array}\right\}$

Elles se dévou-eront.

Elles se seront

MODE CONDITIONNEL.

TEMPS SIMPLE.

Présent.

Je me dévou-erais.
Tu te dévou-erais.
Il se dévoue-rait.
Elle se dévou-erait.
Nous nous dévou-erions.
Vous vous dévou-eriez.
Ils se dévou-eraient.
Elles se dévou-eraient.

TEMPS COMPOSÉS.

Premier passé.	Deuxième passé.

Je me serais

Tu te serais

Il se serait

Elle se serait

$\left.\begin{array}{l}\text{dévou-é}\\ \textit{ou}\\ \text{dévou-ée.}\end{array}\right\}$

Je me fusse

Tu te fusses

Il se fût

Elle se fût

$\left.\begin{array}{l}\text{dévou-é}\\ \textit{ou}\\ \text{dévou-ée.}\end{array}\right\}$

Nous nous serions

Vous vous seriez

Ils se seraient

Elles se seraient

$\left.\begin{array}{l}\text{dévou-és.}\\ \textit{ou}\\ \text{dévou-ées.}\end{array}\right\}$

Nous nous fussions

Vous vous fussiez

Ils se fussent

Elles se fussent

$\left.\begin{array}{l}\text{dévou-és}\\ \textit{ou}\\ \text{dévou-ées.}\end{array}\right\}$

MODE IMPÉRATIF.

*Ce mode n'a pas de 1ʳᵉ pers. du sing., ni de 3ᵉ pers. du sing.,
ni du plur.*

TEMPS SIMPLE.	TEMPS COMPOSÉ.
Présent.	**Passé.**
Dévou-e-toi.	Ce temps ne s'emploie pas dans
Dévou-ons-nous.	les verbes pronominaux.
Dévou-ez-vous.	

MODE SUBJONCTIF.

TEMPS SIMPLES.	TEMPS COMPOSÉS.	
Présent.	**Passé.**	

Que je me dévou-e.	Que je me sois	dévou-é
Que tu te dévou-es.	Que tu te sois	
Qu'il se dévou-e.	Qu'il se soit	*ou*
Qu'elle se dévou-e.	Qu'elle se soit	dévou-ée.
Que nous nous dévou-ions.	Que nous nous soyons,	dévou-és
Que vous vous dévou-iez.	Que vous vous soyez.	*ou*
Qu'il se dévou-ent.	Qu'ils se soient	dévou-ées.
Qu'elles se dévou-ent.	Qu'elles se soient	

Imparfait.	**Plus-que-parfait.**	
Que je me dévou-asse.	Que je me fusse	dévou-é.
Que tu te dévou-asses.	Que tu te fusses	*ou*
Qu'il se dévou-ât.	Qu'il se fût	dévou-ée.
Qu'elle se dévou-ât.	Qu'elle se fût	
Que nous nous dévou-assions.	Que nous nous fussions.	dévou-és
Que vous vous dévou-assiez.	Que vous vous fussiez.	*ou*
Qu'ils se dévou-assent.	Qu'ils se fussent	dévou-ées.
Qu'elles se dévou-assent.	Qu'elles se fussent	

MODE INFINITIF.

TEMPS SIMPLES.	TEMPS COMPOSÉS.
Présent.	**Passé.**
Se dévou-er.	S'être dévou-é.

Participe présent.	Participe passé.

Se dévou-ant.	S'étant { dévou-é — dévouée. / dévou-és — dévouées. }

DU VERBE UNIPERSONNEL.

† 224. Le verbe *unipersonnel* ne s'emploie qu'à la troisième personne du singulier, et a toujours pour sujet le pronom *il*.

Certains verbes unipersonnels se conjuguent avec *être*, les autres avec *avoir*. Ex. :

Il *a neigé*. Il *eut fallu*. Il *est résulté*. Il *est arrivé* des accidents.

225. — REMARQUE. Il y a des verbes unipersonnels *essentiels* et des verbes unipersonnels *accidentels*. Les premiers ne s'emploient jamais qu'à la troisième personne du singulier; les autres sont des verbes *actifs, neutres* ou *pronominaux,* employés *unipersonnellement;* ils forment alors certaines constructions qu'on nomme *gallicismes,* parce qu'elles sont particulières à la langue française. Ex. :

Verbes unipersonnels essentiels.		Verbes unipersonnels accidentels.
Falloir.	Neiger.	Il *s'est glissé* des erreurs (des
Grêler.	Tonner.	erreurs *se sont* glissées).
		Il *y a eu* des froids rigoureux (des
		froids rigoureux *ont eu lieu*).

VERBE UNIPERSONNEL *TONNER.*

MODE INDICATIF.

TEMPS SIMPLES.	TEMPS COMPOSÉS.
Présent.	**Passé indéfini.**
Il tonne.	Il a tonné.
Imparfait.	**Plus-que-parfait.**
Il tonnait.	Il avait tonné.
Passé défini.	**Passé antérieur.**
Il tonna.	Il eut tonné.
Futur.	**Futur antérieur.**
Il tonnera.	Il aura tonné.

MODE CONDITIONNEL.

Présent.

Il tonnerait.

Premier passé.	**Deuxième passé.**
Il aurait tonné.	Il eût tonné.

MODE SUBJONCTIF.

Présent.	**Passé.**
Qu'il tonne.	Qu'il ait tonné.
Imparfait.	**Plus-que-parfait.**
Qu'il tonnât.	Qu'il eût tonné.

MODE INFINITIF.

Présent.	**Passé.**
Tonner.	Avoir tonné.
Participe présent.	**Participe passé.**
Tonnant.	Ayant tonné.

7

MODES.

† 226. Il y a, dans les verbes, cinq *modes*, c'est-à-dire cinq manières différentes de présenter l'état ou l'action, savoir :

1° Le mode *indicatif*.

2° Le mode *conditionnel*.

3° Le mode *impératif*.

4° Le mode *subjonctif*.

5° Le mode *infinitif*.

227. 1° Le mode *indicatif* présente l'état ou l'action d'une manière positive. } Je *cherche* mon livre.

228. 2° Le mode *conditionnel* présente l'état ou l'action comme dépendant d'une condition. } Je *chercherais* mon livre, si j'avais le temps.

229. 3° Le mode *impératif* présente l'état ou l'action sous la forme du commandement, de l'exhortation. } *Cherchez* votre livre. *Obéis*, je t'en conjure.

230. 4° Le mode *subjonctif* présente l'état ou l'action comme dépendant de l'état ou de l'action exprimée par un autre verbe. } Je désire *que tu cherches* ton livre.

231. 5° Le mode *infinitif* présente l'état ou l'action d'une manière vague, générale. } *Chercher* avec soin dénote de la persévérance.

† 232. L'indicatif, le conditionnel, l'impératif et le subjonctif se nomment modes *personnels*, parce qu'ils s'emploient aux différentes personnes.

L'infinitif se nomme mode *impersonnel*, parce qu'il n'a jamais de personne, ne pouvant avoir de sujet.

TEMPS.

† 233. Chaque mode se divise en *temps*, qui indiquent à quelle époque a lieu l'état ou l'action exprimée par le verbe.

† **234.** Les temps sont *simples* ou *composés : simples,* quand ils sont exprimés par un seul mot appartenant au verbe que l'on conjugue; *composés,* quand ils sont formés du verbe *être* ou du verbe *avoir* joint à un participe passé. Ex. :

Temps simples.		Temps composés.	
J'aime.	Je serais.	J'ai aimé.	J'aurais été.
Nous pensions.	Il donnera.	Nous avions pensé.	Il aura donné.
Qu'ils marchent.	Que vous vissiez.	Qu'ils aient marché.	Que vous eussiez vu.

† **235.** Le mode *indicatif* comprend *huit temps,* dont quatre temps simples et quatre temps composés.

Les quatre temps *simples* sont :

1° Le présent, je *cherche.*
2° L'imparfait, je *cherchais.*
3° Le passé défini, je *cherchai.*
4° Le futur simple, je *chercherai.*

Les quatre temps *composés* sont :

1° Le passé indéfini, j'*ai cherché.*
2° Le passé antérieur, j'*eus cherché.*
3° Le plus-que-parfait, j'*avais cherché.*
4° Le futur antérieur, j'*aurai cherché.*

† **236.** Le mode *conditionnel* comprend *trois temps,* dont un temps simple et deux temps composés.

Le temps *simple* est :

Le présent, je *chercherais.*

Les deux temps *composés* sont :

Le 1er passé,   j'aurais cherché.

Le 2e passé,   j'eusse cherché.

† **237.** Le mode *impératif* comprend *deux temps*, dont un temps simple et un temps composé.

Le temps *simple* est :

Le présent,   cherche.

Le temps *composé* est :

Le passé,   aie cherché.

† **238.** Le mode *subjonctif* comprend *quatre temps*, dont deux temps simples et deux temps composés.

Les deux temps *simples* sont :

1° Le présent,   que je cherche.

2° L'imparfait,   que je cherchasse.

Les deux temps *composés* sont :

1° Le passé,   que j'aie cherché.

2° Le plus-que-parfait,   que j'eusse cherché.

† **239.** Le mode *infinitif* comprend *quatre temps*, dont deux temps simples et deux temps composés.

Les deux temps *simples* sont :

1° Le présent,   chercher.

2° Le participe présent,   cherchant.

Les deux temps *composés* sont :

1° Le passé,   avoir cherché.

2° Le participe passé,   ayant cherché.

DIVISION DES VERBES EN CONJUGAISONS.

† **240.** Il y a quatre manières différentes de terminer le présent de l'infinitif des verbes français :

1°	*er.*
2°	*ir.*
3°	*oir.*
4°	*re.*

D'après ces terminaisons, on divise les verbes en quatre classes ou conjugaisons, savoir :

1ʳᵉ conjugaison, présent de l'infinitif en *er.* Ex. :

Port-*er*,   marcher,   noyer.

2ᵉ conjugaison, présent de l'infinitif en *ir.* Ex. :

Pun-*ir*,   courir,   'dormir.

3ᵉ conjugaison, présent de l'infinitif en *oir.* Ex. :

Apercev-*oir*,   pouvoir,   déchoir.

4° conjugaison, présent de l'infinitif en *re.* Ex. :

Vend-*re*,   peindre,   suivre.

† **241.** On appelle *radical* d'un verbe la partie qui ne change pas pendant tout le cours de la conjugaison, ainsi *port* est le radical de *porter*, *pun* est celui de *punir*.

La partie du verbe qui change suivant le nombre, la personne, le mode et le temps, se nomme *terminaison*.

Tous les verbes réguliers d'une même conjugaison ont, aux mêmes temps et aux mêmes personnes, des *terminaisons* semblables. Ex. :

je dans *e*,	tu bén *issais.*	il recev *ra,*	vend *s,*
je chant *e*,	tu fin *issais,*	il concev *ra,*	rend *s,*
je march *e*,	tu faibl *issais,*	il apercev *ra,*	répond *s.*

VERBE *PORTER.*

Première conjugaison.

Radical PORT, terminaison ER (Port-er).

MODE INDICATIF.

TEMPS SIMPLES.	TEMPS COMPOSÉS.

Présent.

Sing.
- 1ʳᵉ p. Je port-e.
- 2ᵉ » Tu port-es.
- 3ᵉ » Il *ou* elle port-e.

Plur.
- 1ʳᵉ p. Nous port-ons.
- 2ᵉ » Vous port-ez.
- 3ᵉ » Ils *ou* elles port-ent.

Passé indéfini.

Sing.
- 1ʳᵉ p. J'ai port-é.
- 2ᵉ » Tu as port-é.
- 3ᵉ » Il *ou* elle a port-é.

Plur.
- 1ʳᵉ p. Nous avons port-é.
- 2ᵉ » Vous avez port-é.
- 3ᵉ » Ils *ou* elles ont port-é.

Imparfait.

Sing.
- 1ʳᵉ p. Je port-ais.
- 2ᵉ « Tu port-ais.
- 3ᵉ » Il port-ait.

Plur.
- 1ʳᵉ p. Nous port-ions.
- 2ᵉ » Vous port-iez.
- 3ᵉ » Ils port-aient.

Plus-que-parfait.

Sing.
- 1ʳᵉ p. J'avais port-é.
- 2ᵉ » Tu avais port-é.
- 3ᵉ » Il ayait port-é.

Plur.
- 1ʳᵉ p. Nous avions port-é.
- 2ᵉ » Vous aviez port-é.
- 3ᵉ » Ils avaient port-é.

Passé défini.

Sing.
- 1ʳᵉ p. Je port-ai.
- 2ᵉ » Tu port-as.
- 3ᵉ » Il port-a.

Plur.
- 1ʳᵉ p. Nous port-âmes.
- 2ᵉ » Vous port-âtes.
- 3ᵉ » Ils port-èrent.

Passé antérieur.

Sing.
- 1ʳᵉ p. J'eus port-é.
- 2ᵉ » Tu eus port-é.
- 3ᵉ » Il eut port-é.

Plur.
- 1ʳᵉ p. Nous eûmes port-é.
- 2ᵉ » Vous eûtes port-é.
- 3ᵉ » Ils eurent port-é.

Futur.

Sing.
- 1ʳᵉ p. Je port-erai.
- 2ᵉ » Tu port-eras.
- 3ᵉ » Il port-era.

Plur.
- 1ʳᵉ p. Nous port-erons.
- 2ᵉ « Vous port-erez.
- 3ᵉ » Ils port-eront.

Futur antérieur.

Sing.
- 1ʳᵉ p. J'aurai port-é.
- 2ᵉ » Tu auras port-é.
- 3ᵉ » Il aura port-é.

Plur.
- 1ʳᵉ p. Nous aurons port-é.
- 2ᵉ » Vous aurez port-é.
- 3ᵉ » Ils auront port-é.

MODE CONDITIONNEL.

TEMPS SIMPLE.

Présent.

Sing.
- 1ʳᵉ p. Je port-erais.
- 2ᵉ » Tu port-erais.
- 3ᵉ » Il port-erait.

Plur.
- 1ʳᵉ p. Nous port-erions.
- 2ᵉ » Nous port-eriez.
- 3ᵉ » Ils port-eraient.

TEMPS COMPOSÉS.

	Premier passé.		**Deuxième passé.**
Sing.	1re p. J'aurais port-é.	*Sing.*	1re p. J'eusse port-é.

Sing.
- 1re p. J'aurais port-é.
- 2e » Tu aurais port-é.
- 3e » Il aurait port-é.

Plur.
- 1re p. Nous aurions port-é.
- 2e » Vous auriez port-é.
- 3e » Ils auraient port-é.

Sing.
- 1re p. J'eusse port-é.
- 2e » Tu eusses port-é.
- 3e » Il eût port-é.

Plur.
- 1re p. Nous eussions port-é.
- 2e » Vous eussiez port-é.
- 3e » Ils eussent port-é.

MODE IMPÉRATIF.

Ce mode n'a pas de 1re pers. du singulier, ni de 3e pers. du singulier ni du pluriel.

TEMPS SIMPLE.
Présent.

Sing. 2e p. Port-e.
Plur.
- 1re » Port-ons.
- 2e » Port-ez.

TEMPS COMPOSÉ.
Passé.

Sing. 2e p. Aie port-é.
Plur.
- 1re » Ayons port-é.
- 2e » Ayez port-é.

MODE SUBJONCTIF.

TEMPS SIMPLES.
Présent.

Sing.
- 1re p. Que je port-e.
- 2e » Que tu port-es.
- 3e » Qu'il port-e.

Plur.
- 1re p. Que nous port-ions.
- 2e » Que vous port-iez.
- 3e » Qu'ils port-ent.

TEMPS COMPOSÉS.
Passé.

Sing.
- 1re p. Que j'aie port-é.
- 2e « Que tu aies port-é.
- 3e » Qu'il ait port-é.

Plur.
- 1re p. Que nous ayons port-é.
- 2e » Que vous ayez port-é.
- 3e » Qu'ils aient port-é.

Imparfait.

Sing.
- 1re p. Que je port-asse.
- 2e » Que tu port-asses.
- 3e » Qu'il port-ât.

Plur.
- 1re p. Que nous port-assions.
- 2e » Que vous port-assiez.
- 3e » Qu'ils port-assent.

Plus-que-parfait.

Sing.
- 1re p. Que j'eusse port-é.
- 2e » Que tu eusses port-é.
- 3e » Qu'il eût port-é.

Plur.
- 1re p. Que nous eussions port-é.
- 2e » Que vous eussiez port-é.
- 3e » Qu'ils eussent port-é.

MODE INFINITIF.

TEMPS SIMPLES.
Présent

Port-er.

TEMPS COMPOSÉS.
Passé.

Avoir port-é.

Participe présent.

Port-ant.

Participe passé.

Ayant port-é, port-ée, port-és, port-ées.

VERBE *PUNIR.*

Deuxième conjugaison.

Radical PUN, terminaison IR (Pun-ir).

MODE INDICATIF.

TEMPS SIMPLES.	TEMPS COMPOSÉS.

Présent.

Sing.
- 1re p. Je pun-is.
- 2e » Tu pun-is.
- 3e » Il *ou* elle pun-it.

Plur.
- 1re p. Nous pun-issons.
- 2e » Vous pun-issez.
- 3e » Ils *ou* elles pun-issent.

Passé indéfini.

Sing.
- 1re p. J'ai pun-i.
- 2e » Tu as pun-i.
- 3e » Il *ou* elle a pun-i.

Plur.
- 1re p. Nous avons pun-i.
- 2e » Vous avez pun-i.
- 3e » Ils *ou* elles ont pun-i.

Imparfait.

Sing.
- 1re p. Je pun-issais.
- 2e » Tu pun-issais.
- 3e » Il pun-issait.

Plur.
- 1re p. Nous pun-issions.
- 2e » Vous pun-issiez.
- 3e » Ils pun-issaient.

Plus-que-parfait.

Sing.
- 1re p. J'avais pun-i.
- 2e » Tu avais pun-i.
- 3e » Il avait pun-i.

Plur.
- 1re p. Nous avions pun-i.
- 2e » Vous aviez pun-i.
- 3e » Ils avaient pun-i.

Passé défini.

Sing.
- 1re p. Je pun-is.
- 2e » Tu pun-is.
- 3e » Il pun-it.

Plur.
- 1re p. Nous pun-îmes.
- 2e » Vous pun-îtes.
- 3e » Ils pun-irent.

Passé antérieur.

Sing.
- 1re p. J'eus pun-i.
- 2e » Tu eus pun-i.
- 3e » Il eut pun-i.

Plur.
- 1re p. Nous eûmes pun-i.
- 2e » Vous eûtes pun-i.
- 3e » Ils eurent pun-i.

Futur.

Sing.
- 1re p. Je pun-irai.
- 2e » Tu pun-iras.
- 3e » Il pun-ira.

Plur.
- 1re p. Nous pun-irons.
- 2e » Vous pun-irez.
- 3e » Ils pun-iront.

Futur antérieur.

Sing.
- 1re p. J'aurai pun-i.
- 2e » Tu auras pun-i.
- 3e » Il aura pun-i.

Plur.
- 1re p. Nous aurons pun-i.
- 2e » Vous aurez pun-i.
- 3e » Ils auront pun-i.

MODE CONDITIONNEL.

TEMPS SIMPLE.

Présent.

Sing.
- 1re p. Je pun-irais.
- 2e » Tu pun-irais.
- 3e » Il pun-irait.

Plur.
- 1re p. Nous pun-irions.
- 2e » Vous pun-iriez.
- 3e » Ils pun-iraient.

TEMPS COMPOSÉS.

Premier passé.

Sing.
- 1re p. J'aurais pun-i.
- 2e » Tu aurais pun-i.
- 3e » Il aurait pun-i.

Plur.
- 1re p. Nous aurions pun-i.
- 2e » Vous auriez pun-i.
- 3e » Ils auraient pun-i.

Deuxième passé.

Sing.
- 1re p. J'eusse pun-i.
- 2e » Tu eusses pun-i.
- 3e » Il eût pun-i.

Plur.
- 1re p. Nous eussions pun-i.
- 2e » Vous eussiez pun-i.
- 3e » Ils eussent pun-i.

MODE IMPÉRATIF.

*Ce mode n'a pas de 1re pers. du sing., ni de 3e pers. du sing.,
ni du plur.*

TEMPS SIMPLE.

Présent.

Sing. 2e p. Pun-is.

Plur.
- 1re » Pun-issons.
- 2e » Pun-issez.

TEMPS COMPOSÉ.

Passé.

Sing. 2e p. Aie pun-i.

Plur.
- 1re » Ayons pun-i.
- 2e » Ayez pun-i.

MODE SUBJONCTIF.

TEMPS SIMPLES.

Présent.

Sing.
- 1re p. Que je pun-isse.
- 2e » Que tu pun-isses.
- 3e » Qu'il pun-isse.

Plur.
- 1re p. Que nous pun-issions.
- 2e » Que vous pun-issiez.
- 3e » Qu'ils pun-issent.

Imparfait.

Sing.
- 1re p. Que je pun-isse.
- 2e » Que tu pun-isses.
- 3e » Qu'il pun-ît.

Plur.
- 1re p. Que nous pun-issions.
- 2e » Que vous pun-issiez.
- 3e » Qu'ils pun-issent.

TEMPS COMPOSÉS.

Passé.

Sing.
- 1re p. Que j'aie pun-i.
- 2e » Que tu aies pun-i.
- 3e » Qu'il ait pun-i.

Plur.
- 1re p. Que nous ayons pun-i.
- 2e » Que vous ayez pun-i.
- 3e » Qu'ils aient pun-i.

Plus-que-parfait.

Sing.
- 1re p. Que j'eusse pun-i.
- 2e » Que tu eusses pun-i.
- 3e » Qu'il eût pun-i.

Plur.
- 1re p. Que nous eussions pun-i.
- 2e » Que vous eussiez pun-i.
- 3e » Qu'ils eussent pun-i.

MODE INFINITIF.

Présent.

Pun-ir.

Passé.

Avoir pun-i.

Participe Présent.

Pun-issant.

Participe passé.

Ayant pun-i, pun-ie, pun-is,
puni-es.

7.

VERBE *APERCEVOIR.*

Troisième conjugaison.

Radical *APERCEV*, terminaison *OIR* (apercev-oir).

MODE INDICATIF.

TEMPS SIMPLES.	TEMPS COMPOSÉS.

Présent.

Sing.
- 1re p. J'aperç[1]-ois.
- 2e » Tu aperç-ois.
- 3e » Il aperç-oit.

Plur.
- 1re p. Nous apercev-ons.
- 2e » Vous apercev-ez.
- 3e » Ils aperç-oivent.

Passé indéfini.

Sing.
- 1re p. J'ai aperç-u.
- 2e » Tu as aperç-u.
- 3e » Il a aperç-u.

Plur.
- 1re p. Nous avons aperç-u.
- 2e » Vous avez aperç-u.
- 3e » Ils ont aperç-u.

Imparfait.

Sing.
- 1re p. J'apercev-ais.
- 2e » Tu apercev-ais.
- 3e » Il apercev-ait.

Plur.
- 1re p. Nous apercev-ions.
- 2e » Vous apercev-iez.
- 3e » Ils apercev-aient.

Plus-que-parfait.

Sing.
- 1re p. J'avais aperç-u.
- 2e » Tu avais aperç-u.
- 3e » Il avait aperç-u.

Plur.
- 1re p. Nous avions aperç-u.
- 2e » Vous aviez aperç-u.
- 3e » Ils avaient aperç-u.

Passé défini.

Sing.
- 1re p. J'aperç-us.
- 2e » Tu aperç-us.
- 3e » Il aperç-ut.

Plur.
- 1re p. Nous aperç-ûmes.
- 2e » Vous aperç-ûtes.
- 3e » Ils aperç-urent.

Passé antérieur.

Sing.
- 1re p. J'eus aperç-u.
- 2e » Tu eus aperç-u.
- 3e » Il eut aperç-u.

Plur.
- 1re p. Nous eûmes aperç-u.
- 2e « Vous eûtes aperç-u.
- 3e « Ils eurent aperç-u.

Futur.

Sing.
- 1re p. J'apercev-rai.
- 2e » Tu apercev-ras.
- 3e » Il apercev-ra.

Plur.
- 1re p. Nous apercev-rons.
- 2e » Vous apercev-rez.
- 3e » Ils apercev-ront.

Futur antérieur.

Sing.
- 1re p. J'aurai aperç-u.
- 2e » Tu auras aperç-u.
- 3e » Il aura aperç-u.

Plur.
- 1re p. Nous aurons aperç-u.
- 2e » Vous aurez aperç-u.
- 3e » Ils auront aperç-u.

MODE CONDITIONNEL.

TEMPS SIMPLE.

Présent.

Sing.
- 1re p. J'apercev-rais.
- 2e » Tu apercev-rais.
- 3e » Il apercev-rait.

Plur.
- 1re p. Nous apercev-rions.
- 2e » Vous apercev-riez.
- 3e » Ils apercev-raient.

[1] Les verbes en *evoir* ne conservent pas *ev* au radical dans tous les temps.

TEMPS COMPOSÉS.

		Premier passé.			**Deuxième passé.**
Sing.	1re p.	J'aurais aperç-u.	*Sing.*	1re p.	J'eusse aperç-u.
	2e »	Tu aurais aperç-u.		2e »	Tu eusses aperç-u.
	3e »	Il aurait aperç-u.		3e »	Il eût aperç-u.
Plur.	1re p.	Nous aurions aperç-u.	*Plur.*	1re p.	Nous eussions aperç-u.
	2e »	Vous auriez aperç-u.		2e »	Vous eussiez aperç-u.
	3e »	Ils auraient aperç-u.		3e »	Ils eussent aperç-u.

MODE IMPÉRATIF.

Ce mode n'a pas de 1re pers. du sing., ni de 3e pers. du sing.

ni du plur.

	TEMPS SIMPLE.			TEMPS COMPOSÉ.
	Présent.			**Passé.**
Sing.	2e p. Aperç-ois.		*Sing.*	2e p. Aie aperç-u.
Plur.	1re » Apercev-ons.		*Plur.*	1re » Ayons aperç-u.
	2e » Apercev-ez.			2e » Ayez aperç-u.

MODE SUBJONCTIF.

		TEMPS SIMPLES.			TEMPS COMPOSÉS.
		Présent.			**Passé.**
Sing.	1re p.	Que j'aperç-oive.	*Sing.*	1re p.	Que j'aie aperç-u.
	2e »	Que tu aperç-oives.		2e »	Que tu aies aperç-u.
	3e »	Qu'il aperç-oive.		3e »	Qu'il ait aperç-u.
Plur.	1re p.	Que nous apercev-ions.	*Plur.*	1re p.	Que nous ayons aperç-u.
	2e »	Que vous apercev-iez.		2e »	Que vous ayez aperç-u.
	3^e »	Qu'ils aperç-oivent.		3^e »	Qu'ils aient aperç-u.

		Imparfait.			**Plus-que-parfait.**
Sing.	1re p.	Que j'aperç-usse.	*Sing.*	1re p.	Que j'eusse aperç-u.
	2^e »	Que tu aperç-usses.		2^e »	Que tu eusses aperç-u.
	3e »	Qu'il aperç-ût.		3e »	Qu'il eût aperç-u.
Plur.	1re p.	Que n. aperç-ussions.	*Plur.*	1re p.	Que n. eussions aperç-u.
	2e »	Que v. aperç-ussiez.		2e »	Que v. eussiez aperç-u.
	3e »	Qu'ils aperç-ussent.		3e «	Qu'ils eussent aperç-u.

MODE INFINITIF.

TEMPS SIMPLES.	TEMPS COMPOSÉS.
Présent.	**Passé.**
Apercev-oir.	Avoir aperç-u.
Participe présent.	**Participe passé.**
Apercev-ant.	Ayant aperç-u, aperç-ue, aperç-us, aperç-ues.

VERBE *VENDRE*.

Quatrième conjugaison.

Radical VEND, terminaison RE (vend-re).

MODE INDICATIF.

TEMPS SIMPLES.   **TEMPS COMPOSÉS.**

Présent.   Passé indéfini.

Sing.
- 1re p. Je vend-s.
- 2e » Tu vend-s.
- 3e » Il vend.

Plur.
- 1re p. Nous vend-ons.
- 2e » Vous vend-ez.
- 3e » Ils vend-ent.

Sing.
- 1re p. J'ai vend-u.
- 2e » Tu as vend-u.
- 3e » Il a vend-u.

Plur.
- 1re p. Nous avons vend-u.
- 2e » Vous avez vend-u.
- 3e » Ils ont vend-u.

Imparfait.   Plus-que-parfait.

Sing.
- 1re p. Je vend-ais.
- 2e » Tu vend-ais.
- 3e » Il vend-ait.

Plur.
- 1re p. Nous vend-ions.
- 2e » Vous vend-iez.
- 3e » Ils vend-aient.

Sing.
- 1re p. J'avais vend-u.
- 2e » Tu avais vend-u.
- 3e » Il avait vend-u.

Plur.
- 1re p. Nous avions vend-u.
- 2e » Vous aviez vend-u.
- 3e » Ils avaient vend-u.

Passé défini.   Passé antérieur.

Sing.
- 1re p. Je vend-is.
- 2e » Tu vend-is.
- 3e » Il vend-it.

Plur.
- 1re p. Nous vend-îmes.
- 2e » Vous vend-îtes.
- 3e » Ils vend-irent.

Sing.
- 1re p. J'eus vend-u.
- 2e » Tu eus vend-u.
- 3e » Il eut vend-u.

Plur.
- 1re p. Nous eûmes vend-u.
- 2e » Vous eûtes vend-u.
- 3e » Ils eurent vend-u.

Futur.   Futur antérieur.

Sing.
- 1re p. Je vend-rai.
- 2e » Tu vend-ras.
- 3e » Il vend-ra.

Plur.
- 1re p. Nous vend-rons.
- 2e » Vous vend-rez.
- 3e » Ils vend-ront.

Sing.
- 1re p. J'aurai vend-u.
- 2e » Tu auras vend-u.
- 3e » Il aura vend-u.

Plur.
- 1re p. Nous aurons vend-u.
- 2e » Vous aurez vend-u.
- 3e » Ils auront vend-u.

MODE CONDITIONNEL.

TEMPS SIMPLE.

Présent.

Sing.
- 1re p. Je vend-rais.
- 2e » Tu vend-rais.
- 3e » Il vend-rait.

Plur.
- 1re p. Nous vend-rions.
- 2e » Vous vend-riez.
- 3e » Ils vend-raient.

TEMPS COMPOSÉS.

	Premier passé.		**Deuxième passé.**
Sing.	1re p. J'aurais vend-u.	**Sing.**	1re p. J'eusse vend-u.
	2e » Tu aurais vend-u.		2e » Tu eusses vend-u.
	3e » Il aurait vend-u.		3e » Il eût vend-u.
Plur.	1re p. Nous aurions vend-u.	**Plur.**	1re p. Nous eussions vend-u.
	2e » Vous auriez vend-u.		2e » Vous eussiez vend-u.
	3e » Ils auraient vend-u.		3e » Ils eussent vend-u.

MODE IMPÉRATIF.

Ce mode n'a pas de 1re pers. du sing. ni de 3e pers. du sing.
ni du plur.

	TEMPS SIMPLE.		**TEMPS COMPOSÉ.**
	Présent.		**Passé.**
Sing.	2e p. Vend-s.	**Sing.**	2e p. Aie vend-u.
Plur.	1re » Vend-ons.	**Plur.**	1re » Ayons vend-u.
	2e » Vend-ez.		2e » Ayez vend-u.

MODE SUBJONCTIF.

	TEMPS SIMPLES.		**TEMPS COMPOSÉS.**
	Présent.		**Passé.**
Sing.	1re p. Que je vend-e.	**Sing.**	1re p. Que j'aie vend-u.
	2e » Que tu vend-es.		2e » Que tu aies vend-u.
	3e » Qu'il vend-e.		3e » Qu'il ait vend-u.
Plur.	1re p. Que nous vend-ions.	**Plur.**	1re p. Que nous ayons vend-u.
	2e » Que vous vend-iez.		2e » Que vous ayez vend-u.
	3e » Qu'ils vend-ent.		3e » Qu'ils aient vend-u.

	Imparfait.		**Plus-que-parfait.**
Sing.	1re p. Que je vend-isse.	**Sing.**	1re p. Que j'eusse vend-u.
	2e » Que tu vend-isses.		2e » Que tu eusses vend-u.
	3e » Qu'il vend-ît.		3e » Qu'il eût vend-u.
Plur.	1re p. Que n. vend-issions.	**Plur.**	1re p. Que n. eussions vend-u.
	2e » Que v. vend-issiez.		2e » Que v. eussiez vend-u.
	3e » Qu'ils vend-issent.		3e » Qu'ils eussent vend-u.

MODE INFINITIF.

TEMPS SIMPLES.	**TEMPS COMPOSÉS.**
Présent.	**Passé.**
Vend-re.	Avoir vend-u.
Participe présent.	**Participe passé.**
Vend-ant.	Ayant vend-u, vend-ue, vend-us, vend-ues.

FINALES DES VERBES.

Règle générale.

† **242.** Les verbes réguliers ou irréguliers ont pour *lettres finales :*

A la première personne du singulier *s* (Voir n° 243, *exceptions*).
> Je cherchais. Je cours.
> J'aperçus. Je crains.

A la deuxième personne du singulier *s* (Voir n° 245, *exceptions*).
> Tu as. Tu donnes.
> Tu croyais. Tu finiras.

A la troisième personne du singulier *t* (Voir n° 243, *exceptions*).
> Il fut. Il béni*t*.
> Il donnerai*t*. Il croi*t*.

A la première personne du pluriel *ons* ou *mes* (Sans exception).
> Nous av*ons*. Nous som*mes*.
> Nous fini*rons*. Nous aimâ*mes*.

A la deuxième personne du pluriel *ez* ou *tes* (Sans exception).
> Vous av*ez*. Vous dî*tes*.
> Vous dorm*iez*. Vous finî*tes*.

A la troisième personne du pluriel *nt* (Sans exception).
> Ils avaie*nt*. Ils commencère*nt*.
> Ils voudro*nt*. Ils bâtisse*nt*.

Exceptions.

Première et troisième personne du singulier.

† **243.** La première et la troisième personne du singulier ne prennent pas les *finales régulières*, savoir :

1° Dans tous les verbes.
> 1° Au *futur* (1re pers. *ai*, 3e pers. *a*),
> 2° Au *présent du subjonctif* (1re pers. *e*, 3e pers. *e*).
> 3° A l'*imparfait du subjonctif* (1re pers. *e*, 3e pers. régulière).

Exemples.

Futur.
> Je porter*ai*, je punir*ai*, j'apercevr*ai*, je vendr*ai*.
> Il porter*a*, il punir*a*, il apercevr*a*, il vendr*a*.

Présent du subjonctif.	Que je porte, que je punisse, que j'aperçoive, que je vende.
	Qu'il porte, qu'il punisse, qu'il aperçoive, qu'il vende.
	EXCEPTION. *Avoir* fait : qu'il ai*t* ; — *être* fait : que je sois, qu'il soi*t* (finales rég.).

| Imparfait du subjonctif. | Que je portasse, que je punisse, que j'aperçusse, que je vendisse. |
| | Troisième personne régulière. |

2° Dans les verbes de la 1re conjugaison (outre les trois temps ci-dessus).

1° Au *présent de l'indicatif* (1re pers. *e*, 3e pers. *e*).

2° Au *passé défini* (1re pers. *ai*, 3e pers. *a*).

Exemples.

Présent de l'indicatif.	Je porte.
	Il porte.
Passé défini.	Je portai.
	Il porta.

(Voir aussi le présent de l'indicatif de quelques verbes, n° 246 et suivants).

Seconde personne du singulier.

† **244.** La seconde personne du singulier des verbes est généralement terminée par *s*. Ex. :

Tu portes. Tu puniras. Tu aperçus. Tu vendais. Prends.

† **245.** Font seuls exception à cette règle :

1° La 2e pers. du présent de l'indicatif des verbes *pouvoir*, *vouloir*, *valoir* et *prévaloir* (fin. *x*).

Tu peu*x*. Tu veu*x*.
Tu vau*x*. Tu prévau*x*.

2° La 2e pers. de l'impératif des verbes de la 1re conjugaison, des verbes *assaillir*, *tressaillir*, et des verbes en *ueillir*, *frir*, *vrir* (fin. *e*) [1].

Donne une chaise. Ne tressaille pas.
Appuie-toi. Cueille cette fleur.
Assaille-le de de- Offre un bouquet.
mandes. Ouvre la porte.

[1] *Aller* fait *va*. Ex. : *Va* chez ton père.

REMARQUE. — Lorsque les pronoms *en*, *y*, suivent l'impératif de ces verbes, l'euphonie exige l'emploi de l's. Ex. :

Cherches-en. Vas-y. Offres-en. Regardes-y.

TABLEAU DES FINALES DES VERBES.

MODE INDICATIF.

		Présent.						Imparfait.		
		1re conj.	2e conj.	3e conj.	4e conj.			1re conj.	2e conj.	3e conj.	4e conj.
Sing.	1re pers.	e	s	s	s	**Sing.**	1re pers.	s	s	s	s
	2e —	s	s	s	s		2e —	s	s	s	s
	3e —	e	t	t	d ou t		3e —	t	t	t	t
Plur.	1re —	ons	ons	ons	ons	**Plur.**	1re —	ons	ons	ons	ons
	2e —	ez	ez	ez	ez		2e —	ez	ez	ez	ez
	3e —	nt	nt	nt	nt		3e —	nt	nt	nt	nt

		Passé défini.						Futur.		
Sing.	1re pers.	ai	s	s	s	**Sing.**	1re pers.	ai	ai	ai	ai
	2e —	s	s	s	s		2e —	s	s	s	s
	3e —	a	t	t	t		3e —	a	a	a	a
Plur.	1re —	mes	mes	mes	mes	**Plur.**	1re —	ons	ons	ons	ons
	2e —	tes	tes	tes	tes		2e —	ez	ez	ez	ez
	3e —	nt	nt	nt	nt		3e —	nt	nt	nt	nt

MODE CONDITIONNEL. MODE IMPÉRATIF.

		Présent.						Présent.		
Sing.	1re pers.	s	s	s	s	**Sing.**	1re pers.	»	»	»	»
	2e —	s	s	s	s		2e —	e	s	s	s
	3e —	t	t	t	t		3e —	»	»	»	»
Plur.	1re —	ons	ons	ons	ons	**Plur.**	1re —	ons	ons	ons	ons
	2e —	ez	ez	ez	ez		2e —	ez	ez	ez	ez
	3e —	nt	nt	nt	nt		3e —	»	»	»	»

MODE SUBJONCTIF.

		Présent.						Imparfait.		
Sing.	1re pers.	e	e	e	e	**Sing.**	1re pers.	e	e	e	e
	2e —	s	s	s	s		2e —	s	s	s	s
	3e —	e	e	e	e		3e —	t	t	t	t
Plur.	1re —	ons	ons	ons	ons	**Plur.**	1re —	ons	ons	ons	ons
	2e —	ez	ez	ez	ez		2e —	ez	ez	ez	ez
	3e —	nt	nt	nt	nt		3e —	nt	nt	nt	nt

MODE INFINITIF.

Présent.				Participe présent.			
er	ir	oir	re	ant	ant	ant	ant

Participe passé.

é | i | u | u (Dans les verbes réguliers.)

NOTA. Les finales marquées en lettres italiques sont celles qui ne sont pas régulières, voyez page 122, *Exceptions*.

Remarques sur LES FINALES DU PRÉSENT DE L'INDICATIF de quelques verbes [1].

SECONDE CONJUGAISON.

† 246. Les verbes terminés par *frir, ueillir, vrir,* et les verbes *assaillir* et *tressaillir* prennent, aux trois personnes du singulier, du présent de l'indicatif, les terminaisons suivantes, semblables à celles des verbes de la première conjugaison :

1re PERS. SING. *e.* EX. : J'offre,   je cueille,
                        j'ouvre,   j'assaille,   je tressaille.

2e PERS. SING. *es.* EX. : Tu offres,   tu cueilles,
                        tu ouvres, tu assailles, tu tressailles.

3e PERS. SING. *e.* EX. : Il offre,   il cueille,
                        il ouvre,   il assaille,   il tressaille.

Le verbe unipersonnel *saillir* fait : il *saille.*

TROISIÈME CONJUGAISON.

† 247. 1° Le verbe *avoir* fait au présent de l'indicatif :

1re PERS. SING. : J'ai   (finale irrégulière).

2e PERS. SING. : Tu as.

3e PERS. SING. : Il a   (finale irrégulière).

† 248. 2° Les verbes *pouvoir, vouloir, valoir, prévaloir,* prennent *x,* au lieu de *s,* à la première et à la

---

[1] Ces remarques n'ont pour objet que les trois personnes du singulier, les trois personnes du pluriel ayant toujours les finales régulières.

seconde personne du singulier du présent de l'indicatif. Ex. :

1re PERS. SING. : Je peu*x* [1],   je veu*x*,
             je vau*x*,   je prévau*x*.

2e PERS. SING. : Tu peu*x*,   tu veu*x*,
             tu vau*x*,   tu prévau*x*.

La 3e PERS. SING. prend la finale régulière *t*. Ex. :

             Il peu*t*,   il veu*t*,
             il vau*t*,   il prévau*t*.

QUATRIÈME CONJUGAISON.

† **249.** Parmi les verbes de la quatrième conjugaison dont le radical finit par *d*, tous ceux qui ont
le présent de l'infinitif terminé par *indre* ou par
soudre, comme *craindre, peindre, absoudre*, perdent le
d du radical au présent de l'indicatif, et prennent les
finales régulières *s, s, t*. Ex. :

1re PERS. SING. : Je crain*s*,   je pein*s*,   j'absou*s*.
2e — — Tu crain*s*, tu pein*s*, tu absou*s*.
3e — — Il crain*t*, il pein*t*, il absou*t*.

Ceux dont le radical finit aussi par *d*, mais qui
n'ont le présent de l'indicatif ni en *indre* ni en *soudre*,
conservent le *d* du radical et prennent pour finales :

A la 1re PERS. SING. *s*. Ex. : Je vend*s*,   je prend*s*,
                   je répond*s*, je fond*s*.

A la 2e PERS. SING. *s*. Ex. : Tu vend*s*,   tu prend*s*,
                   tu répond*s*, tu fond*s*.

A la 3e PERS. SING. on n'ajoute rien. Ex. :

             Il vend,   il prend,
             il répond, il fond.

On dit aussi : je puis.

† **250**. *Vaincre* et *convaincre* font :

1ʳᵉ PERS. SING. :	Je vaincs,	je convaincs.
2ᵉ —	Tu vaincs,	tu convaincs.
3ᵉ —	Il vainc,	il convainc.

TEMPS PRIMITIFS ET TEMPS DÉRIVÉS.

† **251**. On nomme temps *primitifs* ceux qui servent à former les autres temps des verbes, au moyen de changements de terminaisons.

Il y a *cinq* temps *primitifs :*

1° Le présent de l'indicatif,

2° Le passé défini,

3° Le présent de l'infinitif,

4° Le participe présent,

5° Le participe passé.

† **252**. Les temps *dérivés* sont ceux qui sont formés des temps *primitifs :*

Il y a *seize* temps *dérivés :*

1° Le passé indéfini,

2° L'imparfait de l'indicatif.

3° Le plus-que-parfait de l'indicatif,

4° Le passé antérieur,

5° Le futur,

6° Le futur antérieur,

7° Le présent du conditionnel,

8° et 9°. Les deux passés du conditionnel.

10° Le présent de l'impératif,

11° Le passé de l'impératif,

12° Le présent du subjonctif,

13° Le passé du subjonctif,

14° L'imparfait du subjonctif,

15° Le plus-que-parfait du subjonctif,

16° Le passé de l'infinitif.

TABLEAU DE LA FORMATION DES TEMPS

Changements au moyen desquels les temps *primitifs* forment les temps *dérivés.*

Le présent de l'indicatif forme l'Impératif.

Dans toutes les conjugaisons en retranchant les pronoms *tu, nous, vous.*

	Première conjugaison.		Deuxième conjugaison.		Troisième conjugaison.		Quatrième conjugaison.	
	Prés. de l'ind.	Impératif.	Prés. de l'ind.	Impératif.	prés. de l'ind.	Impératif.	Prés. de l'ind.	Impératif.
2e pers. du sing.	Tu portes	Porte	Tu punis	Punis	Tu aperçois	Aperçois	Tu vends	Vends
1re pers. du plur.	Nous portons	Portons	Nous punissons	Punissons	Nous apercevons	Apercevons	Nous vendons	Vendons
2e pers. du plur.	Vous portez	Portez	Vous punissez	Punissez	Vous apercevez	Apercevez	Vous vendez	Vendez

REMARQUE. — Dans les verbes de la 1re conjugaison, on supprime l's de la 2e pers. du sing. (Voir n. 245).

Le passé défini forme l'Imparfait du subjonctif :

Dans la 1re conjugaison en changeant :

	Passé défini.	Imp. du subj.
1re pers. sing.	Je portai	Q. je portasse
2e	Tu portas	Que tu portasses
3e	Il porta	Qu'il portât
1re pers. plur.	N. portâmes	Q. n. portassions
2e	V. portâtes	Q. v. portassiez
3e	Ils portèrent	Qu'ils portassent

Dans les trois autres conjugaisons en ajoutant :

	Passé déf.	Imp. du subj.	Passé défini.	Imp. du subj.	Passé défini.	Imp. du subj.
	Je punis	Que je punisse	J'aperçus	Que j'aperçusse	Je vendis	Que je vendisse
	Tu punis	Que tu punisses	Tu aperçus	Que tu aperçusses	Tu vendis	Que tu vendisses
	Il punit	Qu'il punît	Il aperçut	Qu'il aperçût	Il vendit	Qu'il vendît
	N. punîmes	Q. n. punissions	N. aperçûmes	Q. n. aperçussions	N. vendîmes	Q. n. vendissions
	V. punîtes	Q. v. punissiez	V. aperçûtes	Q. v. aperçussiez	V. vendîtes	Q. v. vendissiez
	Ils punirent	Qu'ils punissent	Ils aperçurent	Qu'ils aperçussent	Ils vendirent	Qu'ils vendissent

1re pers. sing.	-ai	en	asse
2e	— as	»	asses
3e	— a	»	ât
1re pers. plur.	âmes	»	assions
2e	— âtes	»	assiez
3e	— èrent	»	assent

1re pers. sing.			se
2e			ses
3e		..Un accent circ.	
1re p. pl. en ch.	mes	en	ssions
2e	— tes	en	ssiez
3e	— rent	en	ssent

Le présent de l'infinitif forme : 1° le futur, 2° le conditionnel,

Dans la 1re et dans la 2e conjugaison en ajoutant :

Prés. de l'inf.	Futur.		Prés. de l'inf.	Futur.
Porter	Je porterai		Punir	Je punirai
	Tu porteras			Tu puniras
	Il portera			Il punira
	Nous porterons			Nous punirons
	Vous porterez			Vous punirez
	Ils porteront			Ils puniront
	Conditionnel.			**Conditionnel.**
Porter	Je porterais		Punir	Je punirais
	Tu porterais			Tu punirais
	Il porterait			Il punirait
	Nous porterions			Nous punirions
	Vous porteriez			Vous puniriez
	Ils porteraient			Ils puniraient

Dans la 3e conjugaison en changeant :

Prés. de l'inf.	Futur.
Apercevoir	J'apercevrai
	Tu apercevras
	Il apercevra
	N. apercevrons
	V. apercevrez
	Ils apercevront
	Conditionnel.
Apercevoir	J'apercevrais
	Tu apercevrais
	Il apercevrait
	N. apercevrions
	V. apercevriez
	Ils apercevraient

Au futur : 1re pers. sing. ai
2e — as
3e — a
1re pers. plur. ons
2e — ez
3e — ont

Au condit. : 1re pers. sing. ais
2e — ais
3e — ait
1re pers. pl. ions
2e — iez
3e — aient

Au futur : 1re p. s. oir en rai
2e — » en ras
3e — » en ra
1re p. pl. » en rons
2e — » en rez
3e — » en ront

Au cond.: 1re p. s. oir en rais
2e — » en rais
3e — » en rait
1re p. pl. » en rions
2e — » en riez
3e — » en raient

Dans la 4e conjugaison en changeant :

				Pr. de l'inf.	Futur.
Au futur : 1re p. s.	e	en	ai	Vendre	Je vendrai
2e —	»	en	as		Tu vendras
3e —	»	en	a		Il vendra
1re p. pl.	»	en	ons		Nous vendrons
2e —	»	en	ez		Vous vendrez
3e —	»	en	ont		Ils vendront

				Pr. de l'inf.	Conditionnel.
Au cond.: 1re p. s.	e	en	ais	Vendre	Je vendrais
2e —	»	en	ais		Tu vendrais
3e —	»	en	ait		Il vendrait
1re p. pl.	»	en	ions		Nous vendrions
2e —	»	en	iez		Vous vendriez
3e —	»	en	aient		Ils vendraient

Le participe présent forme 1° les trois personnes du pluriel du présent de l'indicatif

Dans les quatre conjugaisons en changeant :

Part. prés.	Prés. de l'ind.	Part. prés.	Prés. de l'ind.
Punissant	Nous punissons	Apercevant	N. apercevons
	Vous punissez		V. apercevez
	Ils punissent	On change ent en oivent	Ils apergoivent

2° L'imparfait de l'indicatif

Dans les quatre conjugaisons en changeant :

Part. prés.	Imp. de l'ind.	Part. prés.	Imp. de l'ind.
Punissant	Je punissais	Apercevant	J'apercevais
	Tu punissais		Tu apercevais
	Il punissait		Il apercevait
	Nous punissions		N. apercevions
	Vous punissiez		V. aperceviez
	Ils punissaient		Ils apercevaient

				Part. prés.	Prés. de l'ind.
À la 1re pers. plur. ant	en	ons		Portant	Nous portons
2e —	»	en	ez		Vous portez
3e —	»	en	ent		Ils portent

				Part. prés.	Imp. de l'ind.
1re pers. sing. ant	en	ais		Portant	Je portais
2e —	»	en	ais		Tu portais
8e —	»	en	ait		Il portait
1re pers. plur. —	»	en	ions		Nous portions
2e —	»	en	iez		Vous portiez
3e —	»	en	aient		Ils portaient

3° Le présent du subjonctif

Dans la 1re, la 2e et la 4e conjugaison en changeant :

A la 1re pers. sing . *ant* en   *e*
2e   —   » en *es*
3e   —   » en *e*
1re pers. plur. » en *ions*
2e   —   » en *iez*
3e   —   » en *ent*

A la 1re p. s. *evant* en *oive*
2e   —   » en *oives*
3e   —   » en *oive*
1re p. pl. *ant* en *ions*
2e   —   » en *iez*
3e   —   *evant* en *oivent*

Part. prés.	Prés. du subj.
Portant	Que je porte
	Que tu portes
	Qu'il porte
	Q. n. portions
	Q. v. portiez
	Qu'ils portent

Part. prés.	Prés. du subj.
Punissant	Que je punisse
	Que tu punisses
	Qu'il punisse
	Q. n. punissions
	Q. v. punissiez
	Qu'ils punissent

Part. prés.	Prés. du subj.
Vendant	Que je vende
	Que tu vendes
	Qu'il vende
	Que nous vendions
	Que vous vendiez
	Qu'ils vendent

Dans la 3e conjugaison en changeant :

Part. prés.	Prés. du subj.
Apercevant	Que j'aperçoive
	Que tu aperçoives
	Qu'il aperçoive
Apercevant	Q. n. apercevions
Apercevant	Q. v. aperceviez
Apercevant	Qu'ils aperçoivent

Le participe passé forme tous les temps composés

Dans les quatre conjugaisons en le faisant précéder de l'auxiliaire *avoir* ou de l'auxiliaire *être* :

porté

Part. passé.	Temps comp.
Porté	J'ai ou je suis
	J'avais ou j'étais
	J'eus ou je fus
	J'aurai ou je serai
	J'aurais ou je serais
	J'eusse ou je fusse
	Aie ou sois
	Que j'aie ou que je sois
	Que j'eusse ou que je fusse
	Avoir ou être

puni

Part. p.	Temps comp.
Puni	J'ai ou je suis
	J'avais ou j'étais
	J'eus ou je fus
	J'aurai ou je serai
	J'aurais ou je serais
	J'eusse ou je fusse
	Aie ou sois
	Que j'aie ou que je sois
	Que j'eusse ou que je fusse
	Avoir ou être

aperçu

Part. p.	Temps comp.
Aperçu	J'ai ou je suis
	J'avais ou j'étais
	J'eus ou je fus
	J'aurai ou je serai
	J'aurais ou je serais
	J'eusse ou je fusse
	Aie ou sois
	Que j'aie ou que je sois
	Que j'eusse ou que je fusse
	Avoir ou être

vendu

Part. p.	Temps comp.
Vendu	J'ai ou je suis
	J'avais ou j'étais
	J'eus ou je fus
	J'aurai ou je serai
	J'aurais ou je serais
	J'eusse ou je fusse
	Aie ou sois
	Que j'aie ou que je sois
	Que j'eusse ou que je fusse
	Avoir ou être

VERBES IRRÉGULIERS.

† **253.** Un verbe *irrégulier* est celui qui ne se forme pas d'après les règles établies pour la conjugaison à laquelle il appartient.

Les verbes *irréguliers* se divisent en deux classes :

1° Ceux qui différent du verbe modèle de la conjugaison à laquelle ils appartiennent, mais dont les temps *dérivés* se forment des temps *primitifs* d'après les règles de la formation des temps;

2° Ceux qui non-seulement différent du verbe modèle de la conjugaison à laquelle ils appartiennent, mais encore ne forment pas leurs temps *dérivés* des temps *primitifs* suivant les règles de la formation des temps.

VERBES IRRÉGULIERS DIFFÉRANT SEULEMENT DU VERBE MODÈLE.

Prés. de l'inf.	Prés. de l'ind.	Imparfait.	Passé déf.	Futur.	Conditionnel.	Impératif.	Prés. du subj.	Imparfait.	Part. prés.	P. passé.	Auxil.
Deuxième conjugaison.											
Assaillir.	J'assaille.	J'assaillais	J'assaillis	J'assaillerai	J'assaillerais	Assaille	Que j'assaille	Que j'assaillisse	Assaillant	Assailli	Avoir
Bouillir.	Je bous.	Je bouillais	Je bouillis	Je bouillirai	Je bouillirais	Bous	Que je bouille	Que je bouillisse	Bouillant	Bouilli	Avoir
Ouvrir.	J'ouvre.	J'ouvrais	J'ouvris	J'ouvrirai	J'ouvrirais	Ouvre	Que j'ouvre	Que j'ouvrisse	Ouvrant	Ouvert	Avoir
Vêtir.	Je vêts.	Je vêtais	Je vêtis	Je vêtirai	Je vêtirais	Vêts	Que je vête	Que je vêtisse	Vêtant	Vêtu	Avoir
Troisième conjugaison.											
Prévoir.	Je prévois.	Je prévoyais	Je prévis	Je prévoirai	Je prévoirais	Prévois	Que je prévoie	Que je prévisse	Prévoyant	Prévu	Avoir
Quatrième conjugaison.											
Battre.	Je bats.	Je battais	Je battis	Je battrai	Je battrais	Bats	Que je batte	Que je battisse	Battant	Battu	Avoir
Conclure.	Je conclus.	Je concluais	Je conclus	Je conclurai	Je conclurais	Conclus	Que je conclue	Que je conclusse	Concluant	Conclu	Avoir
Conduire.	Je conduis.	Je conduisais	Je conduisis	Je conduirai	Je conduirais	Conduis	Que je conduise	Que je conduisisse	Conduisant	Conduit	Avoir
Confire.	Je confis.	Je confisais	Je confis	Je confirai	Je confirais	Confis	Que je confise	Que je confisse	Confisant	Confit	Avoir
Connaître.	Je connais.	Je connaissais	Je connus	Je connaîtrai	Je connaîtrais	Connais	Que je connaisse	Que je connusse	Connaissant	Connu	Avoir

Infinitif	Présent	Imparfait	Passé simple	Futur	Conditionnel	Impératif	Subjonctif présent	Subjonctif imparfait	Part. présent	Part. passé	Aux.
Croire.	Je crois									Cru	Avoir
Croître.										Crû	Avoir
Écrire.	J'écris									Écrit	Avoir
Lire.	Je lis				Je lirais	Lis			Lisant	Lu	Avoir
Médire.	Je médis	Je médisais	Je médis	Je médirai	Je médirais	Médis	Que je médise	Que je médisse	Médisant	Médit	Avoir
Mettre.	Je mets	Je mettais	Je mis	Je mettrai	Je mettrais	Mets	Que je mette	Que je misse	Mettant	Mis	Avoir
Moudre.	Je mouds	Je moulais	Je moulus	Je moudrai	Je moudrais	Mouds	Que je moule	Que je moulusse	Moulant	Moulu	Avoir
Naître.	Je nais	Je naissais	Je naquis	Je naîtrai	Je naîtrais	Nais	Que je naisse	Que je naquisse	Naissant	Né	Être
Nuire.	Je nuis	Je nuisais	Je nuisis	Je nuirai	Je nuirais	Nuis	Que je nuise	Que je nuisisse	Nuisant	Nui	Avoir
Paraître.	Je parais	Je paraissais	Je parus	Je paraîtrai	Je paraîtrais	Parais	Que je paraisse	Que je parusse	Paraissant	Paru	Avoir
Plaire.	Je plais	Je plaisais	Je plus	Je plairai	Je plairais	Plais	Que je plaise	Que je plusse	Plaisant	Plu	Avoir
Repaître.	Je repais	Je repaissais	Je repus	Je repaîtrai	Je repaîtrais	Repais	Que je repaisse	Que je repusse	Repaissant	Repu	Avoir
Résoudre.	Je résous	Je résolvais	Je résolus	Je résoudrai	Je résoudrais	Résous	Que je résolve	Que je résolusse	Résolvant	Résolu ou résous	Avoir
Rire.	Je ris	Je riais	Je ris	Je rirai	Je rirais	Ris	Que je rie	Que je risse	Riant	Ri	Avoir
Rompre.	Je romps	Je rompais	Je rompis	Je romprai	Je romprais	Romps	Que je rompe	Que je rompisse	Rompant	Rompu	Avoir
Suivre.	Je suis	Je suivais	Je suivis	Je suivrai	Je suivrais	Suis	Que je suive	Que je suivisse	Suivant	Suivi	Avoir
Taire.	Je tais	Je taisais	Je tus	Je tairai	Je tairais	Tais	Que je taise	Que je tusse	Taisant	Tu	Avoir
Vaincre.	Je vaincs	Je vainquais	Je vainquis	Je vaincrai	Je vaincrais	Vaincs	Que je vainque	Que je vainquisse	Vainquant	Vaincu	Avoir
Vivre.	Je vis	Je vivais	Je vécus	Je vivrai	Je vivrais	Vis	Que je vive	Que je vécusse	Vivant	Vécu	Avoir

Remarques.

I. REMARQUE. — Les verbes *contraindre, craindre, enfreindre, empreindre, éteindre, étreindre, feindre, joindre, peindre, teindre* et leurs composés offrant des irrégularités semblables, nous ne donnons qu'un de ces verbes :

Peindre.	Je peins	Je peignais	Je peignis	Je peindrai	Je peindrais	Peins	Que je peigne	Que je peignisse	Peignant	Peint	Avoir

II. *Dormir, mentir, sentir, servir, sortir* présentant les mêmes irrégularités que *partir*, nous ne donnerons que ce verbe.

Partir.	Je pars	Je partais	Je partis	Je partirai	Je partirais	Pars	Que je parte	Que je partisse	Partant	Parti	Être

VERBES IRRÉGULIERS DIFFÉRANT DU VERBE MODÈLE ET S'ÉCARTANT DES RÈGLES DE LA FORMATION.

Prés. de l'inf.	Prés. de l'ind.	Imparfait.	Passé défini.	Futur.	Conditionnel.	Impératif.	Prés. du subj.	Imparfait.	Part. prés.	P. passé.	Auxil.
Première conjugaison.											
Aller	Je vais / Tu vas / Il va / Ils vont	J'allais etc.	J'allai etc.	J'irai etc.	J'irais etc.	Va etc.	Que j'aille / Que tu ailles / Qu'il aille / Qu'ils aillent	Que j'allasse etc.	Allant	Allé	Être
Envoyer (n° 263, rem.)	J'envoie etc.	J'envoyais etc.	J'envoyai etc.	J'enverrai etc.	J'enverrais etc.	Envoie etc.	Que j'envoie etc.	Que j'envoyasse etc.	Envoyant	Envoyé	Avoir
Deuxième conjugaison.											
Acquérir	J'acquiers / Tu acquiers / Il acquiert / Ils acquièrent	J'acquérais etc.	J'acquis etc.	J'acquerrai etc.	J'acquerrais etc.	Acquiers etc.	Que j'acquière / Que tu acquières / Qu'il acquière / Qu'ils acquièrent	Que j'acquisse etc.	Acquérant	Acquis	Avoir
Courir	Je cours etc.	Je courais etc.	Je courus etc.	Je courrai etc.	Je courrais etc.	Cours etc.	Que je coure etc.	Que je courusse etc.	Courant	Couru	Avoir
Cueillir	Je cueille etc.	Je cueillais etc.	Je cueillis etc.	Je cueillerai etc.	Je cueillerais etc.	Cueille etc.	Que je cueille etc.	Que je cueillisse etc.	Cueillant	Cueilli	Avoir
Mourir	Je meurs / Tu meurs / Il meurt / Ils meurent	Je mourais etc.	Je mourus etc.	Je mourrai etc.	Je mourrais etc.	Meurs etc.	Que je meure / Que tu meures / Qu'il meure / Qu'ils meurent	Que je mourusse etc.	Mourant	Mort	Être
Tenir	Je tiens / Tu tiens / Il tient / Ils tiennent	Je tenais etc.	Je tins etc.	Je tiendrai etc.	Je tiendrais etc.	Tiens etc.	Que je tienne / Que tu tiennes / Qu'il tienne / Qu'ils tiennent	Que je tinsse etc.	Tenant	Tenu	Avoir
Venir	Je viens / Tu viens / Il vient / Il viennent	Je venais etc.	Je vins etc.	Je viendrai etc.	Je viendrais etc.	Viens etc.	Que je vienne / Que tu viennes / Qu'il vienne / Qu'ils viennent	Que je vinsse etc.	Venant.	Venu	Être

NOTA. Les personnes qui manquent dans les temps conjugués sont celles qui n'offrent pas de difficulté.

Troisième conjugaison.

	Présent	Imparfait	Passé défini	Futur	Conditionnel	Impératif	Subjonctif présent	Subjonctif imparfait	Participe présent	Participe passé	Auxiliaire
Mouvoir	Je meus Tu meus Il meut Ils meuvent	Je mouvais etc.	Je mus etc.	Je mourrai etc.	Je mourrais etc.	Meus etc.	Que je meuve Que tu meuves Qu'il meuve Qu'ils meuvent	Que je musse etc.	Mouvant	Mû	Avoir
Pouvoir	Je peux ou puis Tu peux Il peut Ils peuvent	Je pouvais etc.	Je pus etc.	Je pourrai etc.	Je pourrais etc.	Pas d'impératif	Que je puisse etc.	Que je pusse etc.	Pouvant	Pu	Avoir
Prévaloir	Je prévaux Tu prévaux Il prévaut	Je prévalais etc.	Je prévalus etc.	Je prévaudrai etc.	Je prévaudrais etc.	Pas d'impératif	Que je prévale etc.	Que je prévalusse etc.	Prévalant	Prévalu	Avoir
S'asseoir	Je m'assieds Tu t'assieds Il s'assied N.n. asseyons V. v. asseyez Ils s'asseient	Je m'asseyais etc.	Je m'assis etc.	Je m'assiérai etc.	Je m'assiérais etc.	Assieds-toi Asseyons-nous Asseyez-vous	Que je m'asseie etc.	Que je m'assisse etc.	S'asseyant	Assis	Être
Savoir	Je sais Tu sais Il sait Nous savons Vous savez Ils savent	Je savais etc.	Je sus etc.	Je saurai etc.	Je saurais etc.	Sache Sachons Sachez	Que je sache etc.	Que je susse etc.	Sachant	Su	Avoir
Valoir	Je vaux Tu vaux Il vaut	Je valais etc.	Je valus etc.	Je vaudrai etc.	Je vaudrais etc.	Pas d'impératif	Que je vaille Que tu vailles Qu'il vaille Qu'ils vaillent	Que je valusse etc.	Valant	Valu	Avoir
Voir	Je vois etc.	Je voyais etc.	Je vis etc	Je verrai etc.	Je verrais etc.	Vois	Que je voie etc.	Que je visse etc.	Voyant	Vu	Avoir
Vouloir	Je veux Tu veux Il veut Ils veulent	Je voulais etc.	Je voulus etc.	Je voudrai etc.	Je voudrais etc.	Veux ou Veuille Voulez ou Veuillez	Que je veuille Que tu veuilles Qu'il veuille Qu'ils veuillent	Que je voulusse etc.	Voulant	Voulu	Avoir

Quatrième conjugaison.

Prés. de l'Inf.	Prés. de l'Ind.	Imparfait.	Passé déf.	Futur.	Conditionnel.	Impératif.	Prés. du subj.	Imparfait.	Part. prés.	P. passé.	Auxil.
Boire	Je bois Tu bois Il boit Nous buvons Nous buvez Ils boivent	Je buvais etc.	Je bus etc.	Je boirai etc.	Je boirais etc.	Bois Buvons Buvez	Que je boive Que tu boives Qu'il boive Que n. buvions Que vous buviez Qu'ils boivent	Que je busse etc.	Buvant	Bu	Avoi
Dire	Je dis Tu dis Il dit Nous disons Vous dites Ils disent	Je disais etc.	Je dis etc.	Je dirai etc.	Je dirais etc.	Dis Disons Dites	Que je dise etc.	Que je disse	Disant	Dit	Avoir
Faire	Je fais Tu fais Il fait Nous faisons Vous faites Ils font	Je faisais etc.	Je fis etc.	Je ferai etc.	Je ferais etc.	Fais Faisons Faites	Que je fasse etc.	Que je fisse etc.	Faisant	Fait	Avoir
Prendre	Je prends Tu prends Il prend Nous prenons vous prenez Ils prennent	Je prenais etc.	Je pris etc.	Je prendrai etc.	Je prendrais etc.	Prends Prenons Prenez	Que je prenne Que tu prennes Qu'il prenne Que n. prenions Que v. preniez Qu'ils prennent	Que je prisse etc.	Prenant	Pris	Avoir

REMARQUE. — Les composés de chaque verbe se conjuguent comme le verbe dont ils sont formés.

Exceptions.

1. *Prévoir* diffère, au futur et au conditionnel, de *voir*, dont il est formé. Ex. :

Je prévoirai.   Je verrai.   Je prévoirais.   Je verrais.

II. *Prévaloir*, diffère, au présent du subjonctif, de *valoir* dont il est formé. Ex. :
Que je prévale. Que je vaille.

III. Tous les composés d'*envoyer* sont réguliers, excepté *renvoyer*. Ex. :
Je convoirai. Je fourvoirai. Je renverrai.

IV. *Ressortir* est régulier quand il signifie *être du ressort*, *dépendre de*. Ex :
Ces jugements *ressortissent* des tribunaux.

VERBES DÉFECTIFS.

† **254.** Un verbe *défectif* est celui auquel il manque des temps ou des personnes.

VERBES DÉFECTIFS.

Prés. de l'inf.	Prés. de l'ind.	Imparfait.	Passé défini.	Futur.	Conditionnel.	Impératif.	Prés. du subj.	Imparfait.	Part. prés.	P. passé.	Auxil.
Frire	Je fris Tu fris Il frit Pas de plur.	—	—	Je frirai etc.	Je frirais etc.	Fris etc.	—	—	—	Frit	Avoir
Luire	Je luis etc.	Je luisais etc.	—	Je luirai etc.	Je luirais etc.	Luis etc.	Que je luise etc.	—	Luisant	Lui	Avoir
Oindre	J'oins Tu oins Il oint Nous oignons Vous oignez Ils oignent	J'oignais etc.	—	—		Oins Oignons Oignez	Que j'oigne etc.	Que j'oignisse etc.	Oignant	Oint	Avoir
Paitre	Je pais etc.	Je paissais etc.	—	Je paitrai	Je paitrais	Pais Paissons Paissez	Que je paisse	—	Paissant		
Traire	Je trais	Je trayais	—	Je trairai	Je trairais	Trais etc.	Que je traie	—	Trayant	Trait	Avoir

FORME INTERROGATIVE.

† **255.** Les verbes ne s'emploient interrogativement qu'au mode indicatif et au mode conditionnel.

La conjugaison sous *forme interrogative* ne présente pas de difficulté ; elle est semblable à la conjugaison ordinaire, si ce n'est que le sujet se place après le verbe, dans les temps *simples*, et entre l'auxiliaire et le participe dans les temps *composés*. Ex. :

Temps simples.

Parlons-*nous?*   Fuit-*il?*   Croyez-*vous?*

Temps composés.

A-t-*il* marché?   Suis-*je* arrivé?   Auront-*ils* compris?

REMARQUE. — Le pronom sujet se lie au verbe ou à l'auxiliaire par un *trait d'union.*

FORME INTERROGATIVE.

MODE INDICATIF.

Présent.

Porter. Première conjugaison.	**Punir.** Deuxième conjugaison.	**Apercevoir.** Troisième conjugaison.	**Vendre.** Quatrième conjugaison.
Port é-je ?	Pun is-je ?	Aperçois-je ?	Est-ce que je vends ?
Port es-tu ?	Pun is-tu ?	Aperçois-tu ?	Vend s-tu ?
Port e-t-il?	Pun it-il?	Aperçoit-il?	Vend-il?
Port ons-nous?	Pun issons-nous ?	Apercev ons-nous ?	Vend ons-nous?
Port ez-vous?	Pun issez-vous ?	Apercev ez-vous ?	Vend ez-vous ?
Port ent-ils?	Pun issent-ils?	Aperç oivent-ils?	Vend ent-ils ?

	porter	punir	apercevoir	vendre
Passé indéfini.	Ai-je port é?	Ai-je pun i?	Ai-je aperç u?	Ai-je vend u?
Imparfait.	Port ais-je?	Pun issais-je?	Apercev ais-je?	Vend ais-je?
Plus-que-parfait.	Avais-je port é?	Avais-je pun i?	Avais-je aperç u?	Avais-je vend u?
Passé défini.	Port ai-je?	Pun is-je?	Aperç us-je?	Vend is-je?
Passé antérieur.	Eus-je port é?	Eus-je pun i?	Eus-je aperç u?	Eus-je vend u?
Futur.	Port erai-je?	Pun irai-je?	Apercev rai-je?	Vend rai-je?
Futur antérieur.	Aurai-je porté?	Aurai-je pun i?	Aurai-je aperç u?	Aurai-je vend u?

MODE CONDITIONNEL.

	porter	punir	apercevoir	vendre
Présent.	Port erais-je?	Pun irais-je?	Apercev rais je?	Vend rais-je?
Premier passé.	Aurais-je port é?	Aurais-je pun i?	Aurais-je aperç u?	Aurais-je vend u?
Deuxième passé.	Eussé-je port é?	Eussé-je pun i?	Eussé-je aperç u?	Eussé-je vend u?

Remarques sur les verbes conjugués interrogativement.

I. Chaque fois que la première personne du singulier d'un verbe se termine par *e muet*, à l'affirmatif, cet *e muet* se change en *é fermé* quand le verbe est employé interrogativement. Ex. :

Affirmatif.	Interrogatif.
Je parle.	Parlé-je?
J'*eusse* voulu.	Eussé-je voulu?

II. La première personne du singulier du présent de l'indicatif ne s'emploie pas interrogativement dans deux cas :

1° Lorsqu'elle n'a qu'une syllabe. Ex. :

Je *dors*,   je *prends*,   je *couds.*

2° Lorsqu'elle se termine par plusieurs consonnes. Ex. :

Je convai*ncs*,   je surpre*nds*,   je conquie*rs.*

On se sert alors pour interroger de l'expression *est-ce que*, placée devant le verbe à l'affirmatif. Ex. :

Est-ce que je dors?   *est-ce que* je prends?   *est-ce que* je couds?
Est-ce que je convaincs? *est-ce que* je surprends? *est-ce que* je conquiers?

EXCEPTION. — On dit cependant :

Ai-je?	entends-je?	suis-je?
Dis-je?	fais-je?	vais-je?
Dois-je?	puis-je?	vois-je?

III. Si le verbe ou l'auxiliaire se termine, à la troisième personne du singulier, par *a* ou par *e*, on le sépare des sujets *il, elle, on*, par un *t* qu'on place entre deux traits d'union. Ex. :

Aime-t-il?   donna-t-elle?   aura-t-on vu?

IV. Lorsque le verbe employé interrogativement est à la troisième personne et a pour sujet un substantif, on emploie, en plus de ce substantif, un des pronoms *il, elle, ils, elles*. Le sujet du verbe se trouve alors exprimé deux fois, et l'on place, dans les temps *simples* :

1° Le substantif, 2° le verbe, 3° le pronom. Ex. :

> En combien de jours Dieu créa-t-*il* l'univers?
> La Seine est-*elle* aussi large que la Tamise?
> Les fruits des pays chauds valent-*ils* mieux que les nôtres?
> Vos sœurs sont-*elles* dociles et studieuses?

Dans les temps *composés*, on place :

1° Le substantif, 2° l'auxiliaire, 3° le pronom, 4° le participe. Ex. :

> Comment le café a-t-*il* été découvert?
> La richesse a-t-*elle* jamais tenu lieu de mérite?
> Par qui la pomme de terre a-t-*elle* été apportée en France?
> Ces fleurs sont-*elles* arrosées avec soin?

Remarque sur le verbe ÊTRE
employé interrogativement avec CE pour sujet.

256. Dans la forme interrogative, l'emploi de *ce*, comme sujet du verbe *être*, doit être évité chaque fois qu'il produit une construction désagréable à l'oreille, ce qui a lieu :

1° A la troisième personne du pluriel du passé défini et du futur (*furent-ce, seront-ce.*)

2° Dans tous les temps composés, dont aucun n'est usité, excepté les deux passés du conditionnel, à la troisième personne du singulier (*aurait-ce, eût-ce*). Ex. :

> *Aurait-ce* été raisonnable d'agir ainsi?
> *Eût-ce* été possible, sans votre concours?

On peut employer le présent de l'indicatif à la place du passé défini, du passé indéfini et du futur, dans des phrases analogues à celles-ci :

> *Sont-ce* (pour *furent-ce*) vos amis qui obtinrent le prix?
> *Est-ce* (pour *a-ce été*) votre sœur qui vous a écrit?
> *Sont-ce* (pour *seront-ce*) ces enfants qui partiront demain?

REMARQUE. — Le verbe *être* ayant *ce* pour sujet ne s'emploie pas non plus à l'affirmatif dans ses temps composés, excepté au singulier du second passé du conditionne' (c'eût été). Ex. :

> Si c'*eût été* un bon élève, il eût réussi.

FORME NÉGATIVE.

† **257.** Pour conjuguer un verbe négativement, on place, dans les temps *simples*, *ne* avant le verbe et *pas* ou *point* après; dans les temps *composés*, *ne* se place avant l'auxiliaire et *pas* ou *point* entre l'auxiliaire et le participe. Ex. :

Temps simples.

Ne regarde *point.*
Cet enfant *ne* lit *pas* bien.

Je *ne* cherche *pas.*
Vous *n'*écriviez *pas.*

Temps composés.

Je *n'*avais *pas* écouté.
Il faut qu'il *n'*ait *pas* étudié.

Nous *ne* sommes *point* sortis.
Vos livres *n'*ont *pas* été reliés.

FORME NÉGATIVE.

MODE INDICATIF.

Présent.

Porter. Première conjugaison.	**Punir.** Deuxième conjugaison.	**Apercevoir.** Troisième conjugaison.	**Vendre.** Quatrième conjugaison.
Je ne porte pas.	Je ne punis pas.	Je n'aperçois pas.	Je ne vends pas.
Tu ne portes pas.	Tu ne punis pas.	Tu n'aperçois pas.	Tu ne vends pas.
Il ne porte pas.	Il ne punit pas.	Il n'aperçoit pas.	Il ne vend pas.
Nous ne portons pas.	Nous ne punissons pas.	Nous n'apercevons pas.	Nous ne vendons pas.
Vous ne portez pas.	Vous ne punissez pas.	Vous n'apercevez pas.	Vous ne vendez pas.
Ils ne portent pas.	Ils ne punissent pas.	Ils n'aperçoivent pas.	Ils ne vendent pas.

Passé indéfini.

Je n'ai pas porté.   Je n'ai pas puni.   Je n'ai pas aperçu.   Je n'ai pas vendu.

Imparfait.

Je ne portais pas.   Je ne punissais pas.   Je n'apercevais pas.   Je ne vendais pas.

Plus-que-parfait.

Je n'avais pas porté.   Je n'avais pas puni.   Je n'avais pas aperçu.   Je n'avais pas vendu.

Passé défini.

Je ne portai pas.   Je ne punis pas.   Je n'aperçus pas.   Je ne vendis pas.

Passé antérieur.

Je n'eus pas porté.   Je n'eus pas puni.   Je n'eus pas aperçu.   Je n'eus pas vendu.

Futur.

Je ne porterai pas.   Je ne punirai pas.   Je n'apercevrai pas.   Je ne vendrai pas.

Futur antérieur.

Je n'aurai pas porté.   Je n'aurai pas puni.   Je n'aurai pas aperçu.   Je n'aurai pas vendu.

MODE CONDITIONNEL.

Présent.

Je ne porterais pas.   Je ne punirais pas.   Je n'apercevrais pas.   Je ne vendrais pas.

Premier passé.

Je n'aurais pas porté.	Je n'aurais pas puni.	Je n'aurais pas aperçu.	Je n'aurais pas vendu.

Deuxième passé.

Je n'eusse pas porté.	Je n'eusse pas puni.	Je n'eusse pas aperçu.	Je n'eusse pas vendu.

MODE IMPÉRATIF.

Présent.

Ne porte pas.	Ne punis pas.	N'aperçois pas.	Ne vends pas.

Passé.

N'aie pas porté.	N'aie pas puni.	N'aie pas aperçu.	N'aie pas vendu.

MODE SUBJONCTIF.

Présent.

Que je ne porte pas.	Que je ne punisse pas.	Que je n'aperçoive pas.	Que je ne vende pas.

Passé.

Que je n'aie pas porté.	Que je n'aie pas puni.	Que je n'aie pas aperçu.	Que je n'aie pas vendu.

Imparfait.

Que je ne portasse pas.	Que je ne punisse pas.	Que je n'aperçusse pas.	Que je ne vendisse pas.

Plus-que-parfait.

Que je n'eusse pas porté.	Que je n'eusse pas puni.	Que je n'eusse pas aperçu.	Que je n'eusse pas vendu.

MODE INFINITIF.

Présent.

Ne pas porter *ou* Ne porter pas.	Ne pas punir *ou* Ne punir pas.	Ne pas apercevoir *ou* N'apercevoir pas.	Ne pas vendre *ou* Ne vendre pas.

Passé.

Ne pas avoir porté *ou* N'avoir pas porté.	Ne pas avoir puni *ou* N'avoir pas puni.	Ne pas avoir aperçu *ou* N'avoir pas aperçu.	Ne pas avoir vendu *ou* N'avoir pas vendu.

Participe présent.

Ne portant pas.	Ne punissant pas.	N'apercevant pas.	Ne vendant pas.

Participe passé.

N'ayant pas porté.	N'ayant pas puni.	N'ayant pas aperçu.	N'ayant pas vendu.

9

FORME INTERROGATIVE ET NÉGATIVE.

† **258.** Un verbe peut être, à la fois, interrogatif et négatif ; dans ce cas, on place la négation *ne* avant le verbe ou l'auxiliaire, et *pas* ou *point* après le pronom sujet. Ex. :

Ne porté-je *pas ?* *n'*apercevons-nous *point ?*
*N'*auriez-vous *pas* vendu ? *n'*avait-il *point* reçu ?

Règles particulières à l'orthographe de quelques verbes.

PREMIÈRE CONJUGAISON.

† **259.** 1° Les verbes terminés au présent de l'infinitif par *cer*, prennent une cédille sous le *c*, quand cette consonne est suivie de *a* ou de *o*. Ex. :

Je plaçais. Nous commençons. Qu'ils avançassent.

VERBE *PLACER* (*Plac-er*).

Première conjugaison.

MODE INDICATIF.

TEMPS SIMPLES.	TEMPS COMPOSÉS.
Présent.	**Passé indéfini.**
Je plac-e.	J'ai plac-é.
Tu plac-es.	Tu as plac-é.
Il plac-e.	Il a plac-é.
Nous plaç-ons.	Nous avons plac-é.
Vous plac-ez.	Vous avez plac-é.
Ils plac-ent.	Ils ont plac-é.
Imparfait.	**Plus-que-parfait.**
Je plaç-ais.	J'avais plac-é.
Tu plaç-ais.	Tu avais plac-é.
Il plaç-ait.	Il avait plac-é.
Nous plac-ions.	Nous avions plac-é.
Vous plac-iez.	Vous aviez plac-é.
Ils plaç-aient.	Ils avaient plac-é.

TEMPS SIMPLES.	TEMPS COMPOSÉS.
Passé défini.	**Passé antérieur.**
Je plaç-ai.	J'eus plac-é.
Tu plaç-as.	Tu eus plac-é.
Il plaç-a.	Il eut plac-é.
Nous plaç-âmes.	Nous eûmes plac-é.
Vous plaç-âtes.	Vous eûtes plac-é.
Ils plac-èrent.	Ils eurent plac-é.
Futur.	**Futur antérieur.**
Je plac-erai.	J'aurai plac-é.
Tu plac-eras.	Tu auras plac-é.
Il plac-era.	Il aura plac-é.
Nous plac-erons.	Nous aurons plac-é.
Vous plac-erez.	Vous aurez plac-é.
Ils plac-eront.	Ils auront plac-é.

MODE CONDITIONNEL.

TEMPS SIMPLE.

Présent.

Je plac-erais.
Tu plac-erais.
Il plac-erait.
Nous plac-erions.
Vous plac-eriez.
Ils plac-eraient.

TEMPS COMPOSÉS.

Premier passé.	**Deuxième Passé.**
J'aurais plac-é.	J'eusse plac-é.
Tu aurais plac-é.	Tu eusses plac-é.
Il aurait plac-é.	Il eût plac-é.
Nous aurions plac-é.	Nous eussions plac-é.
Vous auriez plac-é.	Vous eussiez plac-é.
Ils auraient plac-é.	Ils eussent plac-é.

MODE IMPÉRATIF.

Ce mode n'a pas de 1re pers. du sing., ni de 3e pers. du sing. ni du plur.

TEMPS SIMPLE.	TEMPS COMPOSÉ.
Présent.	**Passé.**
Plac-e.	Aie plac-é.
Plaç-ons.	Ayons plac-é.
Plac-ez.	Ayez plac-é.

MODE SUBJONCTIF.

TEMPS SIMPLES.

Présent.

Que je plac-e.
Que tu plac-es.
Qu'il plac-e.
Que nous plac-ions.
Que vous plac-iez.
Qu'ils plac-ent.

Imparfait.

Que je plaç-asse.
Que tu plaç-asses.
Qu'il plaç-ât.
Que nous plaç-assions.
Que vous plaç-assiez.
Qu'ils plaç-assent.

TEMPS COMPOSÉS.

Passé.

Que j'aie plac-é.
Que tu aies plac-é.
Qu'il ait plac-é.
Que nous ayons plac-é.
Que vous ayez plac-é.
Qu'ils aient plac-é.

Plus-que-parfait.

Que j'eusse plac-é.
Que tu eusses plac-é.
Qu'il eût plac-é.
Que nous eussions plac-é.
Que vous eussiez plac-é.
Qu'ils eussent plac-é.

MODE INFINITIF.

TEMPS SIMPLES.

Présent.

Plac-er.

Participe présent.

Plaç-ant.

TEMPS COMPOSÉS.

Passé.

Avoir plac-é.

Participe passé.

Ayant plac-é, ée, és, ées.

† 260. 2° Les verbes terminés au présent de l'infinitif par *ger* prennent un *e* muet après le *g*, chaque fois que cette consonne est suivie de *a* ou de *o*. Ex. :

Je mangeai.　　Nous vengeons.　　Qu'il rangeât.

VERBE *MANGER* (Mang-*er*).

Première conjugaison.

MODE INDICATIF.

TEMPS SIMPLE.

Présent.

Je mang-e.
Tu mang-es.
Il mang-e.
Nous mang-eons.
Vous mang-ez.
Ils mang-ent.

TEMPS COMPOSÉ.

Passé indéfini.

J'ai mang-é.
Tu as mang-é.
Il a mang-é.
Nous avons mang-é.
Vous avez mang-é.
Ils ont mang-é.

TEMPS SIMPLES.	TEMPS COMPOSÉS.
Imparfait.	**Plus-que-parfait.**
Je mang-eais.	J'avais mang-é.
Tu mang-eais.	Tu avais mang-é.
Il mang-eait.	Il avait mang-é.
Nous mang-ions.	Nous avions mang-é.
Vous mang-iez.	Vous aviez mang-é.
Ils mang-eaient.	Ils avaient mang-é.
Passé défini.	**Passé antérieur.**
Je mang-eai.	J'eus mang-é.
Tu mang-eas.	Tu eus mang-é.
Il mang-ea.	Il eut mang-é.
Nous mang-eâmes.	Nous cûmes mang-é.
Vous mang-eâtes.	Vous eûtes mang-é.
Ils mang-èrent.	Ils eurent mang-é.
Futur.	**Futur antérieur.**
Je mang-erai.	J'aurai mang-é.
Tu mang-eras.	Tu auras mang-é.
Il mang-era.	Il aura mang-é.
Nous mang-erons.	Nous aurons mang-é.
Vous mang-erez.	Vous aurez mang-é.
Ils mang-eront.	Ils auront mang-é.

MODE CONDITIONNEL.

TEMPS SIMPLE.

Présent.

Je mang-erais.
Tu mang-erais.
Il mang-erait.
Nous mang-erions.
Vous mang-eriez.
Ils mang-eraient.

TEMPS COMPOSÉS.

Premier passé.	Deuxième passé.
J'aurais mang-é.	J'eusse mang-é.
Tu aurais mang-é.	Tu eusses mang-é.
Il aurait mang-é.	Il eût mang-é.
Nous aurions mang-é.	Nous eussions mang-é.
Vous auriez mang-é.	Vous eussiez mang-é.
Ils auraient mang-é.	Ils eussent mang-é.

MODE IMPÉRATIF.

Ce mode n'a pas de 1re personne du sing., ni de 3e personne
du sing. ni du plur.

TEMPS SIMPLE.	TEMPS COMPOSÉ.
Présent.	**Passé.**
Mang-e.	Aie mang-é.
Mang-eons.	Ayons mang-é.
Mang-ez.	Ayez mang-é.

MODE SUBJONCTIF.

TEMPS SIMPLES.	TEMPS COMPOSÉS.
Présent.	**Passé.**
Que je mang-e.	Que j'aie mang-é.
Que tu mang-es.	Que tu aies mang-é.
Qu'il mang-e.	Qu'il ait mang-é.
Que nous mang-ions.	Que nous ayons mang-é.
Que vous mang-iez.	Que vous ayez mang-é.
Qu'ils mang-ent.	Qu'ils aient mang-é.
Imparfait.	**Plus-que-parfait.**
Que je mang-easse.	Que j'eusse mang-é.
Que tu mang-easses.	Que tu eusses mang-é.
Qu'il mang-eât.	Qu'il eût mang-é.
Que nous mang-eassions.	Que nous eussions mang-é.
Que vous mang-eassiez.	Que vous eussiez mang-é.
Qu'ils mang-eassent.	Qu'ils eussent mang-é.

MODE INFINITIF.

TEMPS SIMPLES.	TEMPS COMPOSÉS.
Présent.	**Passé.**
Mang-er.	Avoir mang-é.
Participe présent.	**Participe passé.**
Mang-eant.	Ayant mang-é, ée, és, écs.

† **261.** 3° Les verbes dont l'avant-dernière syllabe
est, au présent de l'infinitif, terminée par *e muet*,
changent cet *e muet* en *è ouvert*, chaque fois que la
terminaison commence par *e*. Ex. :

Sem er. — Je sèm *e* ;   tu sèm erais ;   qu'ils sèm ent.
Prom ener. — Je promèn erai ; nous promèn erions ; que tu promèn es.

VERBE *MENER* (Men-*er*).

Première conjugaison.

MODE INDICATIF.

TEMPS SIMPLES.	TEMPS COMPOSÉS.
Présent.	**Passé indéfini.**
Je mèn-e.	J'ai men-é.
Tu mèn-es.	Tu as men-é.
Il mèn-e.	Il a men-é.
Nous men-ons.	Nous avons men-é.
Vous men-ez.	Vous avez men-é.
Ils mèn-ent.	Ils ont men-é.
Imparfait.	**Plus-que-parfait.**
Je men-ais.	J'avais men-é.
Tu men-ais.	Tu avais men-é.
Il men-ait.	Il avait men-é.
Nous men-ions.	Nous avions men-é.
Vous men-iez.	Vous aviez men-é.
Ils men-aient.	Ils avaient men-é.
Passé défini.	**Passé antérieur.**
Je men-ai.	J'eus men-é.
Tu men-as.	Tu eus men-é.
Il men-a.	Il eut men-é.
Nous men-âmes.	Nous eûmes men-é.
Vous men-âtes.	Vous eûtes men-é.
Ils men-èrent.	Ils eurent men-é.
Futur.	**Futur antérieur.**
Je mèn-erai.	J'aurai men-é.
Tu mèn-eras.	Tu auras men-é.
Il mèn-era.	Il aura men-é.
Nous mèn-erons.	Nous aurons men-é.
Vous mèn-erez.	Vous aurez men-é.
Ils mèn-eront.	Ils auront men-é.

MODE CONDITIONNEL.

TEMPS SIMPLE.

Présent.

Je mèn-erais.
Tu mèn-erais.
Il mèn-erait.
Nous mèn-erions.
Vous mèn-eriez.
Ils mèn-eraient.

TEMPS COMPOSÉS.

Premier passé.	**Deuxième passé.**
J'aurais men-é.	J'eusse men-é.
Tu aurais men-é.	Tu eusses men-é.
Il aurait men-é.	Il eût men-é.
Nous aurions men-é.	Nous eussions men-é.
Vous auriez men-é.	Vous eussiez men-é.
Ils auraient men-é.	Ils eussent men-é.

MODE IMPÉRATIF.

Ce mode n'a pas de 1ʳᵉ pers. du sing., ni de 3ᵉ pers. du sing. ni du plur.

TEMPS SIMPLE.	TEMPS COMPOSÉ.
Présent.	**Passé.**
Mèn-e.	Aie men-é.
Men-ons.	Ayons men-é.
Men-ez.	Ayez men-é.

MODE SUBJONCTIF.

TEMPS SIMPLES.	TEMPS COMPOSÉS.
Présent.	**Passé.**
Que je mèn-e.	Que j'aie men-é.
Que tu mèn-es.	Que tu aies men-é.
Qu'il mèn-e.	Qu'il ait men-é.
Que nous men-ions.	Que nous ayons men-é.
Que vous men-iez.	Que vous ayez men-é.
Qu'ils mèn-ent.	Qu'ils aient men-é.
Imparfait.	**Plus-que-parfait.**
Que je men-asse.	Que j'eusse men-é.
Que tu men-asses.	Que tu eusses men-é.
Qu'il men-ât.	Qu'il eût men-é.
Que nous men-assions.	Que nous eussions men-é.
Que vous men-assiez.	Que vous eussiez men-é.
Qu'ils men-assent.	Qu'ils eussent men-é.

MODE INFINITIF.

TEMPS SIMPLES.	TEMPS COMPOSÉS.
Présent.	**Passé.**
Men-er.	Avoir men-é.
Participe présent.	**Participe passé.**
Men-ant.	Ayant men-é, ée, és, ées.

† **262**. 4° Les verbes, dont l'avant-dernière syllabe est, au présent de l'infinitif, terminée par un *é fermé*, changent cet *é fermé* en *è ouvert*, chaque fois que la terminaison commence par *e*. Ex. :

Céd er. — Je cèd e ; il cèd era; vous cèd eriez.
Révél er. — Je révèl erai; nous révèl erions ; qu'il révèl e.

VERBE *CÉLER* (Cél-*er*).

Première conjugaison.

MODE INDICATIF.

TEMPS SIMPLES.	TEMPS COMPOSÉS.
Présent.	**Passé indéfini.**
Je cèl-e.	J'ai cél-é.
Tu cèl-es.	Tu as cél-é.
Il cèl-e.	Il a cél-é.
Nous cél-ons.	Nous avons cél-é.
Vous cél-ez.	Vous avez cél-é.
Ils cèl-ent.	Ils ont cél-é.
Imparfait.	**Plus-que-parfait.**
Je cél-ais.	J'avais cél-é.
Tu cél-ais.	Tu avais cél-é.
Il cél-ait.	Il avait cél-é.
Nous cél-ions.	Nous avions cél-é.
Vous cél-iez.	Vous aviez cél-é.
Ils cél-aient.	Ils avaient cél-é.
Passé défini.	**Passé antérieur.**
Je cél-ai.	J'eus cél-é.
Tu cél-as.	Tu eus cél-é.
Il cél-a.	Il eut cél-é.
Nous cél-âmes.	Nous eûmes cél-é.
Vous cél-âtes.	Vous eûtes cél-é.
Ils cél-èrent.	Ils eurent cél-é.
Futur.	**Futur antérieur.**
Je cèl-erai.	J'aurai cél-é.
Tu cèl-eras.	Tu auras cél-é.
Il cèl-era.	Il aura cél-é.
Nous cèl-erons.	Nous aurons cél-é.
Vous cèl-erez.	Vous aurez cél-é.
Ils cèl-eront.	Ils auront cél-é.

9.

MODE CONDITIONNEL

TEMPS SIMPLE.

Présent.

Je cèl-erais.
Tu cèl-erais.
Il cèl-erait.
Nous cèl-erions.
Vous cèl-eriez.
Ils cèl-eraient.

TEMPS COMPOSÉS.

Premier passé.	Deuxième passé.
J'aurais cél-é.	J'eusse cél-é.
Tu aurais cél-é.	Tu eusses cél-é.
Il aurait cél-é.	Il eût cél-é.
Nous aurions cél-é.	Nous eussions cél-é.
Vous auriez cél-é.	Vous eussiez cél-é.
Ils auraient cél-é.	Ils eussent cél-é.

MODE IMPÉRATIF.

Ce mode n'a pas de 1re personne du sing., ni de 3e personne du sing. ni du plur.

TEMPS SIMPLE.	TEMPS COMPOSÉ.
Présent.	**Passé.**
Cèl-e.	Aie cél-é.
Cél-ons.	Ayons cél-é.
Cél-ez.	Ayez cél-é.

MODE SUBJONCTIF.

TEMPS SIMPLE.	TEMPS COMPOSÉ.
Présent.	**Passé.**
Que je cèl-e.	Que j'aie cél-é.
Que tu cè-les.	Que tu aies cél-é.
Qu'il cèl-e.	Qu'il ait cél-é.
Que nous cél-ions.	Que nous ayons cél-é.
Que vous cél-iez.	Que vous ayez cél-é.
Qu'ils cèl-ent.	Qu'ils aient cél-é.

TEMPS SIMPLE.	TEMPS COMPOSÉ.
Imparfait.	**Plus-que-parfait.**
Que je cél-asse.	Que j'eusse cél-é.
Que tu cél-asses.	Que tu eusses cél-é.
Qu'il cél-àt.	Qu'il cût cél-é.
Que nous cél-assions.	Que nous eussions cél-é.
Que vous cél-assiez.	Que vous eussiez cél-é.
Qu'ils cél-assent.	Qu'ils eussent cél-é.

MODE INFINITIF.

TEMPS SIMPLES.	TEMPS COMPOSÉS.
Présent.	**Passé.**
Cél-er.	Avoir cél-é.
Participe présent.	**Participe passé.**
Cél-ant.	Ayant cél-é, ée, és, ées.

EXCEPTION. — Les verbes en *éger* conservent toujours l'*é fermé.* Ex. :

Abr*ég* er. — J'abr*ég* e ;   tu abr*ég* eras ;   qu'ils abr*ég* ent.

† **265**. 5° Les verbes en *eler* prennent deux *l*, et les verbes en *eter* deux *t*, devant un *e muet.* Ex. :

Appe*l* er.   — J'appe*ll* e ;   il appe*ll* era ;   nous appe*ll* erions.
Je*t* er.   — Tu je*tt* crais ; qu'il je*tt* e ;   vous appe*ll* eriez.

VERBE *APPELER* (Appel-*er*).

Première conjugaison.

MODE INDICATIF.

TEMPS SIMPLE.	TEMPS COMPOSÉ.
Présent.	**Passé indéfini.**
J'appe*ll*-e.	J'ai appel-é.
Tu appe*ll*-es.	Tu as appel-é.
Il ape*ll*-e.	Il a appel-é.
Nous appel-ons.	Nous avons appel-é.
Vous appel-ez.	Vous avez appel-é.
Ils appe*ll*-ent.	Ils ont appel-é.

TEMPS SIMPLES.	TEMPS COMPOSÉS.

Imparfait.	**Plus-que-parfait.**
J'appel-ais.	J'avais appel-é.
Tu appel-ais.	Tu avais appel-é.
Il appel-ait.	Il avait appel-é.
Nous appel-ions.	Nous avions appel-é.
Vous appel-iez.	Vous aviez appel-é.
Ils appel-aient.	Ils avaient appel-é.

Passé défini.	**Passé antérieur.**
J'appel-ai.	J'eus appel-é.
Tu appel-as.	Tu eus appel-é.
Il appel-a.	Il eut appel-é.
Nous appel-âmes.	Nous eûmes appel-é.
Vous appel-âtes.	Vous eûtes appel-é.
Ils appel-èrent.	Ils eurent appel-é.

Futur.	**Futur antérieur.**
J'appell-erai.	J'aurai appel-é.
Tu appell-eras.	Tu auras appel-é.
Il appell-era.	Il aura appel-é.
Nous appell-erons.	Nous aurons appel-é.
Vous appell-erez.	Vous aurez appel-é.
Ils appell-eront.	Ils auront appel-é.

MODE CONDITIONNEL.

TEMPS SIMPLE.

Présent.

J'apell-erais.
Tu appell-erais.
Il appell-erait.
Nous appell-erions.
Vous appell-eriez.
Ils appell-eraient.

TEMPS COMPOSÉS.

Premier passé.	**Deuxième passé.**
J'aurais appel-é.	J'eusse appel-é.
Tu aurais appel-é.	Tu eusses appel-é.
Il aurait appel-é.	Il eût appel-é.
Nous aurions appel-é.	Nous eussions appel-é.
Vous auriez appel-é.	Vous eussiez appel-é.
Ils auraient appel-é.	Ils eussent appel-é.

MODE IMPÉRATIF.

Ce mode n'a pas de 1ʳᵉ pers. du sing., ni de 3ᵉ pers. du sing.
ni du plur.

TEMPS SIMPLE.	TEMPS COMPOSÉ.
Présent.	**Passé.**
Appell-e.	Aie appel-é.
Appel-ons.	Ayons appel-é.
Appel-ez.	Ayez appel-é.

MODE SUBJONCTIF.

TEMPS SIMPLES.	TEMPS COMPOSÉS.
Présent.	**Passé.**
Que j'appell-e.	Que j'aie appel-é.
Que tu appell-es.	Que tu aies appel-é.
Qu'il appell-e.	Qu'il ait appel-é.
Que nous appel-ions.	Que nous ayons appel-é.
Que vous appel-iez.	Que vous ayez appel-é.
Qu'ils appell-ent.	Qu'ils aient appel-é.
Imparfait.	**Plus-que-parfait.**
Que j'appel-asse.	Que j'eusse appel-é.
Que tu appel-asses.	Que tu eusses appel-é.
Qu'il appel-ât.	Qu'il eût appel-é.
Que nous appel-assions.	Que nous eussions appel-é.
Que vous appel-assiez.	Que vous eussiez appel-é.
Qu'ils appel-assent.	Qu'ils eussent appel-é.

MODE INFINITIF.

TEMPS SIMPLES.	TEMPS COMPOSÉS.
Présent.	**Passé.**
Appel-er.	Avoir appel-é.
Participe présent.	**Participe passé.**
Appel-ant.	Ayant appel-é, ée, és, ées.

EXCEPTION. — On met un accent grave sur l'avant dernier *e*, au lieu de doubler *l*, *t*, dans les verbes suivants et dans leurs composés :

Acheter, bourreler, geler, peler, becqueter, crocheter, harceler.

† **264.** 6° Les verbes en *ier*, comme étudi *er*, pri *er*, ayant le radical terminé par *i*, ont nécessairement deux *i* de suite, à la première et à la seconde personne du pluriel de l'imparfait de l'indicatif et du présent du subjonctif, puisque les terminaisons de ces personnes sont, à ces deux temps, *ions, iez*. Ex. :

Il faut que vous étudi *iez*.　　Nous pri *ions* hier.

Le premier *i* appartient au radical ; le second *i*, à la terminaison.

VERBE *PRIER* (Pri–*er*).

Première conjugaison.

MODE INDICATIF.

TEMPS SIMPLES.	TEMPS COMPOSÉS.
Présent.	**Passé indéfini.**
Je pri-e.	J'ai pri-é.
Tu pri-es.	Tu as pri-é.
Il pri-e.	Il a pri-é.
Nous pri-ons.	Nous avons pri-é.
Vous pri-ez.	Vous avez pri-é.
Ils pri-ent.	Ils ont pri-é.
Imparfait.	**Plus-que-parfait.**
Je pri-ais.	J'avais pri-é.
Tu pri-ais.	Tu avais pri-é.
Il pri-ait.	Il avait pri-é.
Nous pri-ions.	Nous avions pri-é.
Vous pri-iez.	Vous aviez pri-é.
Ils pri-aient.	Ils avaient pri-é.
Passé défini.	**Passé antérieur.**
Je pri-ai.	J'eus pri-é.
Tu pri-as.	Tu eus pri-é.
Il pri-a.	Il eut pri-é.
Nous pri-âmes.	Nous cûmes pri-é.
Vous pri-âtes.	Vous eûtes pri-é.
Ils pri-èrent.	Ils eurent pri-é.

TEMPS SIMPLE.	TEMPS COMPOSÉ.
Futur.	**Futur antérieur.**
Je pri-erai.	J'aurai pri-é.
Tu pri-eras.	Tu auras pri-é.
Il pri-era.	Il aura pri-é.
Nous pri-erons.	Nous aurons pri-é.
Vous pri-erez.	Vous aurez pri-é.
Ils pri-eront.	Ils auront pri-é.

MODE CONDITIONNEL.

TEMPS SIMPLE.

Présent.

Je pri-erais.
Tu pri-erais.
Il pri-erait.
Nous pri-erions.
Vous pri-eriez.
Ils pri-eraient.

TEMPS COMPOSÉS.

Premier passé.	**Deuxième passé.**
J'aurais pri-é.	J'eusse pri-é.
Tu aurais pri-é.	Tu eusses pri-é.
Il aurait pri-é.	Il eût pri-é.
Nous aurions pri-é.	Nous eussions pri-é.
Vous auriez pri-é.	Vous eussiez pri-é.
Ils auraient pri-é.	Ils eussent pri-é.

MODE IMPÉRATIF.

Ce mode n'a pas de 1re pers. du sing., ni de 3e pers. du sing.

ni du plur.

TEMPS SIMPLE.	TEMPS COMPOSÉ.
Présent.	**Passé.**
Pri-e.	Aie pri-é.
Pri-ons.	Ayons pri-é.
Pri-ez.	Ayez pri-é.

MODE SUBJONCTIF.

TEMPS SIMPLES.	TEMPS COMPOSÉS.
Présent.	**Passé.**
Que je pri-e.	Que j'aie pri-é.
Que tu pri-es.	Que tu aies pri-é.
Qu'il pri-e.	Qu'il ait pri-é.
Que nous pri-*ions*.	Que nous ayons pri-é.
Que vous pri-*iez*.	Que vous ayez pri-é.
Qu'ils pri-ent.	Qu'ils aient pri-é.
Imparfait.	**Plus-que-parfait.**
Que je pri-asse.	Que j'eusse pri-é.
Que tu pri-asses.	Que tu eusses pri-é.
Qu'il pri-ât.	Qu'il eût pri-é.
Que nous pri-assions.	Que nous eussions pri-é.
Que vous pri-assiez.	Que vous eussiez pri-é.
Qu'ils pri-assent.	Qu'ils eussent pri-é.

MODE INFINITIF.

TEMPS SIMPLES.	TEMPS COMPOSÉS.
Présent.	**Passé.**
Pri-er.	Avoir pri-é.
Participe présent.	**Participe passé.**
Pri-ant.	Ayant pri-é, ée, és, ées.

† **265.** 7° Les verbes en *yer*, ayant le radical terminé par *y* ont un *y* et un *i* de suite, à la première et à la seconde personne du pluriel de l'imparfait de l'indicatif et du présent du subjonctif. Ex. :

Vous essu*y iez* vos meubles quand je suis entré.
Il faut que vous plo*y iez* votre caractère.

L'*y* appartient au radical, l'*i* à la terminaison.

Cette dernière règle s'applique aux verbes de toutes les conjugaisons qui ont le radical terminé par *y* à la première et à la seconde personne du pluriel de l'imparfait de l'indicatif et du présent du subjonctif. Ex. :

Nous cro*y ions*　　que nous cro*y ions*.
Nous vo*y ions*　　que nous vo*y ions*.
Vous vo*y iez*　　que vous vo*y iez*.

REMARQUE. — L'*y* du radical des verbes se change en *i* devant *e muet*. Ex. :

J'essu*i* e.   Nous pa*i* crons.   Que tu cro*i* es.

Il faut en excepter le verbe *grasseyer*, qui conserve toujours l'*y*. Ex. :

Je grass*ey* e.   Tu grass*ey* eras.   Qu'il grass*ey* e.

VERBE *APPUYER* (Appuy-*er*).
Première conjugaison.

MODE INDICATIF.

TEMPS SIMPLES.	TEMPS COMPOSÉS.
Présent.	**Passé indéfini.**
J'appu*i*-e.	J'ai appuy-é.
Tu appu*i*-es.	Tu as appuy-é.
Il appu*i*-e.	Il a appuy-é.
Nous appuy-ons.	Nous avons appuy-é.
Vous appuy-ez.	Vous avez appuy-é.
Ils appu*i*-ent.	Ils ont appuy-é.
Imparfait.	**Plus-que-parfait.**
J'appuy-ais.	J'avais appuy-é.
Tu appuy-ais.	Tu avais appuy-é.
Il appuy-ait.	Il avait appuy-é.
Nous appu*y*-ions.	Nous avions appuy-é.
Vous appu*y*-iez.	Vous aviez appuy-é.
Ils appuy-aient.	Ils avaient appuy-é.
Passé défini.	**Passé antérieur.**
J'appuy-ai.	J'eus appuy-é.
Tu appuy-as.	Tu eus appuy-é.
Il appuy-a.	Il eut appuy-é.
Nous appuy-âmes.	Nous eûmes appuy-é.
Vous appuy-âtes.	Vous eûtes appuy-é.
Ils appuy-èrent.	Ils eurent appuy-é.
Futur.	**Futur antérieur.**
J'appu*i*-erai.	J'aurai appuy-é.
Tu appu*i*-eras.	Tu auras appuy-é.
Il appu*i*-era.	Il aura appuy-é.
Nous appu*i*-erons.	Nous aurons appuy-é.
Vous appu*i*-erez.	Vous aurez appuy-é.
Ils appu*i*-eront.	Ils auront appuy-é.

MODE CONDITIONNEL.

TEMPS SIMPLE.

Présent.

J'appui-erais.
Tu appui-erais.
Il appui-erait.
Nous appui-erions.
Vous appui-eriez.
Ils appui-eraient.

TEMPS COMPOSÉS.

Premier passé.	**Deuxième passé.**
J'aurais appuy-é.	J'eusse appuy-é.
Tu aurais appuy-é.	Tu eusses appuy-é.
Il aurait appuy-é.	Il eût appuy-é.
Nous aurions appuy-é.	Nous eussions appuy-é.
Vous auriez appuy-é.	Vous eussiez appuy-é.
Ils auraient appuy-é.	Ils eussent appuy-é.

MODE IMPÉRATIF.

Ce mode n'a pas de 1ʳᵉ pers. du sing., ni de 3ᵉ pers. du sing. ni du plur.

TEMPS SIMPLE.	TEMPS COMPOSÉ.
Présent.	**Passé.**
Appui-e.	Aie appuy-é.
Appuy-ons.	Ayons appuy-é.
Appuy-ez.	Ayez appuy-é.

MODE SUBJONCTIF.

TEMPS SIMPLES.	TEMPS COMPOSÉS.
Présent.	**Passé.**
Que j'appui-e.	Que j'aie appuy-é.
Que tu appui-es.	Que tu aies appuy-é.
Qu'il appui-e.	Qu'il ait appuy-é.
Que nous appuy-ions.	Que nous ayons appuy-é.
Que vous appuy-iez.	Que vous ayez appuy-é.
Qu'ils appui-ent.	Qu'ils aient appuy-é.
Imparfait.	**Plus-que-parfait.**
Que j'appuy-asse.	Que j'eusse appuy-é.
Que tu appuy-asses.	Que tu eusses appuy-é.
Qu'il appuy-ât.	Qu'il eût appuy-é.
Que nous appuy-assions.	Que nous eussions appuy-é.
Que vous appuy-assiez.	Que vous eussiez appuy-é.
Qu'ils appuy-assent.	Qu'ils eussent appuy-é.

MODE INFINITIF.

TEMPS SIMPLES.	TEMPS COMPOSÉS.
Présent.	**Passé.**
Appuy-er.	Avoir appuy–é.
Participe présent.	**Participe passé.**
Appuy-ant.	Ayant appuy-é, ée, és, ées.

† **266**. 8º Les verbes terminés au présent de l'infinitif par *éer* conservent *ée* dans toute la conjugaison, excepté lorsque la terminaison commence par *a, o, i, è, é*. Ex. :

Je cré e,	je cré *a*is,	vous cré *iez*,
Nous cré erons,	nous cré *o*ns,	ils cré *è*rent,

REMARQUE. — Ces verbes, ayant le participe passé masculin terminé par *éé*, ont au participe passé féminin *ééе*. Ex. :

Le monde fut cré*é* par Dieu.	La terre fut cré*ée* par Dieu.
Cet employé fut agré*éé*.	Cette proposition fut agré*ée*.

VERBE *CRÉER* (Cré-*er*).
Première conjugaison.

MODE INDICATIF.

TEMPS SIMPLES.	TEMPS COMPOSÉS.
Présent.	**Passé indéfini.**
Je cré-e.	J'ai cré-*é*.
Tu cré-es.	Tu as cré-*é*.
Il cré-e.	Il a cré-*é*.
Nous cré-*o*ns.	Nous avons cré-*é*
Vous cré-ez.	Vous avez cré-*é*.
Ils cré-ent.	Ils ont cré-*é*.
Imparfait.	**Plus-que-parfait.**
Je cré-*a*is.	J'avais cré-*é*.
Tu cré-*a*is.	Tu avais cré-*é*.
Il cré-*a*it.	Il avait cré-*é*.
Nous cré-*i*ons.	Nous avions cré-*é*.
Vous cré-*i*ez.	Vous aviez cré-*é*.
Ils cré-*a*ient.	Ils avaient cré-*é*.

TEMPS SIMPLES.	TEMPS COMPOSÉS.

Passé défini.	**Passé antérieur.**
Je cré-ai.	J'eus cré-é.
Tu cré-as.	Tu eus cré-é.
Il cré-a.	Il eut cré-é.
Nous cré-âmes.	Nous eûmes cré-é.
Vous cré-âtes.	Vous eûtes cré-é.
Ils cré-èrent.	Ils eurent cré-é.

Futur.	**Futur antérieur.**
Je cré-erai.	J'aurai cré-é.
Tu cré-eras.	Tu auras cré-é.
Il cré-era.	Il aura cré-é.
Nous cré-erons.	Nous aurons cré-é.
Vous cré-erez.	Vous aurez cré-é.
Ils cré-eront.	Ils auront cré-é.

MODE CONDITIONNEL.

TEMPS SIMPLE.

Présent.

Je cré-erais.
Tu cré-erais.
Il cré-erait.
Nous cré-erions.
Vous cré-eriez.
Ils cré-eraient.

TEMPS COMPOSÉS.

Premier passé.	**Deuxième passé.**
J'aurais cré-é.	J'eusse cré-é.
Tu aurais cré-é.	Tu eusses cré-é.
Il aurait cré-é.	Il eût cré-é.
Nous aurions cré-é.	Nous eussions cré-é.
Vous auriez cré-é.	Vous eussiez cré-é.
Ils auraient cré-é.	Ils eussent cré-é.

MODE IMPÉRATIF.

*Ce mode n'a pas de 1re pers. du sing., ni de 3e pers. du sing.
ni du plur.*

TEMPS SIMPLE.	TEMPS COMPOSÉ.
Présent.	**Passé.**
Cré-e.	Aie cré-é.
Cré-ons.	Ayons cré-é.
Cré-ez.	Ayez cré-é.

MODE SUBJONCTIF.

TEMPS SIMPLES.	TEMPS COMPOSÉS.

Présent.

Passé.

Que je cré-e.	Que j'aie cré-*é*.
Que tu cré-es.	Que tu aies cré-*é*.
Qu'il cré-e.	Qu'il ait cré-*é*.
Que nous cré-*ions*.	Que nous ayons cré-*é*.
Que vous cré-*iez*	Que vous ayez cré-*é*.
Qu'ils cré-ent.	Qu'ils aient cré-*é*.

Imparfait.

Plus-que-parfait.

Que je cré-*asse*.	Que j'eusse cré-*é*.
Que tu cré-*asses*.	Que tu eusses cré-*é*.
Qu'il cré-*ât*.	Qu'il eût cré-*é*.
Que nous cré-*assions*.	Que nous eussions cré-*é*.
Que vous cré-*assiez*.	Que vous eussiez cré-*é*.
Qu'ils cré-*assent*.	Qu'ils eussent cré-*é*.

MODE INFINITIF.

TEMPS SIMPLES.	TEMPS COMPOSÉS.

Présent.

Passé.

Cré-er.

Avoir cré-*é*.

Participe présent.

Participe passé.

Cré-ant.

Ayant cré-*é*, *ée*, *és*, *ées*.

Deuxième conjugaison.

Haïr.

† **267.** 1° Le verbe *haïr* prend un *tréma* sur l'*i* dans toute sa conjugaison, excepté aux trois personnes du singulier du présent de l'indicatif et à la seconde personne du singulier de l'impératif. Ex. :

Je *hais*, tu *hais*, il *hait*. Ne *hais* personne.

REMARQUE. — Le *tréma* remplace l'accent circonflexe au passé défini et à l'imparfait du subjonctif. Ex. :

Nous haïmes, vous haïtes, qu'il haït.

Bénir.

† **268.** 2° Le participe passé de ce verbe est *bénit*
au masculin, *bénite* au féminin, quand il signifie consacré par une cérémonie religieuse. Ex. :

Du pain *bénit*.　　On a *bénit* les drapeaux.　　Prenez de l'eau *bénite*.

Dans tous les autres cas, le participe passé est
béni au masculin, et *bénie* au féminin. Ex. :

Dieu a *béni* cet enfant.　　Cette jeune fille sera *bénie* du ciel, à
cause de sa piété filiale.

Fleurir.

† **269.** 3° Lorsque *fleurir* est employé au figuré,
c'est-à-dire en parlant de la prospérité des sciences,
des arts, d'un royaume, etc. On change, au participe présent et à l'imparfait de l'indicatif, *eu* du radical en *o;* on dit : florissant au lieu de fleurissant,
florissait au lieu de fleurissait. Ex. :

Au propre.	Au figuré.
La violette fleurissant toujours inaperçue, se révèle grâce à son doux parfum.	L'empire de Charlemagne florissant entre ses mains, prouva ce que peut le génie d'un grand homme.
Tu fleurissais dans nos vallons, modeste pâquerette !	Tu florissais dès la plus haute antiquité, ô Marseille !
Les roses fleurissaient sous mes fenêtres.	Les sciences et les arts florissaient sous les Médicis.

Troisième conjugaison.

† **270.** Les verbes de cette conjugaison terminés
par *cevoir*, comme aper*cevoir*, con*cevoir*, etc., prennent une *cédille* sous le *c* quand il est suivi d'un *u*.
Ex. :

J'ai aper*çu*.　　Nous con*çûmes*.　　Vous re*çûtes*.

De l'accent circonflexe dans les verbes.

† **271** 1° Les verbes prennent un *accent circonflexe* à la première et à la seconde personne du pluriel du passé défini, et à la troisième personne du singulier de l'imparfait du subjonctif. Ex. :

Nous jouâmes.   Vous reçûtes.   Qu'il conduisît.   Qu'il ramenât.

† **272.** 2° Les verbes terminés au présent de l'infinitif par *aître* prennent un accent circonflexe sur l'*i* chaque fois qu'il est suivi de *t*. Ex. :

Je paraîtrais.   Tu connaîtras.   Il naît.

On met aussi un accent circonflexe sur : il plaît.

† **273.** Le verbe *croître* prend un accent circonflexe non-seulement quand l'*i* est suivi de *t*, mais partout où ce verbe pourrait être confondu avec *croire*. Ex. :

Je croîs, tu crois, ils croîtraient, que nous crûssions, crû, crûe.

† **274.** Le participe passé masculin singulier des verbes *devoir* et *redevoir* prend un accent circonflexe. Ex. :

J'ai dû.   Nous avons redû.

EMPLOI DES TEMPS.

MODE INDICATIF.

Du présent.

275. Le *présent de l'indicatif* s'emploie pour exprimer :
1° Un état ou une action qui a lieu à l'instant de la parole. Ex. :

J'écris.   Nous *marchons*.   Tu *cherches* ton livre.   Il *est aimé*.

2º Un état ou une action habituelle ou une chose vraie en tout temps. Ex. :

> Je *suis* chez moi le samedi.   Ces enfants *étudient* cinq heures par jour.
>
> N'as-tu pas appris que la terre *tourne* autour du soleil et en *reçoit* sa lumière ?
>
> Je *respire* sans y penser et en dormant. (BOSSUET.)

3º Un futur très-prochain. Ex. :

> Je *suis* ici dans un instant (pour : Je *serai* ici).
> Mon père *arrive* demain (pour : *arrivera* demain).
> Je *pars* ce soir (pour : Je *partirai* ce soir).

4º Un futur, après la conjonction *si*. Ex. :

> *Si* vous *étudiez* bien demain, je vous récompenserai.
> *Si* mon ami *vient*, qu'il m'attende.

5º Un passé, afin de rendre la phrase plus vive, l'image plus frappante. Ex. :

> J'*entre*, il me *tend* les bras, et nous voilà réconciliés.
> Les feux *croisent* les feux, le fer *frappe* le fer,
> Les rangs entrecoupés *lancent* un seul éclair. (LAMARTINE.)

De l'imparfait.

276. L'*imparfait de l'indicatif* s'emploie pour exprimer :

1º Un état ou une action passée, mais qui était présente au moment où avait lieu un autre état ou une autre action dont on parle. Ex. :

> *Étais*-tu chez toi quand cet accident est arrivé ?
> Je *parlais* de vous lorsque vous êtes entré.

2º Des faits passés dont on fait la description, le tableau. Ex. :

> A la suite, *marchait* le prince héréditaire avec un habit de satin écarlate, brodé d'or ; à son oreille droite, *pendait* un rubis du plus grand prix ; à sa main droite, *brillait* une émeraude.
> (LAMARTINE.)

3° Un état ou une action habituelle, continue, qui a eu lieu dans un temps passé non déterminé. Ex. :

Dans une ville de la Chine, il *existait* deux malheureux,
L'un perclus, l'autre aveugle, et pauvres tous les deux.
(La Fontaine.)

Saint Louis *écoutait* et *examinait* lui-même, par son équité, les différends de son peuple. (Fléchier).

4° Une condition après *si*. Ex. :

Si vous *étiez* attentif, vous feriez plus de progrès.
Si nous *réfléchissions* toujours avant d'agir, nous nous épargnerions bien des peines.

5° Il s'emploie parfois à la place d'un conditionnel pour donner plus de vivacité à l'expression. Ex. :

Si j'avais parlé, on vous *punissait* (pour : on vous *aurait puni*).
Si tu avais travaillé, *tu réussissais* sans la moindre difficulté. (Pour : *tu aurais réussi*).

Du passé défini et du passé indéfini.

277. Le *passé défini* et le *passé indéfini* expriment l'un et l'autre un état ou une action passée. On les emploie indifféremment dans deux cas :

1° Quand on parle d'une chose passée, qui a eu lieu à une époque non déterminée. Ex. :

Passé défini.	Passé indéfini.
César *fut* un des plus grands capitaines de l'antiquité.	César *a été* un des plus grands capitaines de l'antiquité.
Dieu *créa* les animaux pour le service de l'homme.	Les poëtes *ont créé* les dieux. (Acad.)

2° Quand on parle d'une chose passée, qui a eu lieu à une époque déterminée complétement écoulée. Ex. :

Passé défini.	Passé indéfini.
Je *vis* votre sœur hier et je la *trouvai* fort raisonnable.	J'*ai vu* votre sœur hier et je l'*ai trouvée* fort raisonnable.
Dès sa quatorzième année, Turenne *commença* à porter les armes. (Fléchier.)	A douze ans, Pascal *a su* résoudre des problèmes extrêmement difficiles.

10

Si l'époque à laquelle a eu lieu la chose dont on parle n'est pas complétement écoulée, on ne peut faire usage que du *passé indéfini*. Ex. :

> Que de gloire la France *a acquise* cette année ! (L'année dont on parle dure encore.)
> Mon père *est parti* ce matin. (La journée dont on parle n'est pas terminée.)
> J'*ai fait* mes adieux à votre mère cette semaine. (La semaine n'est pas écoulée entièrement.)

REMARQUE. — Le *passé indéfini* s'emploie quelquefois pour exprimer un futur très-prochain. Ex. :

> Attendez-moi, j'*ai fini* dans un instant (pour : *j'aurai fini*.)

Du passé antérieur et du plus-que-parfait.

278. Le *passé antérieur* et le *plus-que-parfait* expriment un état ou une action passée, qui a eu lieu avant un autre état ou une autre action également passée.

La différence entre ces deux temps, c'est que le *passé antérieur* exprime un état ou une action qui a eu lieu *immédiatement* avant une autre ; le *plus-que-parfait* n'exprime pas un rapport immédiat. Ex. :

Passé antérieur.	Plus-que-parfait.
Quand j'*eus lu*, je sortis.	J'*avais lu* quand vous entrâtes.
Le roi, dès qu'il *eut reçu* la nouvelle du siége levé, l'envoya dire au nonce. (RACINE.)	Nos devoirs *avaient été corrigés* quand nous vous les avons montrés.

Du futur.

279. Le *futur* exprime un état ou une action qui aura lieu dans un temps où l'on n'est pas encore. Ex. :

> Nous *sortirons* ensemble demain.
> J'*irai* vous voir s'il fait beau.
> C'est le même Dieu qui nous *jugera* tous. (J.-B. ROUSSEAU.)

Du futur antérieur.

280. Le *futur antérieur* exprime un état ou une action

qui aura lieu dans un temps à venir, avant un autre état ou une autre action, également à venir. Ex. :

> Nous vous écrirons quand nous *serons arrivés*.
> Vous sortirez quand vous *aurez fini* vos devoirs.

REMARQUE. — Le *futur antérieur* s'emploie quelquefois pour exprimer le doute qui est dans l'esprit de la personne qui parle, au sujet d'un état ou d'une action passée ; il remplace alors un passé indéfini. Ex. :

> Je ne trouve plus ma bourse, je l'*aurai laissée* tomber (pour : je l'*ai* probablement *laissée* tomber).
> Déjà six heures ! je *serai parti* trop tard, je n'arriverai pas au rendez-vous (pour : je *suis* peut-être *parti* trop tard).

MODE CONDITIONNEL.

Du présent.

281. Le *présent du conditionnel* exprime un état ou une action qui serait, si un autre état ou une autre action avait lieu. Ex. :

> L'ingratitude *serait* plus rare, si les bienfaits à usure étaient moins communs. (J.-J. ROUSSEAU.)
> Nous *réussirions* plus souvent dans nos entreprises, si nous étions plus prudents.

Des passés.

282. Les *passés du conditionnel* expriment un état ou une action qui aurait été, si un autre état ou une autre action avait eu lieu. Ex. :

> J'*aurais été* bien heureux s'il était venu. Nous vous *eussions averti*, si l'on vous avait appelé.
> S'il *fût demeuré* paisible dans la Macédoine, la grandeur de son empire n'*aurait* pas *tenté* ses capitaines, et il *eût laissé* à ses enfants le royaume de ses pères. (BOSSUET.)

Remarques sur l'emploi du mode conditionnel.

I. Le membre de phrase qui renferme la condition commence toujours par *si*, ou une expression équivalente généralement suivie d'un verbe au mode indicatif : si ce verbe est au présent ou au passé défini, il demande le *futur*; sinon, il demande le *conditionnel*. Ex. :

Futur.	Conditionnel.
Si vous *écrivez* doucement, vous écrirez bien.	Si vous *écriviez* doucement, vous écririez mieux.
Dieu *sera* miséricordieux envers nous, si nous l'*avons été* envers nos semblables.	Dieu *aurait épargné* Sodome, s'il *avait* (ou s'il *eût*) trouvé quelques justes dans cette ville impie.

II. Le plus-que-parfait du subjonctif remplace quelquefois le plus-que-parfait de l'indicatif; dans ce cas, le verbe qui est sous la dépendance de la condition se met souvent au *second passé* du conditionnel. Ex. :

> S'il *eût profité* (s'il *avait* profité) de vos conseils, il *eût pu* (il aurait pu) surmonter toutes les difficultés.

III. Le mode *conditionnel* s'emploie quelquefois sans aucune condition pour exprimer un désir, une exhortation, une opinion douteuse. Ex. :

> *J'aimerais* qu'on habituât de bonne heure les enfants à dessiner.
> Nous *voudrions* vous voir plus attentif.
> On *aurait dit* qu'il allait pleuvoir.

IV. Le verbe *savoir* s'emploie quelquefois négativement au conditionnel, dans le sens de *ne pouvoir pas*. Ex. :

> Je ne *saurais* faire cette démarche.
> (Je ne puis faire cette démarche.)
> Il ne *saurait* rester tranquille.
> (Il ne peut rester tranquille.)

MODE IMPÉRATIF.

Du présent.

285. Le *présent de l'impératif* exprime un ordre, une exhortation relative au présent. Ex. :

> *Apprenez* vos leçons.   *Sois* prudent, de grâce.
> Ne *cherchons* la félicité que dans la paix de l'innocence.
>   (RACINE.)
> *Soyez* riche et pompeux dans vos descriptions. (BOILEAU.)

Du passé.

284. Le *passé de l'impératif* exprime un ordre, une exhortation relative à un état ou à une action qui devra être passée quand aura lieu un autre état ou une autre action.

Aie terminé cela avant que je sois de retour.
Ayez fini vos devoirs quand je sonnerai.

MODE SUBJONCTIF.

Cas où l'on emploie ce mode.

285. Le mode *subjonctif* exprime toujours quelque chose de douteux, d'incertain, il s'emploie dans les cas suivants :

1° Après *quelque*, *quel que*, *qui que*, *quoique*, *quoi que*, *si que*.

Quelque puissant que vous *soyez*, ne vous enorgueillissez pas.

L'orge ne demande qu'un terrain sec, *quelle qu'en soit* la nature. (HÉMENT.)

Qui que tu *sois*, respecte et crains ton père.

Quoique vous *soyez* rivaux, soyez amis.

L'empire du monde, *quoi que disent* les sceptiques à courte vue, n'est pas au meurtre et au pillage, mais au travail, cette moralité des nations. (LAMARTINE.)

Si belle *que soit* la littérature profane, elle ne saurait éclipser la littérature chrétienne.

2° Après les locutions conjonctives :

afin que, *jusqu'à ce que*, *à moins que*, *loin que*, *avant que*, *non que*, *en cas que*, *pour que*, *au cas que*, *pour peu que*, *bien que*, *pourvu que*, *encore que*, *sans que*, *de crainte que*, *soit que*, *de peur que*, *supposé que*, ou après *que* remplaçant une de ces locutions ou le mot *si*.

C'est *afin que* nous *fassions* l'aumône que Dieu nous fait riches.

A moins que vous n'*appreniez* à obéir, vous serez souvent malheureux.

C'est de *peur que* (ou *de crainte que*) vous ne m'*oubliiez* que je vous écris souvent.

Le chameau a été créé par la Providence *pour que* les déserts ne *fussent* pas inaccessibles à l'homme. (HÉMENT.)

Pour peu que vous *soyez* docile et que vous *fassiez* bien attention, je vous seconderai.

Pourvu qu'il *arrivât* à temps, peu lui importait de fatiguer son cheval.

Si vous lisiez ce livre et *que* vous le *comprissiez* bien, vous y puiseriez de sages instructions.

10.

3º Après *c'est assez que, c'est peu que, ce n'est pas que, c'est bien le moins que, si tant est que, tant s'en faut que.*

C'est *assez que* vous *soyez* le fils d'un grand homme, pour qu'on attende beaucoup de vous.

C'était *peu que* sa main, conduite par l'enfer,
Eût pétri le salpêtre, *eût aiguisé* le fer.
                                              (Boileau.)

C'est *bien le moins que* vous *profitiez* des sacrifices qu'on fait pour vous.

4º Après les verbes qui expriment :

La crainte,	Je *crains* qu'il ne *réussisse* pas.
Le conseil,	Je *conseille* qu'il *sorte.*
La défense,	Je *défends* qu'il *vienne.*
Le désir,	Je *souhaite* qu'il *ait* bien *appris.*
La douleur,	Combien nous *souffrons* que vous *soyez* puni.
Le doute,	Je *doute* qu'il *soit arrivé* à temps.
La joie,	Nous nous *réjouissions* que vous *vinssiez.*
La prière,	Je *supplie* qu'on l'*entende.*
La volonté,	Je *veux* qu'il *écrive.*
Le regret.	Je *déplore* que vous *soyez parti* sitôt.

Cas où l'on emploie tantôt le mode indicatif, tantôt le mode subjonctif.

286. Dans plusieurs cas, on emploie le mode *indicatif,* quand la chose qu'on veut exprimer est positive, certaine; le mode *subjonctif,* quand elle est douteuse, incertaine. Voici les principaux :

1º Après les verbes acompagnés d'une négation. Ex. :

Indicatif.	Subjonctif.
Les anciens ne *savaient pas* que le soleil *est* immobile au centre du système planétaire.	Je ne *savais pas* qu'il y *eût* tant de charme dans l'étude, avant de m'y livrer.
Vous ne *dites pas* que je vous ai *fait* faire vos devoirs hier.	Je ne *crois pas* que vous *ayez* souvent recours à votre ami.

2º Après une interrogation. Ex. :

Indicatif.	Subjonctif.
Sais-tu que la lumière *fait* l'ombre ?	*Comprend-on* que cela *soit* ainsi ?
As-tu entendu dire que l'armée a *remporté* hier une éclatante victoire ?	*Crois-tu* qu'il *agisse* mieux à l'avenir ?

REMARQUE. — Lorsque l'interrogation n'est qu'une forme oratoire, on fait toujours usage de l'*indicatif*. Ex. :

Madame, *oubliez-vous*
Que Thésée *est* mon père et qu'il *est* votre époux? (RACINE.)

3° Après les verbes unipersonnels. Ex. :

Indicatif.	Subjonctif.
Il est évident que l'étude *sert* à développer l'intelligence.	*Il est rare* qu'il y *ait* beaucoup de reconnaissance chez les enfants.
Il est certain que vous *parviendrez* à votre but, si vous persévérez.	*Il faut* qu'un enfant *joue* et se *réjouisse*. (BOSSUET.)

REMARQUE. — Le verbe impersonnel *sembler* est toujours suivi du *subjonctif*, à moins qu'il n'ait pour complément indirect, un nom de personne, ou l'un des pronoms *me, te, lui, leur, nous, vous*. Ex. :

Indicatif.	Subjonctif.
Il *me semble* que vous *avez* l'air triste.	Il *semble* que le temps *soit* toujours trop court.
Il *leur* a *semblé* que vous leur *faisiez* un froid accueil.	Il *semblait* que votre réunion *fût* l'effet du hasard.

On ferait cependant usage du *subjonctif*, si l'on voulait exprimer une chose impossible, invraisemblable. Ex. :

Il nous *semblait* que les rochers *voulussent* parler.
Il me *semble* que le ciel *soit* prêt à fondre sur moi.

4° Après les pronoms relatifs *qui*, *que*, *dont*, et l'adverbe *où*. Ex. :

Indicatif.	Subjonctif.
Je sollicite un emploi *qui* me *rendra* indépendant.	Je sollicite un emploi *qui* me *rende* indépendant.
Je regarde le livre *que* vous *avez lu* avec tant de plaisir.	Je cherche un livre *que* vous *lisiez* avec plaisir.
Nous avons acheté cet ouvrage *dont* on *a* tant *parlé*.	Nous achèterons quelques ouvrages *dont* on *ait* beaucoup *parlé*.
Je louerai à la campagne une maison *où* je *serai* tranquille.	Je louerai à la campagne une maison *où* je *sois* tranquille.

5° Après *le seul, le premier, le dernier, le plus, le moins, le mieux, le meilleur*, suivis, dans la phrase, d'un pronom relatif. Ex. :

Indicatif.	Subjonctif.
La seule richesse utile est celle qui se *reproduit* par le travail. (LAMARTINE).	L'homme est *le seul* être sensible qui se *détruise* dans un état de liberté. (B. DE ST-PIERRE.)
Voici *le plus* soigné des devoirs que vous *avez faits* cette semaine.	La réputation d'être un bavard est *la plus* méchante réputation qu'on *puisse* avoir. (RAC.)
Montrez-moi *le meilleur* des élèves qui *sont* présents ici.	La conscience est *le meilleur* livre de morale que nous *ayons.* (PASCAL.)

6° Après les locutions conjonctives : *de façon que, de sorte que, de manière que, sinon que.* Ex. :

Indicatif.	Subjonctif.
Il m'a parlé clairement, *de façon que j'ai compris.*	Je vous écrirai souvent, *de manière que* vous *sachiez* ce qui se passe.
Je vous écrirai souvent, *de manière que* vous *saurez* toujours ce qui se passe.	Il m'a parlé clairement, *de façon que* je *comprisse.*

7° Après certains verbes, tels que : *entendre, se plaindre, supposer, prétendre,* etc., suivant le sens qu'on donne à ces verbes. Ex. :

Indicatif.	Subjonctif.
Nous nous *plaignons* de ce que vous *êtes* trop étourdi.	Tu ne te *plains* pas qu'il t'*ait trompé*, mais qu'il se *soit abusé* lui-même.
Je *suppose* qu'il *a fini* ses devoirs.	Je *suppose* qu'il *ait menti.*
Je *prétends* qu'on lui *avait fait* justice, en agissant ainsi.	Je *prétends* qu'on lui *fasse* justice.

8° Enfin, après les verbes *arrêter, commander, décider, ordonner, résoudre,* etc., qui prennent tantôt l'indicatif, tantôt le conditionnel et tantôt le subjonctif. Ex. :

Indicatif ou conditionnel.	Subjonctif.
Il *a été arrêté* en cour royale que cet impôt *sera aboli*.	Ils ont *décidé* que je *partisse*.
On *ordonna* qu'il *serait remis* en liberté le jour même.	On *avait ordonné* qu'il *fût remis* en liberté, mais on le reconduisit en prison.
Il *fut résolu* en plein conseil qu'on *agirait* sans perdre un instant.	J'*avais résolu* que vous *vinssiez* passer cette semaine avec moi.

Remarque sur le subjonctif du verbe SAVOIR.

287. On emploie quelquefois *je ne sache, nous ne sachions*, au lieu de *je ne sais, nous ne savons*. Ex. :

> *Je ne sache* rien de plus bas que la flatterie.
> *Je ne sache* pas qu'on ait jamais vu d'enfant en liberté se tuer.
> (J.-J. ROUSSEAU.)

De même on emploie *que je sache, que nous sachions*, à la suite d'une proposition négative. Ex. :

> Personne n'est venu vous demander, *que je sache*.
> Nous n'avons pas un seul ennemi ici, *que nous sachions*.

Ces constructions sont des *gallicismes* qui adoucissent la forme de l'expression. Il est à remarquer que les premières personnes du verbe s'emploient seules de cette manière.

Correspondance des temps du subjonctif avec ceux de l'indicatif ou du conditionnel.

288. Le *mode subjonctif* est toujours sous la dépendance du mode indicatif ou du mode conditionnel; il en résulte que l'emploi des temps du subjonctif est déterminé par les temps de l'indicatif ou du conditionnel qui précèdent.

1re REMARQUE. — Pour donner de l'élégance à la phrase, on peut mettre le temps du subjonctif avant le temps dont il dépend; pour se rendre compte alors du temps du subjonctif que l'on doit employer, il faut rétablir l'ordre habituel en plaçant le temps de l'indicatif en premier. Ex. :

> Qu'il me *pardonne*, je l'en supplie.
> (Je le supplie qu'il me pardonne.)

2e REMARQUE. — Il peut arriver aussi que le verbe à l'indicatif soit sous-entendu ; il est aisé de le rétablir. Ex. :

> Qu'il *périsse*, s'il doit déshonorer son nom !
> (Je souhaite qu'il périsse, etc.)

> Mes ennemis ont dit, dans leur colère :
> Qu'il *meure*, et sa gloire avec lui ! (GILBERT.)
> (Nous voulons, nous désirons qu'il meure).

Tableau de la correspondance des temps du subjonctif avec ceux de l'indicatif.

289. Le *présent* et le *passé* du subjonctif s'emploient après les temps suivants :

1° Le présent de l'indicatif.	Ex. : Je désire	qu'il *apprenne*.
2° Le futur.	Ex. : Je désirerai	qu'il *ait appris*.
3° Le futur antérieur.	Ex. : J'aurai désiré	

290. L'*imparfait* et le *plus-que-parfait* du subjonctif s'emploient après les temps suivants :

1° Le passé indéfini.	Ex. : J'ai désiré.	
2° L'imparfait de l'indicatif.	Ex. : Je désirais.	
3° Le plus-que-parfait.	Ex. : J'avais désiré.	
4° Le passé défini.	Ex. : Je désirai.	qu'il *apprît*.
5° Le passé antérieur.	Ex. : J'eus désiré.	qu'il *eût appris*.
6° Le présent du conditionnel.	Ex. : Je désirerais.	
7° Les passés du conditionnel.	Ex. : {J'aurais désiré / J'eusse désiré}	

291. L'emploi des temps du *subjonctif* n'est pas toujours d'accord avec les règles données dans ces tableaux ; il s'en écarte dans divers cas dont voici les principaux :

1° Avec une expression conditionnelle comme *si*, *sans*, *quand*, *quand même*, suivie d'un verbe au passé, on emploie l'*imparfait* et le *plus-que-parfait* du subjonctif, au lieu du présent et du futur.

Il n'y a rien qu'il ne *fît* pour vous, *quand même* il ne compterait sur aucune reconnaissance.

L'envie est une passion désordonnée... il n'y a point d'autorité, point de réputation qu'elle n'*étouffât si* elle pouvait.
(FLÉCHIER.)

2° Le *présent* du subjonctif peut s'employer au lieu de l'imparfait pour exprimer une chose qui est ou se fait en tout temps.

Dieu a voulu que les vérités divines *entrent* du cœur dans l'esprit. (PASCAL.)

3° Le *passé* du subjonctif s'emploie généralement au lieu du plus-que-parfait, après un *passé défini*.

Je n'ai jamais *trouvé* personne qui m'*ait* assez *aimé* pour vouloir me déplaire en me disant la vérité tout entière. (FÉNELON.)

MODE INFINITIF.

Du présent.

292. Le *présent de l'infinitif* sert à désigner le verbe. Ex. :

Chanter (verbe *chanter*).
Courir (verbe *courir*).

293. Un verbe au présent de l'infinitif peut être ou *sujet*, ou *complément direct*, ou *complément indirect*. Ex. :

Sujet.
Souffrir est son destin.
Bénir est son partage. (VOLTAIRE).

Complément direct.
La vertu, quand elle est vraie, a une force merveilleuse pour se faire *aimer*.
(RACINE.)

Complément indirect, ou complément de préposition.
A *vaincre* sans péril on triomphe sans gloire.
(CORNEILLE.)
Craignez d'*offenser* un si bon maître.

294. Un verbe placé après une préposition, est au présent de l'infinitif et est complément de cette préposition. Ex.:

> Avez-vous fini d'*écrire?*
> Pour *apprendre* il faut écouter attentivement les leçons.
> J'ai à *parler* à votre ami.

EXCEPTION. — La préposition *après* est généralement suivie du passé de l'infinitif; la préposition *en* demande toujours le participe présent.

> Charles-Quint, *après avoir régné* sur les deux mondes, se retira dans le couvent de Saint-Just.
> Le vent forme des collines ou dunes, *en accumulant* le sable.
> (HÉMENT.)

REMARQUE. — La préposition peut être séparée du verbe par des pronoms compléments; elle peut aussi être sous-entendue. Ex. :

> Je viens *de* lui *parler* (c'est-à-dire : je viens de parler à *lui*).
> J'ai pris cette fleur *pour* te la *donner* (c'est-à-dire : pour donner *elle à toi*).
> Il est venu vous *chercher* (c'est-à-dire *pour* vous chercher).
> Vous courez le *voir* (c'est-à-dire *pour* le voir).

295. Le présent de l'infinitif devient quelquefois un véritable *substantif*. Il est alors déterminé par un article ou par un adjectif déterminatif. Ex. :

> Et le financier se plaignait
> Que les soins de la Providence
> N'eussent pas, au marché, fait vendre le *dormir*,
> Comme le *manger* et le *boire*. (LA FONTAINE.)

Emploi de l'infinitif.

296. Le *mode infinitif* doit être préféré au mode indicatif et au mode subjonctif chaque fois qu'il peut être employé sans nuire à la clarté de la phrase; c'est-à-dire lorsqu'il se rapporte sans équivoque au sujet ou au complément. Ex. :

Mode infinitif.	Mode indicatif—subjonctif.
Pensez-vous *avoir trouvé* un bon professeur ?	Pensez-vous que vous *ayez trouvé* un bon professeur ?
J'espère *réussir.*	J'espère que je *réussirai.*
Il faut *prévoir* et presque *deviner* les nécessités et les afflictions des pauvres. (DUGUET.)	Il faut que nous *prévoyions*, et presque que nous *devinions* les nécessités et les afflictions des pauvres.

Il faut éviter d'employer plus de deux infinitifs de suite, surtout lorsqu'ils ont la même consonnance finale. Ex. :

On ne dit pas :	On dit :
Je ne crois pas *pouvoir aller voir* votre sœur.	Je ne crois pas que je puisse *aller voir* votre sœur.

CHAPITRE SIXIÈME.

Du PARTICIPE.

† **297.** Le *participe* est un mot qui tient du verbe et de l'adjectif : comme le verbe, il exprime une action ; comme l'adjectif, il donne une manière d'être, une qualité au mot auquel il se rapporte.

> Turenne mourut en *combattant* pour sa patrie.
> La plaine de la Camargue, *arrosée* par le Rhône, sert de pâturage aux troupeaux.

† **298.** Il y a deux sortes de participes : le *participe présent* et le *participe passé.*

11

DU PARTICIPE PRÉSENT.

† **299.** Le *participe présent* est toujours terminé par *ant* et essentiellement invariable. Ex. :

Dormant ;   lisant ;   jouant.

† **300.** — Il ne faut pas confondre avec le participe présent l'*adjectif verbal* (n° 63), terminé aussi par *ant* et dérivé du verbe.

Le *participe présent* exprime une action.

L'*adjectif verbal* exprime un état, une chose, ou une manière d'être habituelle ; il s'accorde en genre et en nombre avec le mot qu'il qualifie. Ex. :

Participes présents.	Adjectifs verbaux.
Isaac, *portant* le bois du sacrifice, gravissait le mont Moria.	Les enfants *obéissants* ne s'exposent pas à mal faire.
Horatius Coclès, *arrêtant* les ennemis à l'entrée du pont, donna à ses concitoyens le temps de le rompre derrière lui. (Le Bas.)	Il y a toujours des vents *brûlants* qui passent sur l'âme de l'homme et la dessèchent. (Lamennais.)

Remarques.

Cas où le mot en ANT est toujours participe présent.

301. Le mot terminé par *ant* est toujours *participe présent*, dans trois cas :

1° Lorsqu'il est accompagné d'une *négation*.
> Jadis l'homme vivait au travail occupé,
> Et ne *trompant* jamais, n'était jamais trompé.
> (Boileau.)
> Les rois, ne *pouvant* tout voir par eux-mêmes, ont besoin de ministres sages.

2° Lorsqu'il a un complément *direct*.
> Ce jeune homme, *faisant* de bonnes lectures, apprend à raisonner juste.
> Cette réflexion *embarrassant* notre homme,
> On ne dort point, dit-il, quand on a tant d'esprit.
> (La Font.)

3º Quand il est précédé de la préposition *en*. $\left\{\vphantom{\begin{array}{l} a \\ b \\ c \\ d \end{array}}\right.$ Louis XII, *en montant* sur le trône, abolit le droit de joyeux avénement.
On hasarde de perdre, *en voulant* trop gagner. (LA FONTAINE.)

Cas où le mot en **ANT** est tantôt participe présent, tantôt adjectif verbal.

502. Quand il n'y a qu'un complément *indirect* ou qu'il n'y a aucun complément, le mot terminé par *ant* est tantôt *participe présent*, tantôt *adjectif verbal*.

Il est *participe présent* s'il exprime une action.

Il est *adjectif verbal* s'il exprime un état, une manière d'être.

On reconnaît que le mot terminé par *ant* est participe présent, quand on peut le remplacer par l'un des temps du verbe auquel il appartient, et qu'il est adjectif verbal, quand on peut le faire précéder du verbe *être*. Ex. :

Participes présents.	Adjectifs verbaux.
Des torrents d'eau, se *précipitant* (qui se précipitent) du haut des rochers, tombent avec fracas dans les précipices.	Des esprits bas et *rampants* (qui sont rampants) ne s'élèvent jamais au sublime. (GIRARD.)
Les abeilles s'en vont *butinant* (elles butinent) de fleur en fleur.	Les hommes *médisants* (qui sont médisants) n'épargnent pas même leurs amis. (RACINE.)

1re REMARQUE. — Les verbes *extravaguer, fatiguer, intriguer, fabriquer, vaquer,* ont une forme particulière pour l'adjectif verbal.

Participes présents.	Adjectifs verbaux.
Extravag*uant*.	Extravag*ant*.
Fatig*uant*.	Fatig*ant*.
Fabriq*uant*.	Fabric*ant*.
Vaq*uant*.	Vac*ant*.

2º REMARQUE. — Les participes *étant* et *ayant* ne sont

jamais *adjectifs verbaux*, conséquemment ils restent toujours invariables. Ex. :

> Les étoiles, *étant* fort loin de la terre, nous paraissent extrêmement petites.
>
> Sous les rois fainéants, les maires du palais *ayant* toute l'autorité, étaient les véritables souverains.

DU PARTICIPE PASSÉ.

† **303.** Le *participe passé* prend diverses terminaisons, suivant le verbe auquel il appartient. Il est susceptible d'accord en genre et en nombre.

Les quatre terminaisons régulières du participe passé sont :

1ʳᵉ conjug.	2ᵉ conjug.	3ᵉ conjug.	4ᵉ conjug.
é—port*é*.	*i*—pun*i*.	*u*—aperç*u*.	*u*—vend*u*.

Les terminaisons irrégulières sont :

aint.	Ex. :	cr*aint*.	*oint*.	Ex. :	j*oint*.
ait.	—	f*ait*.	*ort*.	—	m*ort*.
eint.	—	ét*eint*.	*ous*.	—	abs*ous*.
ert.	—	ouv*ert*.	*ui*.	—	f*ui*.
is.	—	m*is*.	*uit*.	—	cond*uit*.
it.	—	d*it*.			

ACCORD DU PARTICIPE PASSÉ.

† **304.** L'accord du *participe passé* est soumis à trois règles principales.

1ʳᵉ RÈGLE. — **Participe sans auxiliaire.**

† **305.** Un *participe passé* qui n'est accompagné d'aucun auxiliaire, s'accorde toujours en genre et en nombre avec le mot auquel il se rapporte. Ex. :

> Un homme *blessé;*   une femme *blessée;*
> Des livres *déchirés;*   des robes *déchirées.*
> Les belles actions *cachées* sont les plus estimables. (PASCAL.)

On donne à ce participe le nom de *participe adjectif.*

EXCEPTION. — Les participes *excepté*, *passé*, *vu*, *supposé*, *approuvé*, *attendu* (employés sans auxiliaire) et *y compris* restent invariables, quand ils sont placés avant le substantif auquel ils se rapportent; ils s'accordent quand ils sont placés après ce substantif. Ex. :

Variable.	Invariable.
Ces deux pages *exceptées*, j'ai lu votre livre.	*Excepté* deux pages, j'ai lu le premier volume.
Il y a six ans *passés* qu'il est en France.	*Passé* six ans, les enfants sont admis dans les écoles communales.
Les choses *vues* de loin paraissent superbes.	*Vu* les articles de la loi.
Ce sont des faits *supposés*.	*Supposé* ces dispositions justes.
Les ouvrages *approuvés* par l'Académie eurent un grand succès.	*Approuvé* l'écriture ci-dessus.
Il a enfin obtenu cette place *attendue* depuis si longtemps.	*Attendu* cette décision du sénat, la proposition fut retirée.

Ci-inclus, ci-joint.

506. Ces deux participes s'accordent dans les cas suivants :

1° Lorsqu'ils suivent le substantif.

Vous trouverez la copie de l'acte *ci-jointe* ou *ci-incluse*.

2° Lorsqu'ils ne précèdent le substantif que par inversion, et peuvent se placer après sans dénaturer le sens de la phrase.

Vous trouverez *ci-jointe* ou *ci-incluse* la copie de l'acte (Vous trouverez la copie de l'acte *ci-jointe*).

Ils restent invariables :

1° Lorsqu'ils précèdent un substantif non déterminé.

Vous trouverez *ci-joint* ou *ci-inclus* copie de l'acte.

2° Lorsqu'ils commencent la phrase et se rapportent à un verbe sous-entendu.

Ci-joint ou *ci-inclus* les copies que vous m'avez demandées (c'est-à-dire : *ci-joint* sont les copies).

2ᵉ RÈGLE. — **Participe avec ÊTRE.**

† 307. Un *participe passé* accompagné de l'auxiliaire *être*, s'accorde toujours en genre et en nombre avec le *sujet*. Ex. :

> Le *cerisier fut apporté* à Rome par Lucullus.
> La *vigne fut apportée* en Gaule par les Grecs d'Asie Mineure.
> (HÉMENT.)
> C'est par le roi David qu'*ont été composés* les *Psaumes*.
> Les roses et les violettes embaument encore, quand *elles sont flétries*.

3ᵉ RÈGLE. — **Participe avec AVOIR.**

† 308. Un *participe passé* accompagné de l'auxiliaire *avoir*, s'accorde avec le *complément direct*, mais seulement lorsque ce complément précède le participe dans la phrase. Ex. :

> La fleur *que j'ai cueillie*.
> Les enfants *que* nous *avons récompensés*.
> Les plumes *que* tu *as taillées*.

Le participe avec *avoir* reste donc invariable :

1° Quand le *complément direct* le suit. Ex. :

> Nous *avons puni* ces *enfants* indociles.

2° Quand il n'y a pas de *complément direct*.

> Ces deux jeunes gens *ont succédé* à leur père.

EXEMPLES.

Participes variables.	Participes invariables.
Amurat IV savait choisir ses ministres et les soutenir après *les avoir* bien *choisis*. (LAMARTINE.) Dieu des chrétiens, quelles *choses* n'*as*-tu point *faites* ! (CHAT.) Songez à faire bon usage de tous les dons *que* vous *avez reçus* du ciel.	Il expira en paix, après *avoir versé* son *expérience* dans la mémoire et dans le cœur de son jeune souverain. (LAMARTINE.) Quand vous *avez prié*, ne sentez-vous pas votre cœur plus léger et votre âme plus contente? (LAMENNAIS.)

Les Athéniens faisaient ordinairement représenter par d'habiles peintres les batailles *qu'ils* *avaient gagnées*.

Quand les plantes *ont fleuri* et *donné* leurs *graines*, la plupart s'enfoncent et se cachent pour renaître avec d'autres printemps. (B. DE ST-PIERRE.)

Remarque sur le participe d'un verbe pronominal.

† **309**. Le participe d'un verbe *pronominal*, bien que conjugué avec *être*, suit la règle d'un participe conjugué avec *avoir*, c'est-à-dire s'accorde avec le *complément direct*, si ce complément précède le participe. La raison en est que, dans ces verbes, l'auxiliaire *être* est mis pour *avoir*. Ex. :

> Nous *nous* sommes *amusés* (c'est-à-dire nous *avons amusé* nous).

Le complément *nous* précède le participe, accord.

> Vous vous êtes *partagé* ces *fruits* (c'est-à-dire vous *avez partagé* ces fruits à vous).

Le complément direct *fruits* suit le participe, ce dernier est invariable.

> Ils se sont *parlé* (c'est-à-dire, ils ont parlé à eux).

Il n'y a pas de complément direct, le participe est invariable.

EXEMPLES.

Participes variables.	Participes invariables.
Les montagnes *se sont élevées*, en la place que le Seigneur leur a *marquée*. (FÉNELON.)	Que de rois se sont *succédé* sur le trône de France !
Une foule considérable *s'était portée* à l'assemblée. (THIERS.)	Les historiens se sont souvent *plu* à prodiguer des louanges outrées à quelques grands hommes.
C'est la peine *que* vous vous êtes *donnée*, et non la faveur, qui vous a fait réussir.	Ils se sont *montré* mutuellement les *récompenses* qu'ils ont obtenues.

REMARQUE. — Les verbes *pronominaux essentiels* ayant toujours pour complément direct leur second pronom, le participe de ces verbes s'accorde toujours. Ex. :

> Ils *se* sont *repentis.*
> Vous *vous* étiez *emparés.*
> S'étaient-elles *abstenues?*

Le verbe *s'arroger* fait seul exception, parce que, quoique pronominal essentiel, il n'a pas son second pronom pour complément direct. Ex. :

Variable.	Invariable.
Les droits *qu'*ils se sont *arrogés* (complément direct *que*, pour *droits*, placé avant).	Ils se sont *arrogé* des *droits* (le complément direct *droits* est après, invariable).

Participes avec AVOIR qui restent toujours invariables.

310. Quelques participes conjugués avec *avoir* restent toujours invariables, savoir :

1° Le participe d'un verbe unipersonnel.

> Les peines qu'il a *fallu.*
> Les pluies qu'il avait *fait.*
> Les guerres qu'il y a *eu.*
> Rappelez-vous, Athéniens, toutes les humiliations qu'il vous en a *coûté.* (VOLT.)

2° Un participe placé entre deux *que.* (La raison en est qu'il a toujours pour complément direct le reste de la phrase.)

> La guerre *que* j'avais *prédit* qu'il en résulterait.
> La lettre *que* nous avions *présumé que* vous recevriez est enfin arrivée.
>   (MARM.)

3° Un participe ayant pour complément direct *l'* représentant un membre de phrase.

> Cette difficulté est beaucoup plus grande que je ne *l'*avais *pensé* (c'est-à-dire : que je n'avais *pensé* qu'elle était grande).
> Ils se sont conduits comme nous *l'*avions *dit* (c'est-à-dire comme nous avions dit qu'ils se conduiraient).

4° Un participe qui a pour complément un mot avant lequel il y a une *préposition* sous-entendue. Ce mot n'a alors que l'apparence d'un complément direct, et est en réalité un complément indirect.

Je regrette les nombreuses années que j'ai *vécu* sans pouvoir m'instruire.

(J.-J. ROUSSEAU.)

(C'est-à-dire pendant lesquelles j'ai vécu).

Les soixante-douze ans que Louis XIV a *régné.*

(C'est-à-dire *pendant lesquels* Louis XIV a régné).

5° Les participes *pu, dû, voulu,* lorsqu'il y a, après eux, un verbe sous-entendu.

Vous avez aimé votre prochain, si vous lui avez rendu tous les services *que* vous avez *pu* (lui rendre). (WAILLY.)

Avez-vous réellement fait tous les efforts *que* vous avez *dû* (faire)?

On peut dire qu'il a obtenu tous les succès *qu'*il a *voulu* (obtenir).

Remarques sur divers participes conjugués avec AVOIR.

I. Participe suivi d'un verbe à l'infinitif.

511. Un *participe passé* suivi d'un verbe à l'*infinitif*, et précédé d'un seul complément, s'accorde si ce complément lui appartient.

Il reste invariable, si le complément appartient à l'infinitif. Ex. :

es artistes *que* j'ai *entendus* chanter.   Les airs *que* j'ai *entendu* chanter.

(J'ai entendu *qui?* les artistes. Le complément est pour le participe.)   (Chanter *quoi?* les airs. Le complément est pour l'infinitif chanter.)

EXPLICATION. — Lorsque le participe doit s'accorder, l'action exprimée par l'infinitif a été faite par la personne ou par la chose que représente le complément. Ainsi, dans cette phrase : *Les artistes que j'ai entendus chanter*; le complément est *que* mis pour *artistes.* L'action de chanter a été faite par les artistes; *ils chantaient*, donc le participe s'accorde, le complément lui appartient

11.

Dans cette autre phrase : *les airs que j'ai entendu chanter* ; le complément est *que* mis pour *airs* ; les *airs* ne faisaient pas l'action de chanter ; *ils ne chantaient pas* ; le participe reste invariable, le complément appartient à l'infinitif.

On reconnaît que le participe suivi d'un infinitif doit s'accorder, lorsque l'infinitif peut se changer en *participe présent* ou en *imparfait de l'indicatif*.

EXEMPLES.

Aveo accord.	Sans accord.
Les enfants *que* j'ai *vus* jouer (jouant, ils jouaient).	Les enfants *que* j'ai *vu* punir (ils ne punissaient pas).
La tourterelle *que* j'ai *laissée* boire (buvant, elle buvait).	La tourelle *que* j'ai *laissé* prendre (elle ne prenait pas).
C'est ma sœur *que* j'ai *entendue* parler (parlant, elle parlait).	C'est la langue *que* j'ai *entendu* parler dans mon enfance (la langue ne parlait pas).
Les mères de famille qui *nous* ont *vus* passer dans les villes, ont fait des vœux pour notre retour (passant, nous passions). (Fléchier.)	La guerre ne se faisait point autrefois comme nous *l'*avons *vu* faire du temps de Louis XIV (la guerre ne faisait pas). (Voltaire.)

On suit la même règle lorsqu'il y a *à* ou *de* entre le participe et l'infinitif.

Aveo accord.	Sans accord.
Voilà la lettre qui *nous* a *empêchés* de partir (nous serions partis).	Voilà la lettre *que* j'ai *commencé* à écrire (elle n'a pas écrit).
C'est vous qui *les* avez *engagés* à écrire (ils ont écrit).	Les livres *que* vous nous avez *donné* à lire étaient charmants (les livres n'ont pas lu).

II. Participe suivi d'un qualificatif.

312. Un *qualificatif*, adjectif ou participe, ne pouvant jamais être complément, n'a aucune influence sur l'accord du participe. Ex. :

Ces lois *que* j'ai *trouvées* sévères, étaient pourtant la garantie de la paix et du bonheur.	(Accord avec le complément direct *que* pour *lois*).

Le long usage des plaisirs, *les*
leur a *rendus* inutiles. (MASS.)

(Accord avec le complément
direct *les* pour *plaisirs*).

La Grèce en ma faveur est trop
inquiétée,
De soins plus importants je *l'*ai
crue agitée. (RACINE).

(Accord avec le complément
direct *l'* pour Grèce).

III. Participe précédé de EN.

513. Un participe précédé de *en* est invariable, à moins
qu'il n'ait un complément direct ; le mot *en* étant lui-même
toujours complément indirect. Ex. :

Invariable.	**Variable.**
Voulez-vous des fleurs ? j'*en* ai *cueilli* pour vous (Il n'y a pas de complément direct).	Remercions le ciel des bienfaits *que* nous *en* avons *reçus* (Accord avec le complément direct *que* mis pour *bienfaits*).

On reconnaît que le participe précédé de *en* reste invariable, lorsqu'il est impossible de supprimer le pronom *en*,
sans faire une phrase incomplète ; il s'accorde lorsque cette
suppression peut avoir lieu.

Avec accord.	**Sans accord.**
es précieux souvenirs *que* j'*en* ai *conservés*. (On pourrait dire, en supprimant *en* : Les précieux souvenirs que j'ai conservés.)	Des pommes que vous m'avez données, j'*en* ai *conservé* quarante. (On ne pourrait pas supprimer *en* : J'ai conservé quarante, n'offrirait pas un sens complet.)
Je n'oublierai pas toutes les consolations *que* j'*en* ai *retirées*. (On pourrait dire : les consolations que j'ai retirées.)	Tout le monde m'a offert des services, et personne ne m'*en* a *rendu*. (Mᵐᵉ DE MAINT.) (*Personne ne m'a rendu* n'aurait pas un sens complet.)

IV. Participe précédé de LE PEU.

514. Lorsque *le peu* a le sens de *une quantité petite*,
un peu, l'accord du participe a lieu avec le substantif qui
suit *le peu*.

Quand *le peu* signifie *le manque, pas du tout*, le participe reste invariable. Ex. :

Variable.	Invariable.
Le peu de paroles que vous lui avez *dites*, ont suffi pour l'encourager (*la petite quantité* de paroles).	*Le peu* d'affection que vous lui avez *témoigné*, lui a ôté le courage (*le manque* d'affection).
Je ne parlerai pas *du peu* de capacité que j'ai *acquise* dans les armées. (VERTOT.)	*Le peu* d'instruction qu'il a *eu*, le fait tomber dans mille erreurs. (MARMONTEL.)
(*La petite quantité* de capacité.)	(*Le manque* d'instruction.)

V. Participe précédé d'un adverbe de quantité.

515. Un participe précédé d'un *adverbe de quantité* s'accorde toujours avec le substantif qui suit cet adverbe, même si ce substantif est sous-entendu. Ex. :

> *Beaucoup de* batailles se sont *livrées* sous Louis XIV.
> Parmi les compositions de ce trimestre, *peu* ont été *traitées* comme celle de votre frère.

516. Les règles données pages 32 et 33, chapitre de l'adjectif, sont applicables au participe passé.

EXEMPLES.

Le courage, la valeur *qu'il a déployée*.	Accord avec le compl. *que* mis pour *valeur* (règle des synonymes, n. 68).
Est-ce votre frère ou votre sœur *qui* a été si vivement *réprimandée ?*	Accord avec le sujet *qui*, mis pour *sœur* (règle des mots unis par *ou*, n. 69).
C'est un ami, un protecteur, un père *qu'il a offensé*.	Accord avec le compl. *que*, mis pour *père* (règle des mots placés par gradation, n. 70).
La *vertu*, comme tout ce qui est grand et beau, est *admirée* et *respectée*.	Accord avec le sujet *vertu* (règle des mots unis par *comme*, n. 71).
Elle portait une *robe* de coton *usée*.	Accord avec *robe* (règle des mots unis par *de*, n. 72).

Portez-vous des gants de *peau glacée?*	Accord avec *peau* (même règle).
Cette *foule* de curieux s'était *formée* presque en un clin d'œil.	Accord avec le complément *s'* mis pour *foule*. (Règle des collectifs, nᵒˢ 73-74).
Une grande quantité de *perdreaux* ont été *tués* cette année.	Accord avec le sujet *perdreaux*. (Même règle.)

RÉCAPITULATION.

Du participe des diverses sortes de verbes.

317. Il résulte des règles qui précèdent que :

1º Le participe d'un verbe *actif* s'accorde quand le *complément direct* le précède.

{ *Les enfants que* j'ai *amenés.*
Je n'oublierai pas les services *que* vous m'avez *rendus.*

Il reste invariable quand le *complément direct* le suit.

{ J'ai *amené* des *enfants.*
Votre père m'a *rendu* des *services.*

2º Le participe d'un verbe *neutre* s'accorde avec le *sujet* quand il est conjugué avec *être.*

{ *Nous* sommes *venus.*
Où sont *allées* vos *sœurs?*

Il reste invariable quand il est conjugué avec *avoir.*

{ Cette affaire vous a *nui.*
Les coupables ont *échappé* à la justice.

3º Le participe d'un verbe *passif* s'accorde toujours avec le *sujet.*

{ *Elles* sont *aimées.*
Ils étaient *punis* tous les jours par leur père.

4º Le participe d'un verbe *pronominal* s'accorde quand le *complément direct* le précède.

{ Ils *se* sont *battus.*
La peine *qu'*elles s'étaient *donnée.*

Il reste invariable quand le *complément direct* le suit ou qu'il n'y en a pas. Ex. :

{ Elles se sont *écrit* plusieurs *lettres.*
Nous nous sommes *parlé* pendant deux heures.

5º Le participe d'un verbe *unipersonnel* est toujours invariable.

{ Les pluies qu'il y avait *eu.*
La chaleur qu'il a *fait.*
Les accidents qu'il en est *résulté.*

REMARQUE. — Quand le verbe actif est employé *neutralement*, c'est-à-dire sans complément direct, le participe reste invariable. Ex. :

Nous avons *bu* et *mangé*.   La lampe n'a pas *pris*.

Quand le verbe neutre est employé *activement*, c'est-à-dire avec un complément direct, le participe s'accorde si le complément direct le précède. Ex. :

Les dangers *que* nous avons *courus*. Les langues *qu'*elle avait *parlées*.

CHAPITRE SEPTIÈME.

De la PRÉPOSITION.

† **318.** La *préposition* est un mot invariable qui exprime le rapport qu'il y a entre deux mots. Ex. :

La Tamise passe *à* Londres.   Les biscuits *de* Reims sont renommés. Aaron parla *pour* Moïse.

† **319.** La préposition a besoin d'un *complément*. Ce complément est un mot qui la suit, et répond à la question *qui* ou *quoi*, faite après la préposition. Ex.

Joseph fut vendu par *ses frères à des marchands* ismaélites.

Par *qui?* Par ses frères; *frères* est le complément de *par*. A *qui?* A des marchands; *marchands* est le complément de *à*.

Le complément de la préposition peut être sous-entendu. Ex. :

Vous arrivez toujours *après* l'heure, moi toujours *avant* (c'est-à-dire *avant* l'heure).

Vous avez fait votre devoir *avec* un dictionnaire, et j'ai fait le mien *sans* (c'est-à-dire *sans* dictionnaire).

REMARQUE. — Le complément indirect du verbe comprend une préposition et son complément. Ex. :

Salomon tomba *dans l'idolâtrie.*

Il tomba dans *quoi?* dans l'idolâtrie ; *dans l'idolâtrie* est le *complément indirect* de *tomba.*

DIFFÉRENTS RAPPORTS QU'EXPRIMENT LES PRÉPOSITIONS.

520. Les prépositions peuvent exprimer :

1° Un rapport de lieu : *Chez, sur, sous, vers,* etc.

2°   —   d'opposition : *Contre* ; *malgré*, *nonobstant,* etc.

3°   —   d'union : *Avec, selon, suivant,* etc.

4°   —   d'ordre, de temps : *Avant, après, depuis, pendant,* etc.

5°   —   de séparation : *Sans, excepté, hors, sauf,* etc.

6°   —   de but : *Envers, concernant, touchant,* etc.

7°   —   d'indication : *Voici, voilà,* etc.

8°   —   de cause : *Moyennant, par,* etc.

9°   —   de spécification : *A, de, en,* etc.

REMARQUE. — *A, de,* marquent encore beaucoup d'autres rapports ; ces prépositions, fort usitées, sont prises sous diverses acceptions. Ex. :

A.

Rapport de but : Je vais *à* Versailles.
   —   d'ordre : C'est *à* mon tour.

De.

Rapport de possession : Le livre *de* ma sœur.
   —   de temps : J'arrive *de* bonne heure.
   —   de lieu : Il vient *de* Rouen.

LOCUTIONS PRÉPOSITIVES.

† 521. On appelle *locution prépositive*, plusieurs mots qui équivalent à une préposition, c'est-à-dire qui servent à exprimer un rapport entre deux mots, tels sont : *à l'égard de, près de, vis-à-vis de,* etc. Ex. :

La Seine prend sa source *près de* Saint-Seine.
Transalpine veut dire *au delà des* Alpes.

REMARQUES SUR QUELQUES PRÉPOSITIONS OU LOCUTIONS PRÉPOSITIVES.

Autour, avant, dans, hors, sous, sur.

322. *Autour, avant, dans, hors, sous, sur* sont des prépositions et demandent des compléments. Ex. :

Autour de la ville ; *avant* vous ; *dans* son pays ; *hors* la France (ou *hors de* la France) ; *sous* la table ; *sur* la chaise.
Sous le fer du méchant le juste est abattu. (VOLTAIRE.)

323. *Dedans, dehors, dessus, dessous,* généralement adverbes, deviennent prépositions et prennent des compléments dans deux cas seulement :

1° Lorsqu'ils sont placés en opposition. Ex. :

Dedans et *dehors* la salle.　*Dessus* et *dessous* le banc.

2° Quand ils sont précédés de *à, de, par.* Ex. :

Otez cela *de dessus* la planche. *Par-dessus* le mur.
Les plus hautes places sont toujours *au-dessous* des grandes âmes. (MASSILLON.)

Avant de, avant que de.

324. *Avant de* et *avant que de* ont la même signification ; *avant de* est plus usité. Ex. :

L'aumône touche la main de Dieu *avant de* tomber dans la main du pauvre. (LAMARTINE.)
Avant donc *que* d'écrire apprenez à penser. (BOILEAU.)

Il en est de même de : *A moins de* et *à moins que de* :

A moins d'être un sot, on cherche à profiter d'un bon conseil (ou *à moins que* d'être un sot, etc.)

Auprès de, au prix de.

525. *Auprès de* s'emploie pour faire ressortir la différence qui existe entre deux objets, sans égard à la valeur.

Au prix de sert à comparer le prix, la valeur, le mérite de deux objets. Ex. :

Auprès de.	Au prix de.
La terre n'est qu'un point *auprès du* reste de l'univers.	L'intérêt n'est rien *au prix du* devoir. (Marmontel.)

Auprès de, près de.

526. *Auprès de, près de* s'emploient l'un et l'autre pour exprimer la proximité. Ex. :

Il demeure *auprès* d'ici. La Sicile est *près de* l'Italie.
Près des ruisseaux, les libellules passent et repassent en bruissant dans leur vol égaré. (Tschudi.)

Lorsqu'on veut exprimer une idée d'assiduité, de fréquentation, de sentiment, on doit préférer *auprès de*. Ex. :

Je suis heureux *auprès de* ma fille.
Mon cœur est en repos quand il est *auprès de* vous. (Mme de Sév.)

Remarque. — Par abréviation, on peut dire *près* au lieu de *près de* ; mais cette suppression ne saurait avoir lieu devant un mot monosyllabe. Ex. :

Près Paris. *Près* l'hôtel de ville.
Près de lui. *Près de* Caen (et non : *près* lui, *près* Caen).

Proche, proche de.

527. *Proche* et *proche de* s'emploient dans le même sens que *près* et *près de* ; mais ils sont peu élégants. Ex. :

Proche Nanterre. *Proche de* chez vous.

Près de, prêt à.

528. La locution prépositive *près de*, placée devant un infinitif, signifie *au moment de*.

L'adjectif *prêt* suivi de la préposition *à* (c'est-à-dire *prêt à*), placé aussi devant un infinitif, signifie *disposé à*. Ex. :

Près de.	Prêt à.
Il pensa à cette lettre quand il était *près de* partir (au moment de partir).	Il est *prêt à* partir depuis une heure.
On ne connaît l'importance d'une action que lorsqu'on est *près de* l'exécuter. (LA FONT.)	Un sot est toujours *prêt à* se fâcher. (LA BRUYÈRE.)

Durant, pendant.

329. *Durant* exprime une durée continue.

Pendant désigne une époque, une partie d'une durée. Ex. :

Durant.	Pendant.
Je suis resté à la campagne *durant* l'été (c'est-à-dire : tant que l'été a duré).	J'ai été à la campagne deux ou trois fois *pendant* l'été (c'est-à-dire : à différentes époques de cette saison).

Entre, parmi.

330. *Entre* et *parmi* s'emploient souvent indifféremment ; cependant *entre* doit être exclusivement d'usage, lorsqu'on ne parle que de deux êtres ou de deux objets.

Parmi n'est ordinairement usité que devant un pluriel indéfini ou un collectif. Ex. :

Entre.	Parmi.
Il existait une haine monstrueuse *entre* Étéocle et Polynice.	La source de tous les désordres qui règnent *parmi* les hommes, c'est l'usage injuste du temps. (MASSILLON.)
Entre toutes les merveilles de la nature, il n'en est point de plus admirable. (ACAD.)	*Parmi* la foule innombrable de ceux qui ont été loués, où trouverons-nous des hommes comme Socrate, et des panégyristes comme Platon? (TH.)

Vis-à-vis, envers, à l'égard de.

331. *Vis-à-vis* signifie *en face*. Ex. :

Il demeure *vis-à-vis* de l'Église. Le cap Saint-Martin est *vis-à-vis* de l'île Iviça.

Il ne doit jamais s'employer dans le sens de *envers, à l'égard de*. Ex. :

> Son respect *envers* ses parents (et non *vis-à-vis* ses parents).
> Tu as montré beaucoup d'indulgence à *l'égard de* cet enfant (et non *vis-à-vis* de).
>
> Lynx *envers* nos pareils, et taupes *envers* nous.
> Nous nous pardonnons tout et rien aux autres hommes. (LA FONT.)

Sans.

332. *Sans*, précédant plusieurs compléments, ne se répète pas, lorsque ces compléments sont unis par *ni*.

Il se répète, au contraire, quand les compléments sont unis par *et*. Ex. :

Sans honte *ni* remords.	*Sans* honte et *sans* remords.
Jeanne d'Arc pénétrée de sa mission, se présenta au roi *sans* crainte *ni* embarras.	La simplicité plaît *sans* étude et *sans* art. (BOILEAU.)

REMARQUE. — *Sans* ne doit jamais être suivi de *nul*. On ne dit pas : *sans nulle* crainte, *sans nul* effort, mais *sans aucune* crainte, *sans aucun* effort.

A travers, au travers.

333. *A travers* ne doit être suivi d'aucune préposition : *Au travers* demande la préposition *de*. Ex. :

A travers.	Au travers.
A travers le feuillage.	*Au travers des* dangers.
Nous n'apercevons la vérité qu'à *travers* le voile de nos passions. (ST-ÉVREMOND.)	*Au travers de* ce champ. Il avait reçu un coup de sabre *au travers du* corps.

Voici, voilà.

334. Lorsque ces deux prépositions sont employées en opposition, *voici* se rapporte à la personne (ou à la chose) la plus proche; *voilà*, à la plus éloignée. Ex. :

> De ces deux jeunes filles, *voici* (désignant la plus proche) la plus instruite, mais *voilà* (désignant la plus éloignée) la meilleure.

Dans tout autre cas, *voici* s'emploie pour les choses qu'on va énoncer ; *voilà* pour celles qu'on vient d'énoncer. Ex. :

Voici.	Voilà.
Voici trois médecins qui ne se trompent pas : Gaîté, doux exercice et modeste repas. (DOMERGUE.)	Travaillons donc à bien penser : *voilà* le principe de la morale. (PASCAL.)

Remarque sur À placé entre deux adjectifs numéraux.

555. En parlant d'unités qui ne peuvent se diviser en fractions, on ne doit pas faire usage de *à* entre deux nombres qui se suivent immédiatement, c'est-à-dire qui n'admettent aucun nombre intermédiaire. On ne dira donc pas :

Cinq *à* six personnes, sept *à* huit chevaux.

(On ne saurait diviser en fractions des personnes ni des chevaux.)

On fait alors usage de *ou*. Ex. :

Avec à.	Avec ou.
y a dans chaque classe vingt *à* vingt-cinq élèves (Il y a des nombres entre vingt et vingt-cinq).	Il y a dans cette classe deux *ou* trois élèves de trop (Il n'y a pas de fractions d'élèves).
La France envoie chaque année neuf *à* dix mille matelots à la pêche de la morue (Il y a des nombres entre neuf mille et dix mille).	Ce brave capitaine a reçu deux *ou* trois blessures (On ne peut pas admettre de fractions de blessure).
Il dépense deux *à* trois francs par jour (On peut admettre des fractions de franc).	Cet homme a cinq *ou* six chevaux dans son écurie (On ne peut pas admettre de fractions de cheval.

Remarque sur DE placé entre un adjectif numéral et un qualificatif.

556. Le préposition *de* peut être omise ou exprimée entre un adjectif de nombre et un qualificatif, lorsque le substantif qualifié est exprimé. Ex. :

Il y eut cent hommes *de* tués, ou : il y eut cent hommes tués.

Lorsque le substantif n'est pas exprimé, mais qu'il est représenté par *en*, il n'est pas permis d'omettre la préposition *de*. Ex. :

Sur dix mille hommes, il y *en* eut quatre cents *de* tués.

Dans, en.

357. *Dans* et *en* exprimant l'intériorité, la situation, ou signifiant *pendant*, s'emploient à peu près indistinctement. Ex. :

Dans.	En.
Dans la France.	*En* France.
Dans une semblable position.	*En* une semblable position.
Dans l'état où il se trouve.	*En* l'état où il se trouve.
Dans l'hiver.	*En* hiver.
Dans la colère.	*En* colère.
Dans tout cas.	*En* tout cas.
Dans tous les cas.	*En* tous les cas.
Dans sa maison.	*En* sa maison.
Dans mon absence.	*En* mon absence.
Dans la belle saison.	*En* la belle saison.
Ce fut *dans* la quinzième année du règne d'Auguste que naquit le Messie.	Ce fut *en* la quinzième année du règne d'Auguste que naquit le Messie.

Remarques.

I. *Dans* est toujours suivi d'un substantif déterminé, excepté lorsqu'il précède un nom propre qui s'emploie sans déterminatif. Ex. :

Dans ma jeunesse.	*Dans* Paris,
Dans votre pupitre.	*Dans* Londres.
Dans la belle ville de Tours.	*Dans* Narbonne.

II. *En* est le plus souvent suivi d'un substantif non déterminé ; cependant il peut l'être d'un substantif déterminé par un déterminatif quelconque, excepté par l'article *le* non élidé et par *les*. Ex. :

En pénitence ; *en* cet instant ; *en* la saison des fruits ; *en* l'immense danger où je suis.

III. *Dans* et *en* s'emploient l'un et l'autre devant les noms des parties du monde, des divers pays et de quelques grandes îles, telles que la Sicile, la Sardaigne, etc., etc.

Dans l'Europe.	*En* Europe.
Dans l'Italie.	*En* Italie.
Dans la Bourgogne.	*En* Bourgogne.
Dans la Corse.	*En* Corse.

Devant les autres noms propres et les noms géographiques, tels que : *océan, mer, île*, etc., on fait toujours usage de *dans*. Ex. :

Dans l'Archipel, se trouve l'île de Paros, célèbre pour ses carrières de marbre.

Il y a quinze îles principales *dans* l'océan Atlantique.

C'est *dans* l'île de Malte que résidèrent les célèbres chevaliers de Saint-Jean-de-Jérusalem.

IV. *Dans* sert à exprimer l'époque à laquelle aura lieu une chose.

En exprime la durée d'une action, d'un fait. Ex. :

Je recevrai une réponse *dans* huit jours.

Nous irons à la campagne *dans* un mois.

César conquit la Gaule *en* huit ans.

Le son parcourt sept cent quarante mètres *en* une seconde.

V. *En* s'emploie dans le sens de *comme*. Ex. :

Il parle *en* maître (comme un maître).

Dieu punit souvent *en* père (comme un père).

VI. *En* s'emploie généralement devant un nombre exprimant une date. Ex. :

En l'an mil il y eut une affreuse famine.

Charlemagne fut élu empereur *en* huit cent.

VII. Enfin le génie de la langue exige l'emploi de *en* comme complément de certains adjectifs. Ex. :

La Bourgogne est fertile *en* vins.

La Grèce est riche *en* précieux souvenirs.

REMARQUES SUR QUELQUES EXPRESSIONS DANS LES-QUELLES LE CHANGEMENT DE PRÉPOSITION MODIFIE LE SENS.

A , de.

338. C'est à vous *à* parler, *à* jouer, signifie : c'est *votre tour* de parler, de jouer, etc.

C'est à vous *de* parler, *de* jouer, etc., signifie : c'est *votre devoir, votre droit* de parler. Ex. :

C'est à vous *à* porter ce panier, je l'ai porté hier.

C'est à vous *de* passer le premier, vous êtes l'aîné.

C'est à toi *à* jouer, je viens de jeter ma carte.

C'est à toi *de* jouer le premier, puisque tu as gagné.

A neuf, de neuf.

339. Remettre des vêtements *à neuf*, c'est les réparer.

S'habiller *de neuf*, c'est s'habiller avec des vêtements neufs. Ex. :

A neuf.

Ne pouvant m'acheter un autre habit, j'ai tâché de faire remettre le mien *à neuf*.

De neuf.

Les enfants du village, habillés *de neuf*, présentaient des fleurs aux nouveaux époux.

Aider, aider à.

340. *Aider quelqu'un*, c'est l'assister sans partager personnellement sa peine, son travail.

Aider à quelqu'un, c'est le seconder en partageant personnellement ses efforts, son travail. Ex. :

Aider.

Ils se sont appauvris pour *aider* les pauvres. (BOSSUET.)

Aider à.

J'*aidai au* Rhodien confus à se relever. (FÉNELON.)

En parlant des choses, on dit *aider à*. Ex. :

Le thé *aide à* la digestion. Il faut *aider à* la nature, etc.

Applaudir, applaudir à.

341. *Applaudir quelqu'un* ou *quelque chose*, c'est témoigner son approbation par des battements de mains, des cris, des paroles.

Applaudir à quelqu'un ou *à quelque chose*, signifie aussi *approuver*, mais il semble moins indiquer des applaudissements manifestés par des battements de mains. Ex. :

Applaudir.	Applaudir à.
Tel vous semble *applaudir* qui vous raille et vous joue. (Boil.)	Tout le monde *applaudit à* votre décision.

Assurer.

342. *Assurer* prend un complément direct quand il signifie *témoigner*.

Assurer prend un complément indirect quand il signifie *donner pour certain, affirmer*. Ex. :

Assurer (avec un compl. dir.).	Assurer (avec un compl. indir.).
Il *m'assure* de son estime, de son affection.	Je *leur ai assuré* que vous irez les voir demain.

Atteindre, atteindre à.

343. En parlant des personnes, *atteindre* est toujours actif, il signifie *égaler*. Ex.

l est difficile d'*atteindre* Racine.

En parlant des choses, on dit *atteindre* ou *atteindre à*.

Atteindre une chose signifie arriver à cette chose sans difficulté, sans efforts.

Atteindre à une chose signifie arriver à cette chose avec peine, avec efforts. Ex. :

Atteindre.	Atteindre à.
Nous *atteignons* souvent notre dernière heure, sans y avoir réfléchi.	Que d'obstacles, que de tribulations avant d'*atteindre à* un peu de gloire !

Avoir affaire à, avoir affaire avec, avoir affaire de.

344. *Avoir affaire à* exprime une idée de dépendance ou un rapport accidentel d'affaires.

Avoir affaire avec indique des rapports habituels d'affaires : il exprime généralement une idée de désaccord. Ex. :

Avoir affaire à.	Avoir affaire avec.
Les élèves *ont affaire aux* maîtres. J'ai eu plus d'une fois *affaire au* ministre.	Je déplore d'*avoir affaire avec* cet homme, car il est toujours malveillant.

Avoir affaire de signifie *avoir besoin de*. Ex. :

Qu'ai-je *affaire du* trône et *de* la main d'un roi ? (Corn.)

Avoir rapport à, avoir rapport avec.

345. *Avoir rapport à* n'exprime qu'une idée de *relation*. *Avoir rapport avec* exprime idée de *ressemblance*. Ex. :

Avoir rapport à.	Avoir rapport avec.
Cette règle de grammaire a *rapport au* participe.	Le dessin de cette étoffe a beaucoup de *rapport avec* celui de votre châle.

Commencer à, commencer de.

346. *Commencer à* indique une chose qui, en se continuant, aura du progrès.

Commencer de indique une chose qui aura une suite, mais pas de progrès. Ex. :

Commencer à.	Commencer de.
Cet enfant *commence à* parler et *à* marcher.	Cet oiseau *commence de* chanter avec le jour, et ne finit qu'au coucher du soleil.

Commencer par une chose signifie faire cette chose avant toute autre chose. Ex. :

Commencez toujours *par* le travail ; vous penserez au plaisir ensuite.

12

Croire, croire à.

347. *Croire quelqu'un*, c'est tenir pour vrai ce qu'il dit.
Croire une chose, c'est l'estimer vraie.

Croire à quelqu'un, à quelque chose, c'est croire à l'existence de cette personne ou de cette chose.

Croire à quelque chose signifie encore *avoir confiance* en cette chose. Ex. :

Croire.	Croire à.
Je vous *crois*, car vous êtes la vérité même.	Les gens ignorants *croient aux* revenants.
Il *croit* toutes les nouvelles qu'on lui donne.	Je *crois à* la vie éternelle.
	Je *crois à* votre promesse, à votre sincérité.

Croire en exprime une confiance plus grande. Ex. :

Je *crois en* Dieu.

Déjeuner, dîner, souper.

348. Ces trois verbes prennent la préposition *avec* quand ils ont pour complément indirect un nom de personne.

Ils prennent la préposition *de* quand ils ont pour complément indirect un nom de chose. Ex. :

Déjeuner, dîner, souper avec.	Déjeuner, dîner, souper de.
Déjeuner avec des amis.	*Déjeuner de* fruits.
J'ai dîné avec mes parents.	Nous *avons dîné des* produits de sa chasse.
As-tu *soupé avec* ton père ?	Je *soupe de* laitage.

Être ou aller à la campagne, être ou aller en campagne.

349. *Être à la campagne, aller à la campagne*, c'est *être* ou *aller* hors de la *ville*.

Être en campagne, aller en campagne, c'est *être* ou *aller* hors de chez *soi* pour ses affaires.

A la campagne.	En campagne.
Je me porte très-bien quand je suis *à la campagne*.	Il est *en campagne* depuis ce matin pour chercher un appartement.
Nous allons *à la campagne* tous les ans.	Je vais me mettre *en campagne* pour vous trouver un emploi.

En parlant du mouvement des troupes, on se sert toujours des expressions : Être *en campagne*, se mettre *en campagne*, etc.

> Nos soldats se sont mis *en campagne* à la fin de l'été.
> L'armée est *en campagne*.

Insulter, insulter à.

350. *Insulter quelqu'un*, c'est lui dire des injures.

Insulter à quelqu'un, c'est manquer à ce qu'on lui doit. Ex. :

Insulter.	Insulter à.
Un homme bien élevé n'*insulte* jamais personne.	N'*insultez* pas *aux* malheureux.

Insulter à se dit aussi des choses. Ex. :

> *Insulter à* la raison, *à* la misère.

Participer à, participer de.

351. *Participer à* signifie *avoir part à*.

Participer de signifie *tenir de* la nature de quelqu'un ou de quelque chose. Ex. :

Participer à.	Participer de.
Le coupable, comme l'innocent, *participait aux* largesses du pieux roi Robert.	Le mulet *participe de* l'âne et du cheval. (ACAD.)

Retrancher à, retrancher de.

352. *Retrancher* quelque chose *à* quelqu'un, c'est *priver* quelqu'un de cette chose.

Retrancher de signifie *ôter*. Ex. :

Retrancher à.	Retrancher de.
Je *retranche* le dessert *aux* paresseux.	Dans une soustraction, on *retranche* le plus petit nombre *du* plus grand.

Servir à rien, servir de rien.

355. *Servir à rien* exprime qu'une chose ne sert pas pour le moment.

Servir de rien exprime qu'une chose ne peut être d'aucune utilité. Ex. :

Servir à rien.	Servir de rien.
Ce parapluie ne me *servirait à rien*, car il ne pleut pas.	Ce livre ne me *sert de rien*; il est dans une langue que j'ignore.

Succomber à, succomber sous.

354. *Succomber à* signifie *céder, s'abandonner à.*
Succomber sous signifie *ployer sous.* Ex. :

Succomber à.	Succomber sous.
Soyez vigilant pour ne pas *succomber à* la tentation.	Cet homme *succombe sous* son fardeau.
Pourquoi *succomber au* chagrin ?	Ce cheval *succombe sous* sa charge.

Au figuré on dit : *succomber sous.* Ex. :

Succomber sous le poids des ans. *Succomber sous* les lauriers.

Suppléer, suppléer à.

355. *Suppléer une chose,* c'est la remplacer par une chose semblable.

Suppléer à une chose, c'est la remplacer par une chose équivalente, mais non semblable. Ex. :

Suppléer.	Suppléer à.
Il avait dépensé trois cents francs à son père, et ne pouvait *les suppléer*, car il n'avait plus un sou.	J'ai, par malheur, égaré votre bague, permettez-moi d'*y suppléer* par ce camée.

En parlant des personnes, on ne dit jamais *suppléer à.* Ex. :

Ce jeune homme *supplée* son père, qui est absent.

Tomber à terre, tomber par terre.

356. *Tomber à terre* se dit des choses qui ne touchent pas à la terre avant leur chute.

Tomber par terre se dit des choses qui touchent toujours à la terre. Ex. :

Tomber à terre.	Tomber par terre.
Ce fruit est *tombé à* terre.	Cet arbre est *tombé par* terre.
Vous avez laissé *tomber* votre bourse *à* terre.	Les enfants *tombent* souvent *par* terre, sans se blesser.

RÉPÉTITION DES PRÉPOSITIONS.

357. Les prépositions *à, de, en*, se répètent avant chaque complément. Ex. :

Je m'adresse *à* Marie, *à* Émile et *à* Paul.
Nous parlons *de* votre conduite, *de* votre travail, *de* vos progrès.
Ils ont voyagé *en* France, *en* Angleterre et *en* Allemagne.

Les autres prépositions, surtout celles qui ont plusieurs syllabes, ne se répètent généralement que si les compléments représentent des choses opposées. Ex. :

Pendant deux ans et trois jours.	*Pendant* le jour et *pendant* la nuit.
Après le dîner et le souper.	*Après* le paix et *après* la guerre.

REMARQUE. — On ne répète jamais la préposition, quelle qu'elle soit, lorsque les divers compléments ne représentent ensemble qu'une seule chose. Ex. :

La fable *du* Lapin et la Sarcelle (il ne s'agit que d'une seule fable).
L'histoire *d'*Hermann et Dorothée (Il ne s'agit que d'une seule histoire.)

COMPLÉMENT DES PRÉPOSITIONS.

358. Plusieurs *prépositions* peuvent n'avoir qu'un seul et même complément. Ex. :

Il a parlé *pour* et *contre* cette affaire.

12.

Deux *locutions prépositives* peuvent aussi avoir le même complément, pourvu qu'elles demandent la même préposition. Ex. :

> Les soldats étaient placés *à côté* et *autour du* monument (on dit à côté *de* et autour *de*).

Une *préposition* et une *locution prépositive* ne peuvent jamais avoir un complément commun. Il serait donc incorrect de dire :

> J'ai beaucoup parlé *pour* et *à l'égard de* cette affaire.

Expressions dans lesquelles on peut exprimer ou omettre DE.

359. Il y a beaucoup d'expressions dans lesquelles on peut exprimer ou omettre *de*, telles sont :

Sans DE.	Avec DE.
C'est beaucoup qu'espérer.	C'est beaucoup que *d'*espérer.
Il vaut mieux être dupe que duper.	Il vaut mieux être dupe que *de* duper.
Plutôt mourir que fuir lâchement.	Plutôt mourir que *de* fuir lâchement.
Lequel a le plus de talent, votre frère ou votre cousin ?	Lequel a le plus de talent *de* votre frère ou *de* votre cousin ?

360. Le complément indirect des verbes passifs se forme à l'aide d'une des prépositions *de* ou *par* :

De s'emploie généralement après les verbes qui expriment une action plutôt faite par l'esprit que par le corps.

Par, après ceux qui expriment une action physique. Ex. :

> Estimé *de* tous.   Battu *par* l'ennemi.
> Chéri *de* sa famille.   Conduit *par* sa bonne étoile.

LISTE DES PRÉPOSITIONS.

A.	*Dessus* (n° 323).	Par.
Après.	Derrière.	Parmi.
Avant.	Devant.	Pendant.
Avec.	Devers.	Pour.
Chez.	Durant.	Près.
Concernant.	En.	Proche.
Contre.	Entre.	Sans.
Dans.	Envers.	Selon.
De.	Hormi.	Suivant.
Dedans (n° 323).	Hors.	Sur.
Dehors (id.).	Malgré.	Touchant.
Depuis.	Moyennant.	Vers.
Dès.	Nonobstant.	Voici.
Dessous (n° 323).	Outre.	Voilà.

LOCUTIONS PRÉPOSITIVES.

A cause de.	Au delà de.	Hors de.
A côté de.	*Au-dessous de* (n°323).	Jusqu'à ou jusques à.
A couvert de.	*Au-dessus de* (id).	Le long de.
Afin de.	Auprès de.	Loin de.
A fleur de.	Autour de.	*Par dehors* (n° 323).
A force de.	Au travers de.	Par delà de.
A l'abri de.	Avant de.	Par derrière.
A la faveur de.	Avant que de.	*Par-dessous* (n° 323).
A l'insu de.	En deçà de.	*Par-dessus* (id.).
A l'instar de.	En faveur de.	Par devant.
A l'opposite.	*En dedans* (n° 323).	Par rapport à.
A raison de.	*En dehors* (id.).	Près de.
Attenant à.	*En dessous* (id.).	Proche de.
A travers.	*En dessus* (id.).	Quant à.
Au dedans de (n° 323).	Faute de.	Vis-à-vis de.
Au dehors de (idem).		

CHAPITRE HUITIÈME.

De l'ADVERBE.

† **361.** L'*adverbe* est un mot invariable qu'on ajoute à un verbe, à un adjectif ou à un autre adverbe pour le modifier.

> Le Rhin coule *majestueusement*.
> L'empereur Titus était *très*-bon.
> Cicéron parlait *bien éloquemment*.

† **362.** L'*adverbe* n'a pas besoin de *complément*, il équivaut généralement, à lui seul, à un substantif et à une préposition, ainsi :

> *Lentement* équivaut à : Avec lenteur.
> *Ici*   —   à : Dans ce lieu.
> *Aujourd'hui* —   à : En ce jour.

EXCEPTION. — Quelques adverbes terminés en *ment* ont un complément précédé de la préposition *à* ou *de* : Tels sont :

Dépendamment de. Ex. :	*Dépendamment de* cet emploi.
Différemment de. —	N'agis pas *différemment de ce* qu'on te conseille.
Indépendamment de. —	*Indépendamment de* sa propriété, il avait un parc immense.
Antérieurement à. —	*Antérieurement au* déluge, les animaux avaient des proportions colossales.
Conformément à. —	*Conformément au* décret du cinq juillet.
Conséquemment à. —	*Conséquemment à* ce que vous avez arrêté hier.
Inférieurement à. —	Il a dessiné bien *inférieurement à* son camarade.

Postérieurement à.	Ex. :	*Postérieurement à* ces événements.
Préférablement à.	—	Il fut élu *préférablement à* tous les autres.
Proportionnellement *ou* Proportionnément à.	—	On a partagé les aumônes *proportionnellement* (ou *proportionnément*) aux besoins des indigents.
Relativement à.	—	C'est *relativement à* vous que j'ai fait cette démarche.
Supérieurement à.	—	Il a écrit bien *supérieurement à* son frère.

REMARQUE. — Les adverbes de quantité *assez, beaucoup, bien, combien, infiniment, moins, peu, plus, tant, trop*, sont toujours suivis de la proposition *de*, devant un substantif. Ex. :

> Il a *assez de* chagrin ; mettez *beaucoup de* prudence dans votre conduite ; nous recevons *peu d*'argent ; elle a *tant de* courage !
> Messieurs, pour ma jeunesse, ayez *plus d*'indulgence. (QUIN.)

DIFFÉRENTES MODIFICATIONS QU'EXPRIMENT LES ADVERBES.

363. On peut diviser les adverbes en diverses espèces, dont les principales sont :

1° Adverbes de qualité ou de manière :	Bien, mal, amèrement, chèrement, etc. (et tous les adverbes formés des adjectifs qualificatifs par l'addition de *ment*).
2° Adverbes de lieu :	Ailleurs, ici, là, où, en haut, en bas, etc.
3° Adverbes de temps :	Aujourd'hui, demain, jamais, hier, longtemps, tantôt, toujours, etc.
4° Adverbes de comparaison :	Autant, aussi, à l'envi, mieux, moins, etc.
5° Adverbes d'ordre, de rang :	Auparavant, d'abord, etc. (et tous les adverbes formés des adjectifs numéraux ordinaux : premièrement, secondement, etc.).

6° Adverbes de quantité :   Assez, beaucoup, peu, trop, etc.

7° Adverbes de négation :   Ne, non, nullement, pas, point, etc.

8° Adverbes d'interroga- { Combien? comment? d'où? etc.
tion :

9° Adverbe de doute :   Peut-être (c'est le seul).

10° Adverbes d'affirma- { Oui, certes, etc.
tion :

LOCUTIONS ADVERBIALES.

364. On appelle *locution adverbiale* plusieurs mots qui équivalent à un adverbe, c'est-à-dire qui servent à modifier un verbe, un adjectif, ou un autre adverbe, tels sont : *Avant-hier, à peine, à la fois, dès lors,* etc. Ex. :

Louis IX était *à la fois* un grand saint et un grand monarque.
Obéissez *tout de suite,* sans aucune hésitation.

REMARQUES SUR QUELQUES ADVERBES.

Alentour, auparavant.

365. *Alentour* et *auparavant* ne doivent jamais avoir de complément.

On ne dit pas :	On dit :
Alentour de la citadelle.	*Autour de* la citadelle.
Auparavant votre nomination.	*Avant* votre nomination.

Dedans, dehors, dessous, dessus.

366. *Dedans, dehors, dessous, dessus,* sont adverbes et ne prennent pas de complément.

On ne dit pas :	On dit :
Dedans la chambre.	*Dans* la chambre.
Dehors Paris.	*Hors* Paris.
Dessous la chaise.	*Sous* la chaise.
Dessus la planche.	*Sur* la planche.

(Voir les deux cas où *dedans, dehors, dessous, dessus* deviennent prépositions. — N° 323).

Aussi, si, autant, tant.

367. *Aussi, si* se placent avant les adjectifs, les participes passés et les adverbes. Ex. :

> Il est *aussi* grand que moi ; il est *aussi* instruit que sa sœur.
> Nous ne sommes pas *si* bien mis qu'eux.
> Je sais que Votre Majesté est *aussi* éclairée et *aussi* savante que puissante et majestueuse. (Pascal.)
> L'amitié est une chose *si* précieuse qu'il ne faut pas la prodiguer. (Scudéry.)

Autant, *tant* se placent devant les substantifs et les verbes. Ex. :

> Vous avez *autant* d'esprit que votre ami ; il a *tant* de mémoire !
> Le mauvais exemple nuit *autant* à la santé de l'âme que l'air contagieux à la santé du corps. (Marmontel.)
> Rien ne pèse *tant* qu'un secret. (La Fontaine.)

Remarque. — *Autant* peut s'employer au lieu d'*aussi* pour exprimer une comparaison entre deux adjectifs unis par *que*, on dit également :

> Il est *aussi* brave que prudent. Et : il est brave *autant* que prudent.

Il faut observer qu'*autant* suit le premier adjectif, et qu'*aussi* le précède.

Emploi d'AUSSI, AUTANT.

368. *Aussi* et *autant* servent à former le comparatif d'égalité dans les phrases affirmatives et dans les négatives. Ex. :

> Ces soldats sont *aussi* braves que leurs camarades.
> Tu n'as pas *autant* de talent que ton ami.
> Aristide était *aussi* vaillant que juste. (Girard.)
>   Chacun tourne en réalités,
> *Autant* qu'il peut, ses propres songes. (La Fontaine.)

Aussi s'emploie encore avec le sens de *pareillement*,

mais seulement dans les phrases affirmatives ; dans les phrases négatives, on se sert de *non plus*. Ex. :

Affirmatif.	Négatif.
Vous sortez ? moi *aussi*.	Vous ne sortez pas ? ni moi *non plus*.
Pour que dans votre bourse, amis, quelque argent tombe, Travaillez donc *aussi*, soyez sages et bons. (L. GUÉRIN.)	Votre frère n'était pas au concert, ni votre ami *non plus*.

Emploi de SI, TANT.

569. *Si*, *tant* servent à former le comparatif d'égalité dans les phrases négatives seulement. Ex. :

> Elle n'a pas *tant* d'esprit que son frère.
> L'Europe n'est pas *si* grande que les autres parties du monde.
> Rien n'empêche *tant* d'être naturel que l'envie de le paraître.
> (LA ROCHEFOUCAULD.)
> Rien n'est *si* beau que la sagesse. (RICHER.)

Lorsqu'il ne s'agit pas de comparaison, *si* et *tant* s'emploient dans les phrases affirmatives et dans les négatives :

Si pour exprimer l'extension,

Tant pour exprimer le nombre, la quantité, la durée. Ex. :

Avec SI.	Avec TANT.
Votre père est *si* bon qu'il vous pardonne sans cesse.	Elle a *tant* d'affection pour vous, qu'elle craint toujours de ne pas assez vous le prouver.
Tu n'auras pas borné le nombre de mes jours	Rien ne le décourage, *tant* il est persévérant.
A ces jours d'ici-bas *si* troublés et *si* courts. (LAMART.)	L'avenir paraît superbe, *tant* qu'on est jeune.

Beaucoup.

570. *Il s'en faut de beaucoup* s'emploie pour indiquer qu'il est loin d'y avoir la quantité voulue dans une chose quelconque.

Il s'en faut beaucoup indique qu'il y a une grande diffé-

rence entre deux êtres ou deux choses que l'on compare.
Ex. :

Il s'en faut de beaucoup.	**Il s'en faut beaucoup.**
Il s'en faut de beaucoup que j'aie mon compte.	*Il s'en faut beaucoup* qu'il ressemble à son ami.
Vous croyez m'avoir tout rendu ? *il s'en faut de beaucoup*. (ACAD.)	*Il s'en fallait beaucoup* avant Pierre le Grand, que la Russie fût aussi puissante. (VOLTAIRE.)

Il y a la même différence entre : *Il s'en faut de guère* et
il s'en faut guère. Ex. :

Il s'en faut de guère.	**Il s'en faut guère.**
Il s'en faut de guère que j'aie assez pour acheter un châle.	*Il s'en faut guère* que votre devoir soit aussi bien fait que celui de votre ami.

REMARQUE. — *Beaucoup*, placé après un comparatif, doit
toujours être précédé de *de*. Ex. :

Vous êtes plus grand *de beaucoup*.

Lorsque *beaucoup* précède le comparatif, on peut employer ou omettre *de*. Ex. :

Vous êtes *de beaucoup* plus grand, ou : Vous êtes *beaucoup* plus grand.

Ci, là, ici.

571. *Ci*, joint à un substantif ou à un pronom démonstratif, marque l'objet le plus proche. Ex. :

Cet enfant-*ci*; ces couteaux-*ci*; celui-*ci*; ceux-*ci*.

Là marque l'objet le plus éloigné. Ex. :

Ce chapeau-*là*; ces chevaux-*là*; celle-*là*, ceux-*là*.

Ici indique le lieu où est la personne qui parle. Ex. :

Venez *ici*; il sera *ici* demain.

Là indique un lieu quelconque. Ex. :

Allez *là*; il est *là*.
Ici l'habit fait valoir l'homme,
Là l'homme fait valoir l'habit. (SEDAINE.)

13

Davantage.

572. *Davantage* modifie toujours un verbe et ne doit jamais être suivi d'un complément. Ex. :

Travaillez *davantage*. En voulez-vous *davantage?*
La faiblesse de la raison de l'homme paraît bien *davantage* en ceux qui ne la connaissent pas qu'en ceux qui la connaissent.
(PASCAL.)

Davantage ne doit jamais s'employer dans le sens de *plus de, plus que, le plus.* Ex. :

On ne dit pas :	On dit :
Il a *davantage* d'esprit.	Il a *plus* d'esprit.
En avez-vous *davantage* que votre ami?	En avez-vous *plus que* votre ami.
Voilà l'élève qui travaille *davantage.*	Voilà l'élève qui travaille *le plus.*

Pire, pis.

573. *Pire* est adjectif, c'est le comparatif de *mauvais*, il signifie *plus mauvais.* Ex. :

Il y a de mauvais exemples qui sont *pires* que des crimes.
(MONTESQUIEU.)
Il n'est *pire* eau que l'eau qui dort. (LA FONTAINE.)

Au superlatif on dit *le pire*, qui équivaut à *le plus mauvais.* Ex. :

Le *pire* de tous les vices, c'est la paresse.

Pis est adverbe, c'est le comparatif de *mal*, il signifie *plus mal.* Ex. :

Il allait mieux hier, il va *pis* aujourd'hui.
Il n'y a rien de *pis* que cela. (ACADÉMIE.)
Elle est laide, et qui *pis* est méchante. (ACAD.)

On dit toujours *tant pis*, de *pis en pis*, de *mal en pis*, *au pis aller.*

Plus que, plus de.

574. *Plus que* forme un comparatif.

Plus de forme un adverbe de quantité. Ex :

Plus que :	Plus de :
Ils sont *plus* instruits *que* vous.	Cela pèse *plus de* deux livres.
Je dois *plus* à leur haine, il faut que	C'était un vieux routier, il savait
je l'avoue,	*plus* d'un tour. (LA FONT.)
*Qu'*au faible et vain talent dont la	
France me loue. (RAC.)	

Plus tôt, plutôt.

375. *Plus tôt* signifie de *meilleure heure;* c'est le contraire de *plus tard,* il s'écrit en deux mots.

Plutôt signifie *de préférence;* il s'écrit en un seul mot. Ex. :

Plus tôt,	Plutôt.
Je suis arrivé *plus tôt* que lui.	*Plutôt* la mort que l'esclavage.
. . . La vie	Le travail, aux hommes néces-
Ou *plus tôt* ou plus tard, doit nous	saire,
être ravie.	Fait leur félicité *plutôt* que leur
(RAYNOUARD.)	misère. (BOIL.)

Tout d'un coup, tout à coup.

376. *Tout d'un coup* signifie *en une seule fois.*

Tout à coup signifie *soudainement.* Ex. :

Tout d'un coup.	Tout à coup.
La fortune arrive rarement *tout d'un coup.*	Il est arrivé *tout à coup.*
Cet homme a gagné mille écus *tout d'un coup.* (ACAD.)	*Tout à coup,* au milieu du silence de la nuit, un bruit affreux retentit à leurs oreilles. (LAC.)

Tout de suite, de suite.

377. *Tout de suite* signifie *immédiatement, à l'instant.*

De suite signifie *sans interruption.* Ex. :

Tout de suite.	De suite.
J'y vais *tout de suite.*	Il ne peut dire deux mots *de suite*
Il vole *tout de suite* au camp des troupes du Péloponèse et les amène au combat.	sans se tromper.
(BARTHÉLEMY.)	Pygmalion ne couchait jamais deux nuits *de suite* dans la même chambre, de peur d'être égorgé. (FÉNELON.)

Très.

578. *Très* ne doit jamais précéder un substantif. On ne dit pas :

J'ai *très*-faim, *très*-peur, *très*-soif,

mais :

J'ai *bien* faim, *grand* peur, *extrêmement* soif.

Y (n° 133).

579. L'adverbe *y* se supprime devant le futur et le conditionnel du verbe *aller*. On dit :

J'irai, et non : j'*y* irai ; nous *irions*, et non : nous *y* irions, etc.

DE LA NÉGATION.

580. La négation est *non, ne, ne pas, ne point.* Ex. :

Voulez-vous écrire? *Non.*
Je *ne* sais; je *n*'aime *pas;* il *ne* regarde *point.*

Non.

581. *Non* équivaut à lui seul à un membre de phrase négatif. Ex. :

Je vous donne un conseil et *non* un ordre (c'est-à-dire : Et je ne vous donne pas un ordre).

Non s'écrit aussi avant un membre de phrase négatif, pour exprimer la négation avec beaucoup de force. Ex :

Non, il ne m'écoutera pas.
Non, non, je n'y consentirai jamais. (ACAD.)

Ne.

582. *Ne* s'emploie dans toutes les phrases négatives; il ne peut se supprimer, à moins qu'on ne sous-entende le verbe. Ex. :

Pas d'argent, pas de suisse. (RACINE.) (C'est-à-dire s'il *n*'y a pas d'argent, il *n*'y a pas de suisse).
Pas une puissance qui n'ait son entourage; pas une fortune qui n'ait sa cour. (V. HUGO.) (Il *n*'y a pas une puissance, etc., il *n*'y a pas une fortune.)

REMARQUE. — La suppression de *ne* est parfois permise en poésie. Ex. :

> Voudrais-tu point encore,   (*ne* voudrais-tu)
> Me nier un mépris que tu crois que j'ignore ? (RACINE.)

Pas et point.

385. *Pas* et *point* se suppriment dans les cas suivants :

1° Lorsqu'il y a dans la phrase une expression négative, telle que : *guère, jamais, nul, aucun, ni, rien, ne que, personne.*

> Je *n'y* pense *guère.*
> Il *ne* désobéit *jamais.*
> Il *n'a aucune* patience.
> Nous *n'avons ni* feu *ni* lumière.
> Vous *ne* faites *que* remuer.
> *Personne ne* vous a reconnu.

2° Avec quelques expressions particulières qui donnent à la phrase un sens négatif.

> Je *ne* le reverrai *de ma vie.*
> On *ne* voit *goutte* ici.
> Qui *ne* dit *mot* consent.

3° Quelquefois avec les verbes *bouger, cesser, oser, pouvoir, savoir.*

> Il *ne bouge* de sa chaise sans tomber.
> Nous *ne cesserons* de penser à vous.
> Je *ne sais* où il est.

4° Après *il y a,* et *depuis que* suivis d'un verbe au passé qui ne soit pas à l'imparfait.

> *Il y a* trois mois que je *ne* lui ai écrit.
> Qu'avez-vous fait *depuis que* je *ne* vous ai vu ?

5° Après *que* signifiant *pourquoi* ou formant une exclamation.

> *Que ne* répond-il ? Oh ! *que ne* m'as-tu écouté, quand je *ne* cherchais que ton intérêt !

1ʳᵉ REMARQUE. — Lorsqu'il y a une négation dans la proposition principale (n° 425), on supprime très-souvent *pas* ou *point* dans la proposition incidente (n° 429). Ex. :

> Tu *n'as pas* un cahier qui *ne* soit taché (ou : qui *ne* soit *pas*).
> *Pas* de hardiesse qui *ne* tressaille (V. HUGO.) (ou : qui *ne* tressaille *pas*).
> Hélas ! un fils *n'a* rien qui *ne* soit à son père (RACINE) (ou : qui *ne* soit *pas*) !
> Jamais la fortune *n'a* placé un homme si haut, qu'il *n'eût* besoin d'un ami (SÉNÈQUE.) (ou : qu'il *n'eût pas*).

2e REMARQUE. Dans les phrases interrogatives, *ne point* et *ne pas* n'ont pas exactement le même sens.

Ne point indique du doute dans l'esprit de celui qui fait la question. Ex. :

> N'avez-vous *point* reconnu cet homme? (Il me semble que vous *ne* l'avez *pas* reconnu.)

Ne pas n'indique, au contraire, aucune incertitude de la part de celui qui parle. Ex. :

> N'avez-vous *pas* promis de l'aider? (Je sais que vous avez promis de l'aider.)

Remarques sur l'emploi de NE.

Cas où l'on emploie NE.

384. *Ne* s'emploie avant le verbe qui est placé après les expressions et les mots suivants :

1° *Empêcher, éviter, prendre garde, se garder* (ces deux derniers verbes signifiant *prendre des précautions*).

> *J'empêche* que cet enfant *ne* vous réveille.
> *Évitez* que cela *n'*arrive encore.
> *Prends garde* que jamais l'astre qui nous éclaire,
> *Ne* te voie en ces lieux mettre un pied téméraire.
> (RACINE).

2° *A moins que, de peur que, de crainte que, et que* signifiant *sans que* ou *avant que.*

> *A moins que* tu *ne* travailles. *De crainte que* tu *ne* tombes. Je ne parlerai pas *que* vous *ne* soyez là (*sans que* ou *avant que* vous soyez là).
> *De peur que* d'un coup d'œil cet auguste visage
> *Ne* fît trembler son bras, *ne* glaçât son courage.
> (VOLTAIRE).

3° *Autre, autrement, meilleur, mieux, moins, plus, plutôt, plus tôt, pire, pis* employés après une proposition affirmative.

> Il est tout *autre* qu'on *ne* croyait.
> Te voilà immortel, mais *autrement* que tu *ne* l'avais prétendu. (FÉNELON.)
> Il a été *mieux* reçu qu'il *ne* croyait.
> (ACADÉMIE.)
> L'homme se fait *plus* de maux à lui-même que *ne* lui en fait la nature.
> (MARMONTEL.)

4° *Appréhender, avoir peur, craindre, trembler* employés soit affirmativement, soit à la fois négativement et interrogativement.

J'*appréhende* qu'il *n'*apprenne ta conduite.
Vous *avez peur* qu'il *ne* réussisse mieux que vous.
Ne *craignez*-vous pas que cet enfant *ne* tombe?
Ne *trembles*-tu pas qu'il *ne* te blâme?

REMARQUE. — La négation placée après *appréhender, avoir peur, craindre, trembler*, employés négativement sans l'être interrogativement, donne un sens tout contraire à la phrase, ainsi :

> Je *ne* crains pas qu'il vienne, veut dire : Je suis sans crainte, car *il ne viendra pas*.
> Je *ne* crains pas qu'il *ne* vienne *pas*, signifie : Je suis sans crainte, car *il viendra*.

5° *Contester, désespérer, disconvenir, douter, nier*, employés interrogativement ou négativement.

Je *ne conteste pas* que ce portrait *ne* soit fort ressemblant.
Ne *désespérons pas* qu'il *ne* soit nommé capitaine.
Pourrez-vous *disconvenir* que ce remède *ne* soit meilleur que tous les autres.
                                    (Mᵐᵉ DE SÉVIGNÉ.)
Je *ne doute pas* que la religion *ne* soit la source du repos.
Nies-tu que ta conduite *ne* doive paraître étrange?

EXCEPTION. — Si l'on veut exprimer quelque chose d'incontestable, on peut supprimer *ne*. Ex. :

> Je *ne* nie pas que le monde soit l'ouvrage d'un Dieu puissant.

6° Après *il s'en faut, il tient à moi, à toi, à lui*, etc., employés négativement.

Il *ne s'en faut guère* que je *ne* refuse de le voir.
Il *ne tient qu'à toi* que je *ne* t'aime autant que ton frère.

REMARQUE. — Quant *il tient à moi, à toi*, etc., est employé affirmativement ou interrogativement, on fait usage de *ne* devant le verbe qui suit, si ce verbe a un sens négatif. Ex. :

Avec NE.	Sans NE.
Tient-il à vous que cela *n*'ait lieu?	*Il tient* à moi que cela se fasse. (Acad.)
(C'est-à-dire : *dépend-il* de vous que cela *n*'ait *pas* lieu.)	(C'est-à-dire : c'est de moi qu'*il dépend* que cela se fasse.)

Cas où l'on n'emploie pas NE.

585. On n'emploie jamais *ne* :

1° Après le verbe *défendre.* { Je *défends* qu'il entre. Avez-vous *défendu* que vos enfants sortissent?

2° Après *avant que* et *sans que.* { Je quitterai la campagne *avant qu*'il fasse froid. (Acad.) Eh ! peut-on être heureux *sans qu*'il en coûte rien? (La Fosse.)

3° Après un comparatif d'égalité. { Il vit *aussi* magnifiquement qu'il se peut. (Ac.) La vérité ne fait pas *tant* de bien dans le monde que ses apparences y font de mal. (La Rochefoucauld.)

PLACE DE L'ADVERBE.

586. L'adverbe se place ordinairement :

1° Après le verbe, s'il est à un temps simple, 2° entre l'auxiliaire et le participe, si le verbe est à un temps composé. Ex. :

Temps simples.	Temps composés.
Je l'aime *tendrement.*	Nous avons *beaucoup* travaillé.
Tu parles *mal.*	Les troupes se sont *bien* défendues.

Cette règle est conforme à l'usage, mais on s'en écarte souvent, sans faire de faute, la plupart des *adverbes* pouvant se placer indifféremment avant ou après le verbe ou le participe, au présent de l'infinitif, et dans les temps composés.

Ainsi l'on dit :

Bien parler *ou* parler *bien. Sagement* agir *ou* agir *sagement.* Il a *résolûment* marché *ou* il a marché *résolûment.* Nous avions *longtemps* attendu *ou* nous avions attendu *longtemps.* Vous serez *bientôt* arrivé *ou* vous serez arrivé *bientôt.* Après vous avoir *si cruellement* offensé *ou* après vous avoir offensé *si cruellement.*

LISTE DES ADVERBES.

Ailleurs.	Davantage.	Loin.	Plutôt.
Ainsi [1].	DEDANS (n° 323).	Longtemps.	Point.
Alentour.	DEHORS (id.)	Maintenant.	Presque.
Alors.	Déjà.	Mal.	QUELQUE (n° 118)
Assez.	Demain.	MÊME (n° 117).	Quelquefois.
Aujourd'hui.	Desormais.	Mieux.	Sciemment.
Auparavant.	DESSOUS (n°323).	Moins.	*Si.*
Autant.	DESSUS (id.)	Naguère.	Soudain.
Autrefois.	Dorénavant.	Ne.	Souvent.
Autrement.	Encore.	Néanmoins.	Surtout.
Aussi.	Enfin.	Non.	Tant.
Aussitôt.	Ensemble.	Notamment.	Tantôt.
Beaucoup.	Ensuite.	Nuitamment.	Tard.
Bien.	Environ.	Nullement.	Tôt.
Bientôt.	Exprès.	Où.	Toujours.
Çà.	Fort.	Oui.	TOUT (n° 119).
Céans.	Gratis.	Pas.	Toutefois.
Certes.	Guère.	Parfois.	Très.
Ci.	Hier.	Partout.	Trop.
Combien.	Ici.	Peu.	Volontiers.
Comme.	Jamais.	Plus.	Y (n° 133).
Comment.	Là.		

[1] Les mots en italique sont ceux qui sont quelquefois conjonctions, voir p. 231.

13.

LOCUTIONS ADVERBIALES.

A jamais.	De plus.	Ne pas.
A la fois.	Dès lors.	Ne point.
A l'amiable.	De suite.	Ne plus.
A l'avenant.	D'ici.	Ni plus, ni moins.
A l'envi.	D'ici là.	Nulle part.
A loisir.	D'ordinaire.	Par-ci, par-là.
A part.	D'où.	Par hasard.
A peine.	Du moins.	Pêle-mêle.
Après demain.	Du reste.	Peut-être.
A présent.	Du tout.	Plus tard.
A tort.	En arrière.	Plus tôt.
A tort et à travers.	En avant.	Quelque part.
Au delà (sans compl.).	En deçà (sans compl.).	Sans doute.
Au moins.	En sus.	Sens dessus dessous.
Au plus.	En vain.	Tôt ou tard.
Avant-hier.	Jusqu'ici.	Tour à tour.
Çà et là.	Jusque-là.	Tout à coup.
Ci-contre.	Là-dedans.	Tout à fait.
Coup sur coup.	Là-dessous.	Tout à l'heure.
De çà.	Là-dessus.	Tout de suite.
De là.	Là-derrière.	Tout d'un coup.
De même.	Là-devant.	

CHAPITRE NEUVIÈME.

De la CONJONCTION.

† **587.** La *conjonction* est un mot invariable qui sert de lien entre les mots ou les propositions (n° **410**). Ex. :

Charlemagne encouragea les sciences *et* l'agriculture.
Ni la vigne *ni* le blé ne poussent dans les régions très-froides.
Ce n'est pas sur l'habit
Que la diversité me plaît, c'est dans l'esprit. (La Font.)

Si l'on retranchait de ces phrases les mots *et*, *ni*,

que, les diverses parties qui les composent ne seraient plus liées entre elles.

LOCUTIONS CONJONCTIVES.

† **588.** On appelle *locution conjonctive* plusieurs mots équivalant à une conjonction, c'est-à-dire servant de lien entre des mots ou des propositions, *de sorte que*, *bien que*, etc. Ex. :

> Racine, *ainsi que* Corneille, illustra la scène française.
> La Trêve de Dieu fut établie en 1031, *afin qu'*il y eût moins de guerres privées.

Remarques sur quelques conjonctions.

Et.

589. *Et* s'emploie dans les cas suivants :

1° Pour lier entre elles des propositions affirmatives.
> Il danse *et* chante.
> La foudre éclate *et* gronde. (LACÉPÈDE).

2° Pour lier des propositions négatives.
> Il ne danse pas *et* ne chante pas.
> Sa fille, qu'en tout lieu il se plaît à vanter,
> N'entend rien au ménage, *et* ne sait pas compter.
> (CAS. BONJOUR.)

3° Pour lier une proposition affirmative à une proposition négative.
> Je cours *et* je ne m'arrête pas.
> Il apprend vite *et* n'oublie guère.

4° Pour lier les diverses parties d'une proposition affirmative : sujets, compléments, attributs.
> Les loups *et* les serpents habitent sous les ruines. (BOUQUEVILLER.)
> César reçut tous les titres *et* toutes les dignités de la république.
> L'âne est patient, sobre *et* courageux.

Cas où l'on n'emploie pas ET.

590. On n'emploie jamais *et* dans les cas suivants :

1º Entre des mots synonymes ou placés par gradation.
> Sa *modestie*, sa *candeur* le fait chérir.
> Quel *ministre*, quel *capitaine*,
> Quel *monarque* vaincra sa haine ?
> (LEFRANC DE POMPIGNAN.)

2º Entre deux membres de phrase commençant l'un et l'autre par *plus*, *mieux* ou *moins*.
> *Plus* on est élevé, *plus* on court de dangers.
> (RACINE.)
> *Mieux* j'apprends, *mieux* je veux apprendre.
> Souvent *moins* on travaille, *moins* on veut travailler.

Ni.

591. *Ni* s'emploie dans les cas suivants :

1º Pour lier entre elles des propositions négatives.
> Il ne chante *ni* ne parle.
> La rose ne voit *ni* n'entend l'enfant qui vient pour la cueillir. (BERN. DE ST-PIERRE.

2º Pour lier les parties diverses d'une proposition négative.
> *Ni* l'aveugle hasard, *ni* l'aveugle matière.
> N'ont pu créer mon âme, essence de lumière.
> (RACINE fils).

Ou.

592. *Ou* ne doit jamais unir deux membres de phrase elliptiques (nº 433), si l'un est affirmatif et l'autre négatif ; il ne serait pas correct de dire :

> Cet enfant a été mal *ou* pas dirigé.

Mais :

> Cet enfant a été mal dirigé *ou* ne l'a pas été.

La conjonction *ou* peut remplacer *soit*, mais elle ne doit jamais le précéder. Ex. :

> Soit vous *ou* elle,

et non :

> *Soit* vous *ou soit* elle.

Par ce que, parce que.

393. *Par ce que* signifie *par la chose que* ou *par les choses que*; ce sont trois mots distincts.

Parce que, locution conjonctive, signifie *attendu que*, et s'écrit en deux mots. Ex. :

Par ce que.	**Parce que.**
Par ce que tu entends tous les jours, tu peux te convaincre que le travail seul amène le succès.	C'est *parce que* vous n'écoutez pas attentivement que vous comprenez si peu.
C'est *par ce que* tu auras fait que tu seras jugé.	La vérité subsiste éternellement et triomphe enfin de ses ennemis, *parce qu'*elle est éternelle et puissante comme Dieu même. (PASCAL.)

Quand, quant.

394. *Quand* est conjonction et signifie *lorsque* ou *à quelle époque.*

Quant est préposition et signifie *en ce qui est de*; il est toujours suivi de *à, au* ou *aux.* Ex. :

Quand.	**Quant.**
Quand les animaux souffrent, *quand* ils craignent ou *quand* ils ont faim, ils poussent des cris plaintifs. (LAMENNAIS.)	*Quant* à moi, je le connais peu.
Quand vous reverrai-je ?	*Quant* aux propositions qui m'ont été faites, j'ai cru devoir les rejeter.

Que.

395. Cette conjonction, qui unit presque toutes les phrases, a diverses fonctions, elle s'emploie principalement :

1° Pour lier les deux termes d'une comparaison.
> Elle est plus instruite *que* lui.
> J'ai autant de courage *que* toi.
> Avez-vous moins de bonheur *que* votre ami?

2° Pour remplacer une autre conjonction déjà exprimée.
> *Puisque* vous m'aimez et *que* (puisque) vous avez confiance en moi, je vous promets mon appui.
> C'est *parce qu'*il pense, *qu'*il (parce qu'il) connaît et *qu'*il (parce qu'il) se connaît que l'homme tient le premier rang.
>   (LA ROMIGUIÈRE.)

3° Dans beau-
coup de galli-
cismes.

> C'est le premier des biens *que* d'avoir un ami !
> C'est être d'un naturel trop dur *que* de n'a-
> voir nulle pitié de son prochain. (MOL.)
> C'est une chose sublime et douce *que* l'espé-
> rance d'un enfant qui n'a jamais connu
> que le désespoir. (V. HUGO.)

Quoique, quoi que.

396. *Quoique,* conjonction, signifie *bien que* et s'écrit en un seul mot.

Quoi que, signifiant *quelque chose que,* sont deux mots distincts. Ex. :

Quoique.	Quoi que.
*Quoiqu'*il soit plein de mérite, il est affable et modeste.	*Quoi que* je vous dise, vous ne vous corrigez pas.
Tout homme naît donc soldat, *quoique* tout soldat ne porte point les armes. (DE NOÉ.)	C'est à Troie et j'y cours ; et *quoi qu'*on me prédise, Je ne demande aux dieux qu'un vent qui m'y conduise. (RAC.)

397. Quelques conjonctions ne s'emploient plus. Ce sont :

A cause que,		parce que,
Devant que,	qui se remplacent	avant que,
Durant que,	par :	pendant que,
Malgré que,		quoique.

RÉPÉTITION DES CONJONCTIONS.

398. I. Les conjonctions *et, ou,* ne s'expriment ordinairement qu'avant le dernier des mots qu'elles lient entre eux ; elles peuvent cependant se répéter avant chacun de ces mots pour donner plus de force à l'expression. Ex. :

Les poëtes, les artistes *et* les grands hommes en tous· genres abondaient à la cour de Louis XIV.	Les poëtes *et* les artistes *et* les grands hommes en tous genres abondaient à la cour de Louis XIV.
Les plus grandes récompenses, à Rome et à Athènes, étaient une couronne de laurier *ou* une statue.	Les plus grandes récompenses, à Rome et à Athènes, étaient *ou* une couronne de laurier *ou* une statue.

II. Dans les phrases négatives, on emploie souvent *ni* avant chaque substantif, au lieu de mettre *pas* avant le premier et *ni* avant les autres. Ex. :

Louis XIII n'a égalé *ni* son   ou   Louis XIII n'a *pas* égalé son
père *ni* son fils.   père *ni* son fils.

III. Les autres conjonctions et les locutions conjonctives se remplacent généralement par *que* (n° 395).

LISTE DES CONJONCTIONS.

Ainsi[1].	Et.	Or.	QUE (p. 232).
Alors.	Lorsque.	Partout.	Quoique.
Aussi.	Mais.	Pourquoi.	*Si*.
Cependant.	Néanmoins.	Pourtant.	Sinon.
Car.	Ni.	Puisque.	Soit.
Comme.	Ou.	Quand.	Toutefois.
Donc.			

Mots qui sont tantôt CONJONCTIONS, tantôt ADVERBES.

Ainsi.

Conjonctions.	Adverbes.
Ainsi, vous avez bien réfléchi.	Pourquoi avez-vous agi *ainsi*?

Alors.

Alors, il faut renoncer à mon projet.	Il était midi, il arriva *alors*.

Aussi.

Aussi, pourquoi ne pas m'avoir écouté?	Vous sortez? je sors *aussi*.

Comme.

Comme vous avez beaucoup travaillé, vous obtiendrez cette place assurément.	Voyez *comme* cet oiseau est léger !
Ce linge est blanc *comme* la neige.	Voilà *comme* vous agissez !

[1] Les mots en italique sont ceux qui sont quelquefois adverbes.

Si.

Conjonctions.	Adverbes.
Si vous étiez plus studieux, vous auriez de meilleures places.	Votre mère est *si* bonne, tâchez de la satisfaire.
Je ne sais *si* je vous verrai ce soir.	Mon crayon n'est pas *si* dur que le tien.

Que.

Je souhaite *que* vous arriviez au comble de vos désirs.

Que de peine vous vous êtes donnée !

REMARQUE. — *Que* est encore pronom relatif, il a alors le sens de *lequel, laquelle, lesquels* ou *lesquelles*, et représente un substantif. Ex. :

Avez-vous trouvé la plume *que* (laquelle) vous cherchiez ?
Voilà les livres *que* (lesquels) je vous ai promis.

LOCUTIONS CONJONCTIVES.

Afin que.	De façon que.	Par conséquent.
Ainsi que.	De manière que.	Parce que.
Après que.	De même que.	Pendant que.
Attendu que.	De peur que.	Pour que.
Au cas que.	Depuis que.	Pourvu que.
Au lieu que.	Dès que.	Quand bien même.
Au reste.	De sorte que.	Quand même.
Aussi bien que.	Du reste.	Sans que.
Au surplus.	En cas que.	Sans quoi.
Aussitôt que.	Encore que.	Soit que.
Avant que.	Et puis.	Sinon que.
Bien entendu que.	Jusqu'à ce que.	Sitôt que.
Bien que.	Lors même que.	Tandis que.
C'est-à-dire.	Non plus que.	Tant que.
De crainte que.	Outre que.	Vu que.

CHAPITRE DIXIÈME.

De l'INTERJECTION.

✝ **399.** L'*interjection* est un cri, une exclamation qui peint les émotions diverses de l'âme : *ah! oh! fi!*

LISTE DES INTERJECTIONS.

Ah !	Diantre !	Hu !	Paf !
Aïe !	Eh !	Hum !	Parbleu
Bah !	Fi !	Motus !	Pif !
Baste !	Ha !	O !	Pouah !
Bravo !	Hé !	Oh !	Pouf !
Chut !	Hein !	Ouais !	St !
Crac !	Hélas !	Ouf !	Sus !
Dia !	Hem !		

✝ **400.** On considère encore comme *interjections*, certains mots ou certaines expressions qu'on emploie souvent pour peindre les mouvements subits de l'âme; on peut les appeler *locutions interjectives*.

LOCUTIONS INTERJECTIVES.

Ah ! las !	Dieu !	Hé bien !	Miséricorde !
Alerte !	En avant !	Hé quoi !	Oui-da !
Allons !	Ferme !	Juste ciel !	Paix !
Bon !	Fi donc !	Malédiction !	Peste !
Ciel !	Gare !	Malheur !	Silence !
Courage !	Grand Dieu !	Marche !	Tiens !
Dame !	Halte !		

SENS DE QUELQUES INTERJECTIONS.

Ah! exprime la douleur, l'admiration, la joie.
Ha! la surprise, le regret.
Oh! l'admiration, la frayeur.
Ho! l'étonnement; il sert aussi à appeler.

O! est le signe de l'apostrophe oratoire; on le place devant le nom de la personne ou de l'objet auquel on s'adresse.

Eh! exprime la plainte, la douleur.

Hé! sert à appeler, à avertir, à attirer l'attention.

CHAPITRE ONZIÈME.

De la CONSTRUCTION GRAMMATICALE et de la CONSTRUCTION FIGURÉE.

401. La *construction grammaticale* est celle qui règle la place des mots dans les phrases, suivant l'ordre établi par la grammaire.

Cet ordre veut qu'on place : 1° le sujet, 2° le verbe, 3° le complément direct, 4° les compléments indirects; mais on s'en écarte souvent pour rendre l'expression de la pensée plus élégante, plus rapide, plus énergique ou plus claire, et l'on emploie alors la *construction figurée* qui comprend quatre figures, dites *figures de construction,* savoir :

1° L'*ellipse ,*

2° Le *pléonasme ,*

3° La *syllepse* ou *synthèse ,*

4° L'*inversion* ou *hyperbate.*

De l'ELLIPSE.

402. L'*ellipse* consiste à supprimer un ou plusieurs mots pour donner plus de rapidité à l'expression. Ex. :

> Nous sommes sévères pour autrui, indulgents pour nous-mêmes (c'est-à-dire : *nous sommes* indulgents pour nous-mêmes).
>
> On vit heureux ailleurs, ici (on vit) dans la souffrance. (GUIRAUD.)
>
> L'enfant frappe des mains ; les petits (s'empressent) d'accourir et de s'élancer vers leur mère. (FLORIAN.)

REMARQUE. — Lorsqu'on fait *ellipse* du verbe, il faut toujours que le verbe sous-entendu soit au même temps que le verbe exprimé précédemment.

La nature pour lui *fit* tout et pour moi (ne *fit*) rien. (FLORIAN.)

Du PLÉONASME.

403. Le *pléonasme* consiste à répéter ou à ajouter un ou plusieurs mots qui ne sont pas nécessaires au sens, mais qui donnent de l'énergie, de la clarté à l'expression. Ex. :

Je l'ai vu, *de mes propres yeux vu.*
Toi-même, ô mon fils, *mon cher fils! toi-même* qui jouis maintenant d'une jeunesse si vive et si féconde en plaisirs, souviens-toi que ce bel âge n'est qu'une fleur ! (FÉNELON.)
Voilà pour traiter *toute* une ville *entière.* (MOLIÈRE.)

De la SYLLEPSE ou SYNTHÈSE.

404. La *syllepse* ou *synthèse* consiste à employer les mots ou à les faire accorder suivant la pensée, plutôt que suivant les règles de la grammaire. Ex. :

Une foule d'enfants *sont arrivés.*
Je le tiens, ce nid de fauvettes,
Ils sont deux, trois, quatre petits. (BERQUIN.)
Et son âme s'envola dans le saint temple qu'*il* était digne d'habiter. (CHATEAUBRIAND.)

De l'INVERSION ou HYPERBATE.

405. L'*inversion* ou *hyperbate* consiste à s'écarter de l'ordre assigné aux mots par la grammaire, afin de présenter d'abord ce qui doit le plus frapper l'esprit. Ex. :

Déjà disparaissaient les oiseaux voyageurs.
Toute plante en naissant déjà renferme en elle,
D'enfants qui la suivront une race immortelle. (RACINE.)
S'élevant d'une aile puissante dans les airs, le faucon plonge vivement sur sa victime, la saisit dans ses serres et l'apporte au chasseur. (HÉMENT.)

REMARQUE. — Il faut éviter avec soin l'*inversion* quand elle nuit à la clarté de la phrase.

CHAPITRE DOUZIÈME.

De L'ANALYSE.

406. Il y a deux sortes d'*analyses* : l'analyse *gramma-ticale* et l'analyse *logique.*

DE L'ANALYSE GRAMMATICALE.

† **407.** L'analyse *grammaticale* est l'analyse des mots.

Guide pour faire l'analyse grammaticale.

Si le mot à analyser est :

1° Un SUBSTANTIF,	il faut en indiquer : l'espèce, — le genre, — le nombre, — la personne ; — s'il est antécédent d'un pronom relatif, — sujet, — complément ou attribut (n° 213).
2° Un ARTICLE :	S'il est élidé ou contracté; — le genre, — le nombre; — quel mot il détermine.
3° Un ADJECTIF :	L'espèce, — le genre (66, 97), — le nombre; — quel mot il détermine ou qualifie.
4° Un PRONOM :	L'espèce, — le genre (126), — le nombre, — la personne; — s'il est antécédent d'un pronom relatif, — sujet, — complément ou attribut.

5° Un VERBE :   L'espèce, — la conjugaison, — le mode, — le temps, — la personne, — le nombre.

        1re *Remarque.* Lorsque le verbe est au mode infinitif, il n'a ni nombre ni personne.

        2e REMARQUE. Au présent et au passé de l'infinitif, le verbe peut être sujet ou complément.

6° Un PARTICIPE :   S'il est présent ou passé; — à quel verbe il appartient.

        Remarque. Si c'est un participe passé, indiquer le genre, — le nombre, — le mot auquel il se rapporte.

7° Une PRÉPOSITION: Entre quels mots elle exprime un rapport.

8° Un ADVERBE :   L'espèce; — quel mot il modifie.

9° Une CONJONCTION : Quels mots elle lie.

10° Une INTERJECTION: Ce qu'elle exprime.

Modèles d'analyses grammaticales.

Le pardon est l'aumône de la victoire. (LAMARTINE.)

LE	art. simp., masc. sing., dét. *pardon*.
PARDON	subs. com., masc. sing., 3° pers., suj. de *est*.
EST	verbe subs. *être*, 4e conj., mod. ind., temps. prés., 3e pers. sing.
L'	art. élidé mis pour *la*, fém. sing., dét. *aumône*.
AUMÔNE	subs. com., fém. sing., att. du suj. [1]
DE	prép., exprime un rapport entre *aumône* et *victoire*.
LA	art. simp., fém. sing., dét. *victoire*.
VICTOIRE	Subs. com., fém. sing., compl. de *de*.

[1] La pers. des subst. ne sera indiquée que lorsqu'ils seront sujets.

*Les œuvres de miséricorde ont soulagé plus de maux que l'argent
(n'en a soulagé). (J.-J. Rousseau.)*

LES	art. simp., fém plur., dét. *œuvres.*
ŒUVRES	subs. com., fém. plur., 3ᶜ pers., suj. de *ont soulagé.*
DE	prép., exprime un rapport entre *œuvres* et *miséricorde.*
MISÉRICORDE	subs. com., fém. sing., compl. de *de.*
ONT SOULAGÉ	verbe act. *soulager*, 1ʳᵉ conj., mode ind., temps passé indéf., 3ᶜ pers. du plur.
PLUS	adv. de quantité, modifie *ont soulagé.*
DE	prép. prise dans un sens partitif [1].
MAUX	subs. com., masc. plur., compl. direct de *ont soulagé.*
QUE	conjonc., lie le premier membre de phrase au second.
L'	art. élidé mis pour *le*, masc. sing., dét. *argent.*
ARGENT.	subs. comm., masc. sing., 3ᶜ pers., sujet de *a soulagé* (sous-ent.)

*Il y a des fleurs [2] (des fleurs existent) qui durent (pendant) toute l'année;
d'autres ne s'épanouissent que pendant quelques jours.*

(Bernardin de St-Pierre.)

IL	pron. pers., masc. sing., 3ᶜ pers., sujet de *a.*
Y	Adv. de lieu, modifie *a.*
A	verbe unip. *avoir*, 3ᶜ conj., mode ind., temps prés., 3ᶜ pers. sing.
DES	art. cont. mis pour *de les*, fém. plur., dét. *fleurs.* La prép. *de* est ici prise dans un sens partitif.
FLEURS	subs. com., fém. plur., 3ᵒ pers., suj. de *existent* (sous-entendu) et antécédent de *qui.*
QUI	pron. relatif, fém. plur., 3ᶜ pers., sujet de *durent.*
DURENT	verbe neutre *durer*, 1ʳᵉ conj., mode ind., temps prés., 3ᶜ pers. plur.

[1] La préposition *de* est prise dans un sens partitif quand elle précède un substantif qui est sujet ou complément direct d'un verbe.

[2] *Il y a* forme un gallicisme; en le faisant disparaître on dirait: *des fleurs existent.*

TOUTE	adj. ind., fém. sing., dét. *année.*
L'	art. élidé, mis pour *la*, fém. sing., dét. *année.*
ANNÉE ;	subs. com., fém. sing., compl. de *pendant* (sous-entendu).
D'	mis pour *de*, prép. prise dans un sens partitif.
AUTRES	pron. ind., fém. plur., 3e pers., suj. de *épanouissent.*
NE	adv. de nég., modifie *épanouissent.*
S'	mis pour *se*, pron. pers., fém. plur., 3e pers., compl. direct de *épanouissent.*
ÉPANOUISSENT	verbe pron. *s'épanouir*, 2e conj., mode ind., temps prés., 3e pers. plur.
QUE	conj. lie *épanouissent* au reste de la phrase.
PENDANT	prép. exprime un rapport entre *épanouissent* et *jours.*
QUELQUES	adj. ind., mas. plur., dét. *jours.*
JOURS.	subs. comm., mas. plur., compl. de *pendant.*

DE L'ANALYSE LOGIQUE.

408. L'*analyse logique* est l'analyse des phrases.

409. Une *phrase* est un assemblage de mots formant un sens complet.

410. Une *proposition* est l'expression d'un jugement.

Il y a, dans une phrase, autant de *propositions* que de verbes à un mode personnel.

DES DIVERSES PARTIES D'UNE PROPOSITION.

411. Une *proposition* se compose toujours au moins de trois parties essentielles :

      1. Le *sujet*,
      2. Le *verbe*,
      3. L'*attribut*.

Le *sujet* est l'objet du jugement.
Le *verbe* est le lien qui unit l'attribut au sujet.

L'attribut est la manière d'être du sujet.

Ainsi dans cette phrase :

Dieu est miséricordieux.

Dieu	est le sujet.
est	est le verbe.
miséricordieux	est l'attribut.

REMARQUE. — Il y a souvent, dans une proposition, une quatrième partie nommée *complément;* elle n'est pas essentielle (n° 419).

Du SUJET.

412. Le *sujet* peut être :

1° Un substantif,

2° Un pronom,

3° Un verbe au présent ou au passé de l'infinitif,

4° Tout mot pris substantivement. Ex. :

L'oiseau chante,	— sujet, *oiseau,* subst.
Il nous voit,	— sujet *il,* pronom.
Réfléchir forme le raisonnement,	— sujet *réfléchir,* verbe au prés. de l'inf.
Avoir désobéi est très-mal,	— sujet *avoir désobéi,* verbe au passé de l'inf.
Les *on dit* sont souvent faux,	— sujet *on dit,* mots pris substantivement.
Le *sage* parle peu,	— sujet *sage,* adj. pris substantivement.

413. Le sujet est *simple* ou *composé.*

1° *Simple,* quand il n'exprime qu'une idée, c'est-à-dire ne représente qu'un être ou un objet, ou bien des êtres ou des objets de même espèce.

2° *Composé,* quand il exprime plusieurs idées, c'est-à-dire

quand il représente des êtres ou des objets d'espèce différente. Ex. :

Sujets simples.	Sujets composés.
La *bonté* fait aimer. (Sujet simple *bonté*.) Les *fruits mûrissent* en été. (Sujet simple *fruits*.)	La *patience* et le *courage* font vaincre les difficultés. (Sujet composé *patience* et *cou- rage*.) Les *chiens* et les *chats* sont des ennemis naturels. (Sujet composé *chiens* et *chats*.)

414. Le sujet est aussi *complexe* ou *incomplexe*.

1° *Complexe*, quand il a un complément (n° 419).

2° *Incomplexe*, quand il n'a pas de complément. Ex. :

Sujets complexes.	Sujets incomplexes.
La *végétation des pays chauds* est riche et grandiose. (Sujet complexe *végétation* ; il a pour compl. *des pays chauds*.) Les *bonnes actions* sont nos meil- leurs avocats auprès de Dieu. (Sujet complexe *actions* ; il a pour compl. *bonnes*.)	La *modestie* plaît toujours. (Sujet incomplexe *modestie*.) Votre *négligence* vous a beau- coup nui. (Sujet incomplexe *négligence*.)

Du VERBE.

415. Le *verbe* est toujours le verbe *être*, soit exprimé
distinctement comme dans :

Il *est* roi ;

Soit combiné avec l'attribut comme dans :

Je *chante*, c'est-à-dire : je *suis* chantant.

De l'ATTRIBUT.

416. L'*attribut* peut être :

1° Un substantif,

2° Un pronom,

3° Un adjectif,

14

4° Un participe présent ou passé,

5° Un verbe au présent ou au passé de l'infinitif,

6° Un mot employé substantivement,

7° Un mot employé adjectivement. Ex. :

La calomnie est une *arme* perfide.	— attr. *arme*, subst.
C'était *lui.*	— attr. *lui*, pron.
Cette peinture est *admirable.*	— attr. *admirable*, adj.
Nous vous *croyons* (nous sommes croyant vous).	— attr. *croyant*, part. prés.
Mes amis étaient *arrivés.*	— attr. *arrivés*, part. passé.
Mourir sur le champ de bataille, c'est *mourir* en brave.	— attr. *mourir*, verbe au prés. de l'inf.
N'est-ce pas *avoir été* faible que de vous avoir pardonné ?	— attr. *avoir été*, verbe au passé de l'inf.
C'est un *savant.*	— attr. *savant*, adj. pris subst.
Votre ami est maintenant *secrétaire* du ministre.	— attr. *secrétaire*, subs. pris adj.

417. L'attribut est *simple* ou *composé.*

1° *Simple*, lorsqu'il n'exprime qu'une seule manière d'être du sujet.

2° *Composé*, quand il exprime plusieurs manières d'être du sujet. Ex. :

Attributs simples.	Attributs composés.
L'âne est *sobre.*	Le chien est *dévoué* et *fidèle.*
(Attrib. simp., *sobre.*)	(Att. comp. *dévoué* et *fidèle.*)
Les fruits des pays chauds sont-ils aussi *savoureux* que les nôtres ?	Soyez *juste, humain, bienfaisant.*
	(J.-J. Rouss.)
(Att. simpl., *savoureux.*)	(Att. comp., *juste, humain, bienfaisant.*)

418. L'attribut est encore *complexe* ou *incomplexe.*

1° *Complexe*, quand il a un complément, (n° 419).

2° *Incomplexe*, quand il n'a pas de complément.

Attributs complexes.

Cette personne est *remplie de mérite.*

(Att. compl. *remplie;* il a pour compl. *de mérite.*)

La logique ignore (est *ignorant*) l'*à peu près.* (V. Hugo.)

(Att. compl. *ignorant :* il a pour compl. l'*à peu près*).

Attributs incomplexes.

Que cette pomme-est *acide!*

(Att. incompl. *acide;* il n'a pas de compl.)

Le plaisir fatigue (est *fatiguant*).

(Att. incompl. *fatiguant.*)

Des COMPLÉMENTS.

419. On appelle *compléments logiques* tous les mots qui servent à compléter la signification du sujet et de l'attribut.

Le *complément* est :

       1° Direct,

       2° Indirect,

       3° Modificatif,

       4° Circonstanciel.

Complément direct.

420. Le *complément direct* complète, sans l'intermédiaire d'aucun mot, la signification du sujet ou de l'attribut. Ex. :

Faire *des grimaces* défigure.

(Des *grimaces,* compl. dir. du sujet *faire.*)

L'étude développe (est développant) l'*intelligence.*

(*Intelligence,* compl. dir. de l'attribut *développant.*)

Complément indirect.

421. Le *complément indirect* complète, à l'aide d'une préposition, la signification du sujet ou de l'attribut. Ex. :

La maison *de ma sœur* est vendue.

(*De ma sœur,* compl. indirect du sujet *maison.*)

Je pense (je suis pensant) *à vous.*

(*A vous,* compl. indirect de l'attribut *pensant.*)

Complément modificatif.

422. Le complément *modificatif* ajoute une qualité, une manière d'être au sujet ou à l'attribut. Ex. :

La *jolie* plume est cassée.

(*Jolie*, compl. modificatif du sujet *plume*.)

C'était une histoire *superbe*.

(*Superbe*, compl. modificatif de l'attribut *histoire*.)

Complément circonstanciel.

423. Le complément *circonstanciel* ajoute un détail, une circonstance à l'attribut. Ex. :

Elle est partie *hier*.

°(*Hier*, compl. circonstanciel de l'attribut *partie*.)

Arriverez-vous (serez-vous arrivant) *plus tôt demain?*

(*Plus tôt* et *demain*, compl. circonst. de l'attr. *arrivant*.)

DES DIFFÉRENTES SORTES DE PROPOSITIONS.

424. Il y a deux sortes de *propositions* :
    1° La proposition *principale*.
    2° La proposition *incidente*.

Des propositions principales.

425. La proposition *principale* est celle qui renferme l'idée principale de la phrase.

426. Il y a deux sortes de propositions *principales* :
    1° La proposition *principale absolue*.
    2° La proposition *principale relative*.

427. La proposition principale est *absolue* dans deux cas :

    1° Lorsqu'elle est seule de principale.

    2° Quand elle est la première entre les principales.

428. Les autres propositions principales s'appellent principales *relatives*, elles se lient entre elles à l'aide de conjonctions.

Il n'y a jamais dans une phrase qu'une seule principale *absolue;* le nombre des principales *relatives* est variable.

(Voir les modèles d'analyses logiques, page 247-248.)

Des propositions incidentes.

429. Une proposition *incidente* est celle qui sert à compléter le sens commencé par la principale, elle renferme l'idée accessoire de la phrase.

La proposition *incidente* commence généralement par un pronom relatif.

430. Il y a deux sortes de propositions *incidentes.*

     1° L'*incidente déterminative.*

     2° L'*incidente explicative.*

431. L'*Incidente déterminative* est absolument nécessaire au sens de la phrase, il est donc impossible de la supprimer.

(Voir les modèles d'analyses logiques, page 249.)

432. L'incidente *explicative* n'est qu'un éclaircissement, un développement, et peut se retrancher sans que le sens de la phrase soit dénaturé.

(Voir les modèles d'analyses logiques, page 250).

433. Une proposition peut être :

        1° Explicite,

        2° Explétive,

        3° Elliptique,

        4° Implicite,

        5° Directe,

        6° Inverse.

Explicite, quand ses trois parties essentielles sont énoncées :

       Vous êtes arrivé.

Explétive, lorsqu'elle renferme un pléonasme :

       Moi, j'agirais ainsi.

Elliptique,   lorsqu'un des trois termes essentiels est sous-entendu, ou même lorsqu'ils le sont tous les trois, et qu'il n'y a qu'un complément d'exprimé :

> Nous voyons toujours les torts des autres,
> *les nôtres rarement.*
>
> (C'est-à-dire : *nous voyons* les nôtres rarement.)

Les nôtres rarement forme une proposition *elliptique.*

Implicite,   lorsque le sujet, le verbe et l'attribut sont compris dans un seul mot qui, lui-même, ne constitue ni l'une de ces trois parties ni même un complément :

> *Hélas !* quand finiront mes maux.
>
> (C'est-à-dire : *que je souffre !* quand finiront mes maux.)

Hélas ! forme une proposition *implicite.*

Directe,   lorsque les trois parties essentielles sont énoncées dans l'ordre habituel, c'est-à-dire : 1° le sujet, 2° le verbe, 3° l'attribut :

> *Nous avons couru.*

Inverse,   lorsqu'on s'écarte de cet ordre :

> *Est-il aimable ?*

De l'analyse des gallicismes.

434. Pour analyser un *gallicisme,* c'est-à-dire une tournure de phrase particulière à la langue française, il faut le remplacer par une phrase équivalente.

Exemples de quelques gallicismes.

Gallicismes	Phrases équivalentes.
Les chaleurs qu'il a fait.	Les chaleurs que nous avons éprouvées.
Il y a deux ans qu'il est parti.	
Il s'est passé bien des événements.	Il est parti depuis deux ans.
	Bien des événements ont eu lieu.
Il me tarde de le revoir.	Je désire vivement le revoir.

MODÈLES D'ANALYSES LOGIQUES.

Le véritable esprit ne consiste que dans le bon sens. (FÉN.)

Proposition principale *absolue*, explicite, directe.

SUJET	VERBE	ATTRIBUT	Compléments du sujet				Compléments de l'attribut			
			Direct	Indirect	Modificatif	Circ.	Direct	Indirect	Modific.	Circonst.
ESPRIT	EST	CONSISTANT	»	»	*véritable*	»	»	*dans le*	»	*ne que*
simple	»	simple	»	»	»	»	»	*bon sens*	»	»
complexe	»	complexe	»	»	»	»	»	»	»	»

L'éléphant est d'un naturel doux; il use rarement de sa force. (HÉMENT.)

Il y a dans cette phrase deux propositions :

1° Une principale *absolue*, 2° une principale *relative*.

L'éléphant est (un animal) d'un naturel doux.

Proposition principale *absolue*, elliptique, directe.

SUJET	VERBE	ATTRIBUT	Compléments du sujet				Compléments de l'attribut			
			Direct	Indirect	Modificatif	Circe.	Direct	Indirect	Modific.	Circonst.
ÉLÉPHANT	EST	ANIMAL (s.-entendu)	»	»	»	»	»	d'un	»	»
simple	»	simple	»	»	»	»	»	naturel	«	»
incomplexe	»	complexe	»	»	»	»	»	doux	»	»
«	»		»	»	»	»	»	»	»	»

Il use rarement de sa force.

Proposition principale *relative*, explicite, directe.

SUJET	VERBE	ATTRIBUT	Compléments du sujet				Compléments de l'attribut			
			Direct	Indirect	Modificatif	Circe.	Direct	Indirect	Modific.	Circonst.
IL	EST	USANT	»	»	»	»	»	de sa	»	rarement
simple	»	simple	»	»	»	»	»	force	»	»
incomplexe	«	complexe	»	»	»	»	»	»	»	»

Le style des Évangélistes, leur simplicité et leur naïveté font bien voir qu'ils ne parlaient pas en hommes passionnés.

(BOURDALOUE.)

Il y a dans cette phrase deux propositions :

1° Une principale *absolue*, 2° une incidente *déterminative*.

Le style des Évangélistes, leur simplicité et leur naïveté font bien voir.

Proposition principale *absolue*, explicite, directe.

SUJET	VERBE	ATTRIBUT	Compléments du sujet				Compléments de l'attribut			
			Direct	Indirect	Modificatif	Circ.	Direct	Indirect	Motific.	Circonst.
STYLE	SONT	FAISANT	»	des évangélistes	»	«	voir	»	»	»
SIMPLICITÉ	»	simple	»	»	»	»	qu'ils	»	»	»
NAÏVETÉ	»	complexe	»	»	»	»	n'écrivaient	»	»	»
composé	»	»	»	»	»	»	pas	»	»	»
complexe	»	»	»	»	»	»	etc.	»	»	»

Qu'ils n'écrivaient pas en hommes passionnés.

Proposition incidente *déterminative*, explicite, directe.

ILS	ÉTAIENT	ÉCRIVANT	Direct	Indirect	Modificatif	Circ.	Direct	Indirect	Motific.	Circonst.
ILS	ÉTAIENT	ÉCRIVANT	»	»	»	»	*	en	»	ne
simple	»	simple	»	»	»	»	»	hommes	»	pas
incomplexe	»	complexe	»	»	»	»	»	passionnés	»	»

La Religion, que nous oublions trop souvent, est notre unique appui dans le malheur.

Il y a dans cette phrase deux propositions :

1° Une principale *absolue,* 2° une incidente *explicative.*

La Religion est notre unique appui dans le malheur.

Proposition principale *absolue,* explicite, directe.

SUJET	VERBE	ATTRIBUT	Compléments du sujet				Compléments de l'attribut			
			Direct	Indirect	Modificatif	Circ.	Direct	Indirect	Modific.	Circonst.
RELIGION	EST	APPUI	»	»	»	»	»	*dans*	*unique*	»
simple	»	simple	»	»	»	»	»	*le*	»	»
incomplexe	»	complexe	»	»	»	»	»	*malheur*	»	»

Que nous oublions trop souvent.

Proposition incidente *explicative,* explicite, directe.

SUJET	VERBE	ATTRIBUT	Compléments du sujet				Compléments de l'attribut			
			Direct	Indirect	Modificatif	Circ.	Direct	Indirect	Modific.	Circonst.
NOUS	SOMMES	OUBLIANT	»	»	»	»	*que*	»	»	*trop*
simple	»	simple	»	»	»	»	»	»	»	*souvent*
incomplexe	»	complexe	»	»	»	»	»	»	»	»

Eh bien ! est-il arrivé?

Il y a dans cette phrase deux propositions :

1° Une principale *absolue*, 2° une incidente *déterminative*.

Eh bien ! (Je demande.)

Proposition principale *absolue*, implicite, directe.

SUJET	VERBE	ATTRIBUT	Compléments du sujet				Compléments de l'attribut			
			Direct	Indirect	Modificatif	Circ.	Direct	Indirect	Modific.	Circonst.
JE (s.-entendu)	SUIS (s.-e.)	DEMANDANT (s.-ent.)	»	»	»	»	*est-il arrivé?*	»	»	»
simple	»	simple	»	»	»	»	»	»	»	»
incomplexe	»	complexe	»	»	»	»	»	»	»	»

Est-il arrivé?

Proposition incidente *déterminative*, explicite, inverse.

IL	EST	ARRIVÉ	»	»	»	»	»	»	»	»
simple	»	simple	»	»	»	»	»	»	»	»
incomplexe	»	incomplexe	»	»	»	»	»	»	»	»

CHAPITRE TREIZIÈME.

De la PONCTUATION.

455. La *ponctuation* est l'art d'indiquer, par certains signes, les repos qu'on doit faire en parlant et en lisant. Elle sert à bien faire comprendre le sens et la valeur relative des diverses parties des phrases.

436. Les signes de la *ponctuation* sont :

1° La virgule,

2° Le point-virgule,

3° Les deux points,

4° Le point,

5° Le point d'exclamation,

6° Le point d'interrogation.

De la virgule.

457. La *virgule* s'emploie dans les cas suivants :

I. Pour séparer les parties semblables d'une même phrase, c'est-à-dire :

1° Les *sujets* d'un même verbe. { L'or, le *saphir*, les *rubis* ont été prodigués à des insectes invisibles. (AIMÉ MARTIN.)

2° Les *attributs* d'un même sujet. { L'historien de la nature est *grand*, *fécond*, *varié*, *majestueux* comme elle. (LA HARPE.)

3° Plusieurs verbes ayant un même sujet. { L'égoïste *embarrasse* tout le monde, ne se *contraint* pour personne, ne *plaint* personne, ne *connaît* de maux que les siens. (LA BRUYÈRE.)

4° Les *compléments* d'un même verbe. { Oui je trouve partout des *respects* unanimes, Des *temples*, des *autels*, des *prêtres*, des *victimes*. (RACINE fils.)

REMARQUE. — On n'emploie pas la *virgule* entre des mots

unis par *et, ni, ou*, à moins que ces conjonctions ne se trouvent répétées plusieurs fois, ou que l'étendue de la phrase ne nécessite un repos. Ex. :

Sans virgule.	Avec la virgule.
La chèvre est sensible aux caresses *et* capable d'attachement. (BUFFON.)	C'était la dignité de la vertu même sur laquelle *et* les hommes, *et* les cours, *et* les lois ne peuvent rien. (THOMAS.)
Il n'y avait, dans tout ce qui m'entourait, rien de beau *ni* de rare. (GUIZOT.)	La piété n'a rien de faible, *ni* de triste, *ni* de gêné. (FÉNELON.)
On passe sa vie à désirer *ou* à redouter l'avenir.	L'univers tout entier réfléchit ton image,
	Et mon âme, à son tour, réfléchit l'univers. (LAMART.)

II. Pour séparer des propositions qui n'ont pas une grande étendue. Ex. :

> Il (le serpent) fuit comme une ombre, il s'évanouit magiquement, il reparaît, disparaît encore. (CHATEAUBRIAND.)
> Sa crinière accompagne bien sa tête, orne son cou, lui donne un air de force et de fierté. (BUFFON.)

III. Pour séparer les parties secondaires d'une énumération. Ex. :

> Dans les négociations, il (Alcibiade) employait tantôt les lumières de son esprit, qui étaient vives et profondes; tantôt des ruses et des perfidies, que des raisons d'État ne peuvent jamais autoriser; d'autres fois, la facilité d'un caractère, que le besoin de domination ou le désir de plaire pliait sans effort aux conjonctures. (BARTHÉLEMY.)

IV. Avant et après un nom mis en apostrophe, une proposition incidente explicative (nº 432), des mots répétés par pléonasme (nº 403), une proposition annonçant qu'on rapporte les paroles de quelqu'un, et enfin tous les mots qui peuvent se retrancher d'une phrase, sans en dénaturer le sens. Ex. :

> Enfin la langue française, *Milord*, est devenue presque la langue universelle. (VOLTAIRE.)

15

> Le ciel, *qui est le maître de la terre*, ne se laisse vaincre que par les prières. (MASCARON.)
>
> Et que m'a fait, *à moi*, cette Troie où je cours? (RACINE.)
>
> Vous voyez là, *dit-il à Juxton et à Herbert*, les seules richesses qu'il soit maintenant en mon pouvoir de laisser à mes enfants. (GUIZOT.)
>
> Un ami, *don du ciel*, est le vrai bien du sage. (VOLTAIRE.)

V. Pour indiquer la place d'un verbe sous-entendu. Ex. :

> L'étendue, à mes yeux, révèle ta grandeur,
> La terre, ta bonté ; les astres, ta splendeur. (LAMARTINE.)

(C'est-à-dire : la terre *révèle* ta bonté ; les astres *révèlent* ta splendeur.)

La virgule s'emploie, du reste, chaque fois que, sans couper le sens d'une phrase, on peut admettre un léger repos.

Du point-virgule.

438. Le *point-virgule* s'emploie dans les cas suivants :

I. Pour séparer les parties principales d'une énumération, ou de toute phrase dont les parties secondaires sont séparées par des virgules. Ex. :

> J'appelle roi celui qui, étant l'image de Dieu sur la terre par la participation de sa puissance, lui ressemble encore plus par la participation de ses vertus ; qui, maître de ses passions, ne règne pas moins sur son cœur que sur les peuples qui lui sont soumis. (MABOUL.)

II. Pour séparer deux phrases dont l'une est la conséquence, l'explication de l'autre. Ex. :

> Pour vous, je ne veux point, Messieurs, vous faire excuse ;
> Je vous sers beaucoup plus que je ne vous abuse. (MOLIÈRE.)

III. Pour séparer des propositions qui ont une certaine étendue. Ex. :

> Le divorce est en pratique
> Aujourd'hui pour bien des gens ;

Plus d'un grave politique
Divorce avec le bon sens ;
Le financier qui nous pille
Divorce avec le crédit ;
Et plus d'un auteur qui brille
Fait divorce avec l'esprit. (ÉTIENNE.)

Des deux points.

459. On emploie les *deux points* dans les cas suivants :

I. Avant et après une énumération. Ex. :

Il y a trois vertus théologales : la foi, l'espérance et la charité.

De la bonne volonté, de l'attention, du zèle : voilà ce qui tient souvent lieu de grandes capacités.

II. A la fin de toute proposition qui annonce un discours direct ou une citation. Ex. :

Tu t'ennuies de vivre et tu dis : La vie est un mal. Tôt ou tard tu seras consolé et tu diras : La vie est un bien.
(J.-J. ROUSSEAU.)

Je dirai en action de grâces ces belles paroles du bien-aimé disciple : La véritable victoire, celle qui met sous nos pieds le monde entier, c'est notre foi. (BOSSUET.)

Du point.

440. Le *point* se met à la fin d'une phrase. Ex. :

Rien n'offense plus Dieu que l'orgueil. (BOURDALOUE.)
La nature est le trône extérieur de la magnificence divine.
(BUFFON.)

Du point d'interrogation.

441. Le *point d'interrogation* s'emploie à la fin d'une phrase interrogative. Ex. :

Qu'est-il besoin de nouvelles recherches et de spéculations pénibles pour connaître ce qu'est Dieu ? (MASSILLON.)
N'est-ce pas la lâcheté d'esprit qu'il faut accuser d'avoir prolongé l'enfance du monde et des sciences ? (LE MÊME.)

Du point d'exclamation.

442. Le *point d'exclamation* termine toutes les phrases

qui expriment l'admiration, la douleur, la surprise ou toute
autre émotion vive, subite. Ex. :

> Que le monde est grand! qu'il est magnifique! (Massillon.)
> Point de glace, bon Dieu! dans le fort de l'été!
> Au mois de juin! . . . (Boileau.)

1re Remarque. — Le *point d'exclamation* se place immédiatement après les interjections, à l'exception de l'interjection ô. Ex. :

> *Eh quoi!* homme, pouvez-vous penser que tout soit corps et
> matière en vous? (Bossuet.)
> *O* mon fils! de ce nom j'ose encor te nommer! (Racine.)

2e Remarque. — Lorsque la même interjection est répé-
tée, le point d'exclamation ne se met qu'après la dernière.
Ex. :

> *Oh, oh!* dit-il, bien vigoureux
> Qui peut porter si lourde masse. (La Motte.)

443. Il y a encore quelques signes qui appartiennent à
la *ponctuation,* ce sont :
1. Les guillemets,
2. Les points suspensifs,
3. Le trait de séparation,
4. La parenthèse.

Des guillemets.

444. Les *guillemets* (« ») se placent au commencement
et à la fin d'une citation. Ex. :

> A la voix de Colbert, Bernini vient de Rome;
> De Perrault, dans le Louvre, il admire la main.
> « Ah! » dit-il « si Paris renferme dans son sein
> Des travaux si parfaits, un si rare génie,
> Fallait-il m'appeler du fond de l'Italie! » (Voltaire.)

Des points suspensifs.

445. Les *points suspensifs* (.....) annoncent une interruption; ils indiquent encore qu'on a omis de dire quelque chose. Ex. :

> Seigneur, ce monument qui vous surprend si fort,
> Au destructeur de la patrie,
> Fut érigé pendant sa vie...
> On fit l'histoire après sa mort. (BOISSARD.)

> . . . . . Dieu des Juifs, tu l'emportes! (RACINE.)

Hâtons-nous..... mais parmi les brouillards du matin, que vois-je? (V. HUGO.)

Du trait de séparation.

446. Le *trait de séparation* (—) indique un changement d'interlocuteur. Ex. :

> — J'ai mes maux, lui dit-il, et vous avez les vôtres ;
> Unissons-les, mon frère, ils seront moins affreux.
> — Hélas! dit le perclus, vous ignorez, mon frère,
> Que je ne puis faire un seul pas. (FLORIAN.)

De la parenthèse.

447. On met entre *parenthèse* (.) une réflexion, un éclaircissement qui n'est pas absolument nécessaire au sens. Ex. :

> C'était le miaulement plaintif des alouates (singes hurleurs), le gémissement flûté des petits sapajous. (HUMBOLDT, *trad.*)

> Ce n'est pas ordinairement la perte réelle que l'on fait dans une bataille (c'est-à-dire celle de quelques milliers d'hommes) qui est funeste à un État, etc. (MONTESQUIEU.)

Des lettres majuscules.

448. On emploie les lettres majuscules :

1° Au commence- { *Le commerce était*, à proprement parler,
ment d'une phrase. { l'occupation de Carthage. (ROLLIN.)

2º Au commencement d'un discours cité, bien qu'il ne soit pas précédé d'un point.

> La voix de l'univers à ce Dieu me rappelle,
> La terre le publie : « Est-ce moi, me dit-elle,
> Est-ce moi qui produis mes riches ornements ? » (RACINE fils.)

3º Au commencement de chaque vers en poésie.

> Pauvres riches, ces biens que vous croyez les vôtres,
> Combien l'illusion souvent les donne à d'autres ! (DELILLE.)

4º Au commencement d'un nom propre et des mots *Saint* et *Grand* quand ils entrent dans la composition d'un nom propre.

> Paul, Jean.
> Europe, France.
> Rome, Paris.
> Alpes, Pyrénées.
> Seine-et-Marne, Sambre-et-Meuse.
> Saint Louis, Grégoire le Grand.

5º Dans les mots *Monsieur*, *Madame*, *Mademoiselle* et leur pluriel, lorsqu'ils sont mis en apostrophe ou précèdent le nom.

> Que voulez-vous, Monsieur ?
> Mesdames Duval.
> Madame Montour.
> Mesdemoiselles Bernard.

6º Dans les titres d'honneur comme *Saints Pères*, *Grand Chambellan*, *Sénateur*, *Pair de France*, etc.

> Les écrits des Saints Pères abondent en pensées profondes.
> Ce Sénateur est mon ami.
> Un Pair de France.

7º Pour le titre d'un livre, d'une pièce de théâtre, etc.

> Les Veillées du Château.
> Le Châlet.

8º Au commencement du nom qui représente le sujet principal d'un ouvrage, d'un discours, d'un chapitre.

> Traité de Physique.
> Histoire des Croisades.
> Cours de Littérature.
> Chapitre du Verbe.

9º Enfin dans les abréviations de certains noms propres, de certains titres.

> N.-S. J.-C. Notre-Seigneur Jésus-Christ.
> S. S. Sa Sainteté.
> S. A. I. Son Altesse Impériale.
> S. M. Sa Majesté.
> S. M. C. Sa Majesté Catholique.
> S. E. Son Éminence.
> S. Ex. Son Excellence.

CHAPITRE QUATORZIÈME.

Des CAS.

449. On appelle *cas* le rôle que jouent les mots dans le discours, les divers rapports qu'ils ont entre eux. Dans beaucoup de langues, telles que le grec, le latin, l'allemand, etc., ces rapports sont indiqués par certains changements, et le même mot se présente avec une forme ou une terminaison différente, suivant qu'il est sujet, complément direct, complément indirect, mis en apostrophe. En français, à part dans quelques pronoms, comme *je*, *me*, *moi*, *il*, *le*, *se*, *soi*, *lui*, les *cas* ne sont indiqués par aucun changement sensible, et ce n'est que l'analyse qui fait connaître la fonction des mots :

450. Il y a six *cas* :

1° Le nominatif,
2° L'accusatif,
3° Le datif,
4° Le génitif,
5° L'ablatif,
6° Le vocatif.

451. Un mot est au NOMINATIF quand il est *sujet*. Il répond à la question *qui est-ce qui?* ou *qu'est-ce qui?*

Un mot *attribut* du sujet du verbe *être*, est aussi au NOMINATIF (n° 213).

La contemplation est, ainsi que la prière, un besoin de l'humanité.
(V. Hugo.)
(C'est-à-dire la *contemplation* est un *besoin* de l'humanité, ainsi que la *prière* est un *besoin*, etc. *Contemplation* et *prière* sont sujets, *besoin* est attribut ; ces trois mots sont au NOMINATIF.)

452. Un mot est à l'AC- CUSATIF :

1° Quand il est *complément direct*, il répond alors à la question *qui?* ou *quoi?*

Le travail rend *tout* aisé.
(Franklin.)
(*Tout* étant le compl. dir. de *rend*, est à l'ACCUSATIF.)
Dieu fit le *monde* et l'homme *l'*embellit. (Delille).
(*Monde* et *l'* étant compl. dir. de *fit* et d'*embellit*, sont à l'ACCUSATIF.)

2° Quand il est, à l'aide d'une préposition, *complément indirect* d'un verbe exprimant un changement de lieu ou d'état. Il répond, dans ce cas, à la question *qui?* ou *quoi?* précédée d'une préposition, ou à la question *où?*

Cependant les zéphyrs sortent d'un long sommeil. (Rulhière.)

(*Sommeil*, compl. ind. de *sortent*, est à l'accusatif.)

Sur le *taureau* mugissant et terrible,
Pleuvent les dards, les lances, les épieux.
(Parny.)

(*Taureau*, compl. ind. de *pleuvent*, est à l'accusatif.)

455. Un mot est au datif quand il forme, à l'aide de la préposition *à*, exprimée ou sous-entendue, un compl. indir. de verbe ou un compl. d'adjectif. Il répond à la question *à qui?* ou *à quoi?*

Quittez le long espoir et les vastes pensées,
Tout cela ne convient qu'à *nous*. (La Font.)

(*Nous*, compl. ind. de *convient*, est au datif.)

Mes arrière-neveux *me* devront cet ombrage. (La Font.)

(*Me* (à moi), compl. ind. de *devront*, est au datif.)

Les plus vils artisans sont les plus sujets à la *jalousie*. (La Bruy.)

(*Jalousie*, compl. de l'adjectif *sujets* est au datif.)

454. Un mot est au génitif quand il est complément de la préposition *de*, exprimant un rapport de possession, de dépendance, de cause, etc.

Il répond à la question *de qui?* ou *de quoi?*

Et les chênes des *bois* offrent à l'aigle altier,
De leurs *rameaux* touffus, l'asile hospitalier. (Mich.)

(*Bois*, compl. de *de*, compris dans *des*, et *rameaux*, compl. de *de*, sont au *génitif*, parce que *de* exprime, dans ces deux cas, un rapport de possession : les *chênes* appartiennent aux *bois*; l'*asile* aux *rameaux*.)

Le foyer, des *plaisirs*, est la source féconde.
(Delille.)

(*Plaisirs*, compl. de *de*, compris dans *des*, est au génitif, parce que *de* exprime un rapport de dépendance entre *source* et *plaisirs*.)

Remarque. — Lorsque *de, du, de la, des*, sont pris dans un sens partitif (page 238, *note*), le mot qui les suit est au nominatif ou à l'accusatif, et non au génitif. Ex. :

De l'eau pure me suffit.
Nous avons *du* pain et *des* fruits.

455. Un mot est à l'ABLATIF quand il est, à l'aide d'une préposition, complément indirect d'un verbe n'exprimant pas de changement de lieu ni d'action.

Il répond à la question *qui?* ou *quoi?* précédée d'une préposition.

Sur son *visage* habite la pâleur, Et dans son *sein* triomphe la douleur (J.-B. Rouss.)
(*Visage*, compl. ind. de *habite*, et *sein*, compl. ind. de *triomphe*, sont à l'ABLATIF.)
Elle prie en secret pour l'*ingrat* qui l'outrage. (Volt.)
(*Ingrat*, compl. ind. de *prie*, est à l'ABLATIF.)

456. Un mot est au VOCATIF quand il est mis en apostrophe, c'est-à-dire quand il sert à interpeller.

France, ô belle *contrée*, ô *terre* généreuse ! (A. Chén.)
Dieu des Juifs, tu l'emportes ! (Racine.)
(Les mots *France*, *contrée*, *terre*, *Dieu*, sont au VOCATIF.)

Pour plus de détails sur les CAS, consulter l'excellent *Essai d'une nouvelle méthode destinée à préparer à l'étude des langues étrangères*, etc., par M. Veïssier-des-Combes.

CHAPITRE QUINZIÈME.

HOMONYMES.

457. On appelle *homonymes* des mots qui se prononcent de la même manière [1], bien qu'ils aient un sens différent. Voici les principaux, outre ceux que nous avons déjà donnés : (Voir page 13 : *Mots qui changent de genre en changeant de signification.*)

Air, masculin, atmosphère, — chant, — apparence.
Aire, féminin, nid d'oiseau de

proie, — endroit où l'on bat le grain.
Ère, f., époque.

---

[1] Nous avons, à dessein, donné aussi quelques mots qui présentent une légère différence dans la prononciation, mais qui cependant sont généralement considérés comme des homonymes.

Haire, f., chemise de crin.

Hère, m., pauvre homme.

—

Alêne, f., instrument tranchant.

Haleine, f., souffle.

—

Amande, f., fruit.

Amende, f., peine pécuniaire.

—

Ancre, f., instrument pour retenir les navires.

Encre, f., liqueur pour écrire.

—

Antre, m., retraite des animaux féroces.

Entre, préposition.

—

Appas, m., charme.

Appât, m., pâture.

—

Are, m., mesure agraire.

Arrhes, f., gage.

Art, m., science pratique.

Hart, f., corde.

—

Auspices, m., présage, — protection.

Hospice, m., hôpital.

—

Autel, m., table pour les sacrifices.

Hôtel, m., maison pour loger.

—

Auteur, m., celui qui a fait une œuvre.

Hauteur, f., élévation.

—

Bal, m., assemblée où l'on danse.

Balle, f., pelote ronde, — boule, — paquet.

—

Balai, m., instrument de ménage.

Ballet, m., opéra avec danse.

Ban, m., convocation.

Banc, m., siége.

—

Bah! interjection.

Bas, m., partie inférieure, — vêtement des jambes.

Bât, m., selle.

—

Bière, f., boisson.

Bière, f., cercueil.

—

Bon, m., mandat.

Bon, adjectif.

Bond, m., saut.

—

Cane, f., canard femelle.

Canne, f., bâton.

—

Cahot, m., secousse.

Chaos, m., confusion.

—

Cartier, m., fabricant de cartes.

Quartier, m., quatrième partie.

—

Ceint, part. passé, entouré d'une ceinture.

Sain, adj., de bonne constitution.

Saint, adj., parfait.

Sein, m., partie du corps.

Seing, m., signature.

—

Cellier, m., cave.

Sellier, m., fabricant de selles.

—

Cène, f., dernier repas de N.-S.

Saine, adj., féminin de sain.

Scène, f., partie antérieure d'un théâtre, — querelle.

Seine, f., fleuve.

Senne ou *Svine*, f., filet de pêcheur.

—

Cens, m., redevance.

Sens, m., faculté, — signification.

Cent, adj. de nombre.

Sang, m., liqueur qui circule dans les veines.

Sans, préposition.

—

Cerf, m., animal.

Serf, m., esclave.

—

Serre, f., pied des oiseaux de proie.

Serre, f., endroit où l'on garde les plantes.

—

Chaîne, f. lien composé d'anneaux.

Chêne, m., arbre.

—

Chair, f., viande.

Chaire, f., tribune du prédicateur.

Cher (e), adj., qui a du prix.

Chère, f., régal (bonne chère).

—

Champ, m., pièce de terre.

Chant, m., action de chanter.

—

Charme, m., attrait.

Charme, m., arbre.

—

Chaud, adj., qui donne de la chaleur.

Chaux, f., pierre calcaire.

—

Chœur, m., partie de l'église où se fait l'office, — troupe de personnes chantant ensemble.

Cœur, m., muscle qui imprime le mouvement au sang.

—

Clair, adj., lumineux, distinct.

Clerc, m., consacré à l'état ecclésiastique, — homme lettré, — agent.

—

Coin, m., angle.

Coing, m., fruit.

Compte, m., énumération.

Comte, m., titre de noblesse.

Conte, m., récit.

—

Cor, m., durillon, — instrument.

Corps, m., partie de matière.

—

Cou, m., partie du corps.

Coup, m., choc.

Coût, m., ce que coûte une chose.

—

Cour, f., lieu qu'habite le souverain. — espace entouré de murs ou de bâtiments.

Cours, m., mouvement de l'eau, — série.

Court, adj., qui a peu de longueur.

—

Cri, m., son élevé produit par la voix.

Cric., m., machine pour soulever des fardeaux.

—

Cygne, m., oiseau aquatique.

Signe, m., marque, — indice.

—

Dais, m., espèce de ciel de lit, — tentures.

Dé, m., petit ustensile qui s'adapte au doigt.

Dès, préposition.

Des, article contracté.

—

Danse, f., mouvement en cadence.

Dense, adj., épais.

—

Date, f., signe qui indique une époque.

Datte, f., fruit.

—

Dessein, m., intention.

Dessin, m., art de dessiner.

—

Différend, m., contestation.

Différent, adj., dissemblable.

—

Écho, m., réflexion du son.
Écot, m., quote-part.

—

Effort, m., contraction muscu-
laire.
Éphore, m., magistrat de Sparte.

—

Être, m., tout ce qui a vie.
Hêtre, m., arbre.

—

Exaucer, verbe, accueillir favo-
rablement.
Exhausser, verbe, élever.

—

Faim, f., besoin d'aliments.
Fin, f., ce qui termine.
Fin, adj., qui n'est pas gros,
— qui a de la finesse.

—

Faîte, m., la partie la plus élevée
d'un bâtiment.
Fête, f., solennité.

—

Fard, m., rouge.
Phare, m., fanal.

—

Faux, f., instrument tranchant.
Faux, adj., qui n'est pas vrai.

—

Fil, m., filament des plantes
textiles.
File, f., rangée.

—

Foi, f., croyance.
Foie, m., organe.
Fois, f., nombre, — quantité.
Fouet, m., baguette terminée
par une corde ou une lanière
de cuir.

—

Fond, m., partie la plus basse
d'une chose creuse.
Fonds, m., sol d'une terre,
— biens, — argent placé.
Fonts, m., grand vase où l'on
conserve l'eau baptismale.

—

For, m., tribunal de justice.
Fort, adj., robuste.
Fort, m., lieu fortifié.

—

Foret, m., instrument pour forer
des trous.
Forêt, f., bois.

—

Frai, m., œufs de poisson.
Frais, adj., qui a de la fraîcheur.
Frais, m., dépenses.
Frêt, m., louage d'un bâtiment,
— droit.

—

Gai, adj., porté à la joie.
Gué, m., endroit où l'on peut
passer une rivière à pied sec.
Guet, m., action d'observer.

—

Gale, f., maladie.
Galle, f., excroissance produite
par la piqûre d'un insecte.

—

Goutte, f., petite partie d'un
fluide.
Goutte, f., maladie.

—

Grâce, f., agrément, faveur.
Grasse, adj., qui est formé de
graisse.

—

Guère, adverbe, peu.
Guerre, f., lutte armée.

—

Héraut, m., officier chargé des
publications solennelles.
Héros, m., personnage illustre
par sa valeur, — demi-dieu.

—

Lac, m., amas d'eau dormante.
Laque, f., suc résineux.

Laid, adj., désagréable à voir.

Laie, f., femelle du sanglier.

Lait, m., liquide.

Lé, m., largeur d'une étoffe.

Les, article.

—

Lice, f., lieu destiné aux courses, aux tournois.

Lice, f., femelle d'un chien de chasse.

Lisse, adj., uni.

—

Lieu, m., endroit.

Lieue, f., mesure de chemin.

—

Lustre, m., espace de cinq ans, — éclat.

Lustre, m., espèce de chandelier à plusieurs branches.

—

Lut, m., enduit.

Luth, m., instrument.

Lutte, f., combat corps à corps.

—

Main, f., partie du corps.

Maint, adj., plusieurs.

—

Maître, m., celui qui a des serviteurs.

Mètre, m., unité de longueur.

Mettre, verbe, placer.

—

Mai, m., nom d'un mois.

Mais, conjonction.

Mes, adj. possessif.

Mets, m., ce qu'on place sur la table pour manger.

—

Mal, m., contraire du bien.

Malle, f., coffre.

—

Mânes, f., génies tutélaires des morts.

Manne, f., panier, — nourriture des Hébreux dans le désert.

Martyr, f., celui qui souffre des supplices.

Martyre, f., celle qui souffre des supplices.

Martyre, m., souffrances d'un martyr.

—

Maure, m., habitant de la Mauritanie.

Mors, m., pièce qui se place dans la bouche d'un cheval.

Mort, f., cessation de la vie.

—

Mur, m., ouvrage en maçonnerie.

Mûr, adj., parvenu à maturité.

Mûre, f., fruit.

—

Orangé, m., couleur.

Oranger, m., arbre.

—

Pain, m., aliment.

Pin, m., arbre.

—

Pair, adj., égal.

Paire, f., couple.

Père, m., celui qui a engendré un ou plusieurs enfants.

—

Pan, m., partie d'un vêtement, d'un mur.

Paon, m., oiseau.

—

Palais, m., partie supérieure du dedans de la bouche.

Palais, m., habitation d'un prince.

Palet, m., pierre ronde et plate.

—

Panser, verbe, soigner une plaie.

Penser, verbe, former dans l'esprit l'idée de quelque chose.

Pensée, f., opération de l'esprit, — fleur.

—

Péché, m., désobéissance à la loi de Dieu.

Pêcher, m., arbre à fruits.

Pêcher, verbe, désobéir à la loi de Dieu.

Pêcher, verbe, prendre du poisson.

—

Plain, adj., uni, droit.

Plein, adj., rempli.

—

Poêle, f., instrument de cuisine.

Poêle, m., espèce de fourneau, — drap mortuaire, — voile nuptial.

Poil, m., filets qui sortent de la peau.

—

Poids, m., pesanteur, — instrument qui sert à peser.

Pois, m., légume.

Poix, f., substance résineuse.

—

Poing, m., main fermée.

Point, m., la plus petite partie d'étendue.

Point, adv., pas.

—

Porc, m., animal.

Pore, m., petit interstice qui sépare les molécules des corps.

Port, m., lieu propre à recevoir les vaisseaux, — frais de transport. — maintien.

—

Pou, m., insecte.

Pouls, m., pulsations.

Poult (de soie), m., étoffe.

—

Pouce, m., doigt.

Pousse, f., jet d'un végétal.

—

Prémices, f., premiers fruits de la terre.

Prémisses, f., les deux premières propositions d'un syllogisme.

—

Puis, conjonction, après.

Puits, m., trou profond pour avoir de l'eau.

—

Raine, f., grenouille.

Reine, f., femme d'un roi.

Rêne, f., courroie de la bride d'un cheval.

Renne, m., animal.

—

Ris, m., rire.

Riz, m., plante.

—

Roue, f., machine ronde tournant sur un essieu.

Roux, adj., couleur entre le rouge et le jaune.

—

Sale, adj., malpropre.

Salle, f., grande pièce d'un appartement.

—

Satire, f., ouvrage qui censure.

Satyre, m., divinité champêtre.

—

Saut, m., action de sauter.

Sceau, m., cachet.

Seau, m., vase propre à puiser de l'eau.

Sot, adj., sans esprit.

—

Serein, m., vapeur humide et froide.

Serin, m., oiseau.

—

Souci, m., fleur.

Souci, m., inquiétude.

—

Tain, m., mélange d'étain et de mercure.

Teint, m., coloris du visage.

Thym, m., plante.

—

Tan, m., écorce du chêne moulue.

Tant, adv., exprimant la quantité.

Taon, m., grosse mouche.
Temps, m., durée.

—

Tante, f., titre de parenté.
Tente, f., abri ordinairement fait d'étoffe.

—

Tirant, m., cordon, lanière qui sert à tirer.
Tyran, m., prince qui opprime ses sujets.

—

Ton, m., degré d'élévation d'un son, — manière, — terme de musique.
Ton, adj. possessif.
Thon, m., poisson.

—

Tour, f., bâtiment élevé.
Tour, m., machine, — révolution circulaire.
Tourd, m., poisson.

—

Tribu, f., division du peuple chez les Hébreux, — peuplade.
Tribut, m., somme payée par un État à un autre plus puissant.

—

Vain, adj., sans effet.
Vin, m., liqueur.
Vingt, adj. de nombre.

—

Vaine, adj., fém. de *vain*.

Veine, f., vaisseau dans lequel circule le sang.

—

Vanter, verbe, louer.
Venter, verbe, faire du vent.

—

Vair, m., fourrure.
Ver, m., animal.
Vert, adj., couleur.
Verre, m., corps transparent.
Vers, m., poésie.
Vers, préposition.

—

Vice, m., défaut.
Vis, f., pièce ronde cannelée en spirale.

—

Vil, adj., bas, méprisable.
Ville, f., assemblage de maisons.

—

Voie, f., chemin, route.
Voix, f., son produit par l'air qui sort des poumons.

—

Vol, m., action de voler.
Vole, f., se dit à quelques jeux de cartes, quand un des joueurs fait toutes les levées.

—

Zéphyre, m., dieu de la mytho logie.
Zéphyr, m., vent doux et agréable.

FIN.

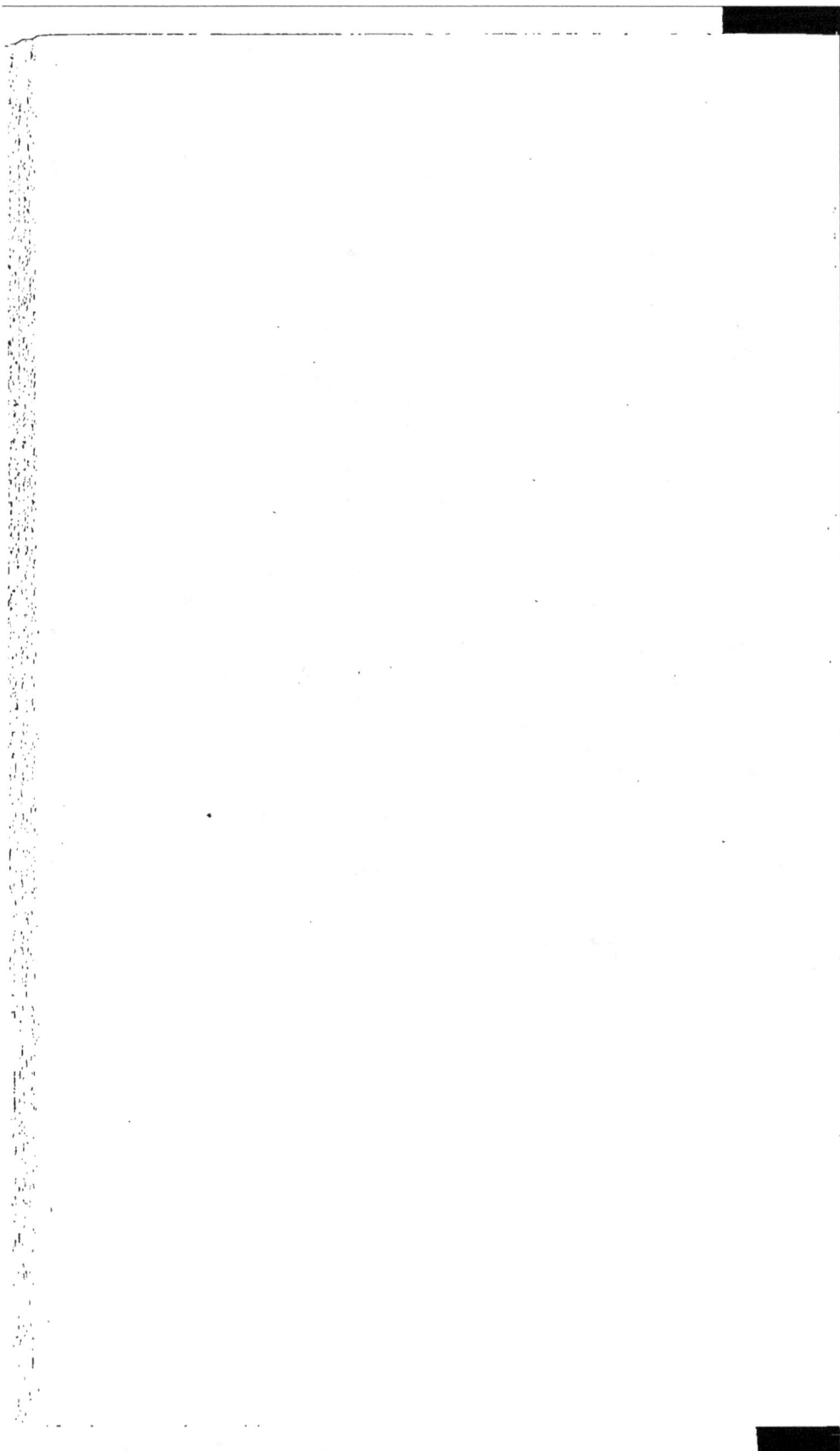

TABLE DES MATIÈRES

Introduction.

Définition de la **Grammaire**	1
Voyelles. — Consonnes	1
Syllabes	1
Diphthongues	2
Différentes sortes d'*e*	2
De l'*y*	2
De l'*h*	3
Voyelles longues et voyelles brèves	3
Accents	3
Apostrophe	4
Cédille	4
Tréma	4
Trait d'union	4
Parties du discours	5

CHAPITRE Ier.

Du substantif ou nom.

Substantif	6
— propre	7
Substantif commun	7
— collectif	7
— composé	7, 20
DU GENRE	8
Formation du féminin dans les substantifs	8
Substantifs dont le genre est embarrassant	9
Substantifs susceptibles des deux genres	10
Substantifs qui changent de genre en changeant de signification	13
DU NOMBRE	14
Formation du pluriel dans les substantifs	15
Nombre des substantifs propres	18
Nombre des substantifs étrangers	19
Nombre des substantifs unis par *de*	23
Substantifs qui ne sont pas susceptibles des deux nombres	24

CHAPITRE II.

De l'article.

Article 24
Élision et contraction..... 25
Cas où l'on emploie l'article . 26
Cas où l'on n'emploie pas
 l'article.............. 27
Accord de l'article....... 29
Répétition de l'article.... 29

CHAPITRE III.

De l'adjectif.

Adjectif............. 30
Des deux sortes d'adjectifs. 30
ADJECTIF QUALIFICATIF.... 30
 — verbal.... 31, 182
 — composé... 31, 43
Adjectif pris substantivement et substantif pris
 adjectivement......... 31
Accord de l'adjectif qualificatif.............. 31
Cas où l'adjectif ne s'accorde qu'avec le dernier
 substantif........... 32
Cas où l'adjectif ne s'accorde
 qu'avec le premier subs-
 tantif.............. 32
Accord de l'adjectif placé
 après plusieurs substantifs
 unis par de.......... 33
Accord de l'adjectif accompagnant un collectif.... 33
Formation du féminin dans
 les adjectifs 33
Formation du pluriel dans
 les adjectifs 38
Demi 40
Feu 40
Franc de port. — Sauf... 41

Nu 41
Cas où l'adjectif reste inva-
 riable............... 42
Adjectif accompagnant avoir
 l'air 43
Adjectifs qu'on ne peut ap-
 pliquer indifféremment
 aux personnes et aux
 choses.............. 44
Degrés de qualification.... 44
Compléments des adjec-
 tifs................ 46
Place de l'adjectif........ 47
ADJECTIF DÉTERMINATIF... 49
Accord de l'adjectif déter-
 minatif............. 49
ADJECTIF POSSESSIF...... 50
Mon, ton, son 50
Son, sa, ses, leur, leurs.... 51
ADJECTIF DÉMONSTRATIF.... 52
Ce, cet 52
ADJECTIF NUMÉRAL 52
 — cardinal........ 53
 — ordinal 53
Accord de l'adjectif numéral
 cardinal 53
Vingt et cent........... 53
Mille................. 54
ADJECTIF INDÉFINI 54
Chaque................ 55
Aucun et nul........... 55
Même 55
Quelque 56
Tout................. 57
Répétition de l'adjectif dé-
 terminatif........... 59

CHAPITRE IV.

Du pronom.

Pronom 59
Personnes............. 60
Cas où l'on ne fait pas usage
 des pronoms.......... 60
Accord du pronom....... 61

Différentes sortes de pro-
noms 61
PRONOMS PERSONNELS..... 62
Le, la, les... 62, 64, 80, 83
Leur....... 51, 62, 80, 83
En............... 63, 83
Y.......... 63, 83, 220
Emploi de lui, eux, elle, etc. 64
Accord du pronom le..... 64
Soi................. 65
PRONOMS DÉMONSTRATIFS.. 66
Ce 66
Celui-ci, celle-ci, celui-là,
celle-là, ceux-ci, ceux-là,
celles-ci, celles-là..... 67
Celui, celle, ceux, celles... 68
Ceci, cela........... 68
PRONOMS POSSESSIFS..... 68
PRONOMS RELATIFS 69
Antécédent du pronom rela-
tif.................. 69
Emploi de qui, que, dont,
lequel, etc........... 70
Auquel, dans lequel, par le-
quel 71
Qui, que, quoi 71
Dont, d'où............ 72
PRONOMS INDÉFINIS....... 72
Aucun, plusieurs, tel, tout. 72
On.................. 73
Chacun.............. 73
L'un l'autre, l'un et l'autre,
les uns les autres, les uns
et les autres......... 74

CHAPITRE V.

Du verbe.

Verbe............... 74
Sujet............... 75
Place du pronom sujet.... 75
Répétition du sujet...... 77
Complément........... 77
Complément direct....... 78

Complément indirect..... 78
Remarques sur les complé-
ments.............. 79
Lui, leur, en, dont, y... 80, 83
Me, te, se, nous, vous. 81, 83
Place des pronoms complé-
ments.............. 81
Place relative des compléments.............. 82
Remarque sur le, la, les, employés avec lui, leur, me,
te, se, nous, vous....... 83
Remarque sur le verbe em-
ployé avec en et un autre
pronom 83
Remarque sur l'impératif
employé avec y et un pro-
nom............... 83
Répétition du pronom com-
plément 84
Accord du verbe 84
Cas où le verbe ne s'accorde
qu'avec le dernier sujet. 85
Cas où le verbe s'accorde
avec le premier sujet... 86
Accord du verbe accompagné
d'un collectif.......... 87
Accord du verbe accompa-
gné de un de, un des... 87
Accord du verbe accompa-
gné de plus d'un....... 88
Accord du verbe ayant pour
sujet qui............ 88
Accord du verbe être ayant
ce pour sujet......... 89
Si ce n'est........... 90
Différentes sortes de verbes. 90
Verbes AUXILIAIRES....... 90
Emploi du verbe avoir.... 90
Verbe avoir conjugué..... 91
Avoir, verbe actif....... 94
Emploi du verbe être..... 94
Verbe être conjugué...... 94
Être, verbe substantif.... 97
Attribut du sujet........ 97

Verbes qui changent d'auxi-
liaire sans changer d'ac-
ception. . . . .　97
Verbes qui changent d'auxi-
liaire en changeant d'ac-
ception. . . . .　98
Convenir. . . . . :　98
Demeurer. . . . .　98
Échapper . . . .　98
VERBE ACTIF. . . . .　98
VERBE NEUTRE. . . . .　99
Verbe neutre *arriver*, conju-
gué. . . . .　100
VERBE PASSIF . . . .　102
Verbe passif ÊTRE REÇU, con-
jugué . . . .　103
VERBE PRONOMINAL. . . . . . .　105
Verbes pronominaux *essen-
tiels* . . . .　105
Verbes pronominaux *acci-
dentels* . . . .　105
Verbe pronominal *se dé-
vouer*, conjugué. . . . . . .　106
VERBE UNIPERSONNEL. . . . . .　108
Verbes unipersonnels *essen-
tiels* . . . .　108
Verbes unipersonnels *acci-
dentels*. . . . .　108
Verbe unipersonnel *tonner* ,
conjugué . . . .　109
Modes. . . . .　110
Temps. . . . . 110,　167
Temps simples, —composés.　111
Conjugaisons . . . .　113
Radical, terminaison. . . . .　113
Verbe *porter*. . . . .　114
　— *punir* . . . .　116
　— *apercevoir*. . . . .　118
　— *vendre* . . . .　120
Finale des verbes. . . . .　122
Tableau des finales des verbes　124
Remarques sur les finales du
présent de l'indicatif de
quelques verbes. . . . . . .　125
Temps primitifs, — dérivés.　127

Tableau de la formation des
temps. . . . .　128
Verbes *irréguliers*. . . . .　132
　— *défectifs*. . . . .　137
Forme interrogative. . . . . .　138
Remarques sur les verbes conjugués interrogativement.　140
Remarque sur le verbe *être*
employé interrogative-
ment avec *ce* pour sujet.　141
Forme négative. . . . .　142
Forme interrogative et négative. . . . .　146
Verbes en *cer* (placer). . . . .　146
　— en *ger* (manger). . . .　148
　— dont l'avant-der-
nière syllabe est au présent
de l'infinitif terminée par
e muet (mener). . . . .　150
Verbes dont l'avant-der-
nière syllabe est au pré-
sent de l'infinitif termi-
née par *é* (céler). . . . . . .　153
Verbes en *éger*. . . . .　155
　— en *eler, eter*. . . . . .　155
Exception. . . . .　157
Verbes en *ier* (prier). . . . .　158
　— en *yer* (appuyer). . .　160
　— en *éer* (créer). . . . .　163
Haïr. . . . .　165
Bénir . . . .　166
Fleurir. . . . .　166
Verbes en *cevoir*. . . . .　166
De l'accent circonflexe dans
les verbes. . . . .　167
Emploi des temps. . . . .　167
Emploi du mode condi-
tionnel. . . . .　171
Du mode subjonctif. . . . . .　173
Subjonctif du verbe *savoir*.　177
Correspondance des temps
du subjonctif avec ceux de
l'indicatif et du condition-
nel . . . .　177
Du mode infinitif. . . . .　179

CHAPITRE VI.

Du participe.

Participe................ 181
PARTICIPE PRÉSENT....... 182
Différence entre le participe
  présent et l'adjectif verbal................... 182
Cas où le mot en *ant* est toujours participe présent.. 182
Cas où le mot en *ant* est
  tantôt participe présent,
  tantôt adjectif verbal... 183
Verbes qui ont une forme
  particulière pour l'adjectif verbal............. 183
Étant, ayant............ 183
PARTICIPE PASSÉ......... 184
1re *règle.* — Participe sans
  auxiliaire............. 184
Excepté, passé, vu, supposé,
  approuvé, attendu, y com-
  pris.................. 185
Ci-joint, ci-inclus....... 185
2e *règle.* — Participe avec
  être.................. 186
3e *règle.* — Participe avec
  avoir................. 186
Participe d'un verbe pronominal................. 187
Participe d'un verbe uni-
  personnel............. 188
Participe entre deux *que*.. 188
Participe ayant pour com-
  plément *l'*............ 188
Participe ayant pour complément un mot devant le-
  quel il y a une préposition sous-entendue..... 189
Pu, dû, voulu.......... 189
Participe suivi d'un verbe à
  l'infinitif............. 189
Participe suivi d'un *qualifi-*
  catif................. 190

Participe précédé de *en*.... 191
  —   — de *le peu*. 191
Participe précédé d'un adverbe de quantité...... 192
Participe accompagné de synonymes, mots unis par
  ou, etc.............. 192
Récapitulation du participe
  des diverses sortes de
  verbes................ 193

CHAPITRE VII.

De la préposition.

Préposition.......... 194
Complément de la préposi-
  tion............. 194, 209
Divers rapports qu'expri-
  ment les prépositions... 195
Locutions prépositives.... 195
Autour, avant, dans, hors,
  sous, sur............ 196
Avant de, avant que de... 196
A moins de, à moins que de. 196
Auprès de, au prix de.... 197
Auprès de, près de....... 197
Proche, proche de....... 197
Près de, prêt à.......... 197
Durant, pendant........ 198
Entre, parmi........... 198
Vis-à-vis, envers, à l'égard
  de.................. 198
Sans.................. 199
A travers, au travers..... 199
Voici, voilà............ 199
A placé entre deux adjectifs
  numéraux............ 200
De placé entre un adjectif
  numéral et un qualificatif. 200
Dans, en.............. 201
A, de................. 203
A neuf, de neuf........ 203
Aider, aider à.......... 203
Applaudir, applaudir à... 204
Assurer, assurer à....... 204

Atteindre, atteindre à..... 204
Avoir affaire à, — avec,
    — de.............. 205
Avoir rapport à, — avec.. 205
Commencer, à, — de, — par. 205
Croire, — croire à, — en.. 206
Déjeuner, dîner, souper avec,
    — de.............. 206
A la campagne, en cam-
    pagne.............. 206
Insulter insulter à....... 207
Participer à, — de....... 207
Retrancher à, — de...... 207
Servir à rien, — de rien.. 208
Succomber à, — sous..... 208
Suppléer, suppléer à.... 208
Tomber à terre, — par terre. 209
Répétition des prépositions. 209
Expressions où l'on peut
    exprimer ou omettre de. 210
Liste des prépositions..... 211
Liste des locutions préposi-
    tives.............. 211

CHAPITRE VIII.

De l'adverbe.

Adverbe............ 212
Adverbes en ment qui ont
    un complément........ 212
Différentes espèces d'adver-
    bes............... 213
Locutions adverbiales..... 214
Alentour, auparavant..... 214
Dedans, dehors, dessous,
    dessus.............. 214
Aussi, si, autant, tant.... 215
Emploi d'aussi, autant.... 215
    — de si, tant....... 216
Beaucoup............ 216
Guère.............. 217
Ci, là, ici.......... 217
Davantage........... 218
Pire, pis............ 218
Plus que, plus de........ 218
Plus tôt, plutôt......... 219

Tout d'un coup, tout à coup. 219
Tout de suite, de suite.... 219
Très............... 220
De la négation non, ne, ne
    pas, ne point......... 220
Remarques sur l'emploi de
    ne............... 222
Place de l'adverbe....... 224
Liste des adverbes....... 225
Liste des locutions adver-
    biales.............. 226

CHAPITRE IX.

De la conjonction.

Conjonction......... 226
Locutions conjonctives.... 227
Et................. 227
Ni................. 228
Ou................. 228
Par ce que, parce que.... 229
Quand, quant.......... 229
Que.............. 229, 232
Quoique, quoi que....... 230
Répétition des conjonctions. 230
Liste des conjonctions.... 231
Mots qui sont tantôt conjonc-
    tions, tantôt adverbes... 231
Liste des locutions conjonc-
    tives.............. 232

CHAPITRE X.

De l'interjection.

Interjection......... 233
Liste des interjections.... 233
Locutions interjectives.... 233
Liste des locutions interjec-
    tives.............. 233

CHAPITRE XI.

De la construction.

Construction GRAMMATICALE
    et construction FIGURÉE.. 234
Ellipse.............. 234

Pléonasme 235
Syllepse 235
Inversion 235

CHAPITRE XII.

De l'analyse.

ANALYSE GRAMMATICALE.... 236
Guide pour faire l'analyse
   grammaticale 236
Modèles d'analyses gramma-
   ticales 237
ANALYSE LOGIQUE 239
Phrase............... 239
Proposition............ 239
Diverses parties d'une pro-
   position 239
Sujet 240
Verbe............... 241
Attribut 241
Compléments logiques 243
Différentes sortes de propo-
   sitions.............. 244
Proposition principale.... 244
   —   absolue...... 244
   —   relative....... 244
Proposition incidente..... 245
   —   déterminative. 245
   —   explicative ... 245
Proposition explicite, explé-
   tive, elliptique, implicite,

directe, inverse....... 245
Analyse des gallicismes ... 246
Modèles d'analyses logiques. 247

CHAPITRE XIII.

De la ponctuation et des majuscules.

Ponctuation........ 252
Virgule.............. 252
Point-virgule 254
Deux-points 255
Point................ 255
Point d'interrogation..... 255
Point d'exclamation...... 255
Guillemets 256
Points suspensifs........ 256
Trait de séparation 257
Parenthèse............ 257
Majuscules 257

CHAPITRE XIV.

Des cas.

Des six cas........... 259

CHAPITRE XV.

Des homonymes.

Homonymes......... 261
Liste d'homonymes 261

FIN DE LA TABLE.

Imprimerie de P.-A. BOURDIER et Cie, rue Mazarine, 30.

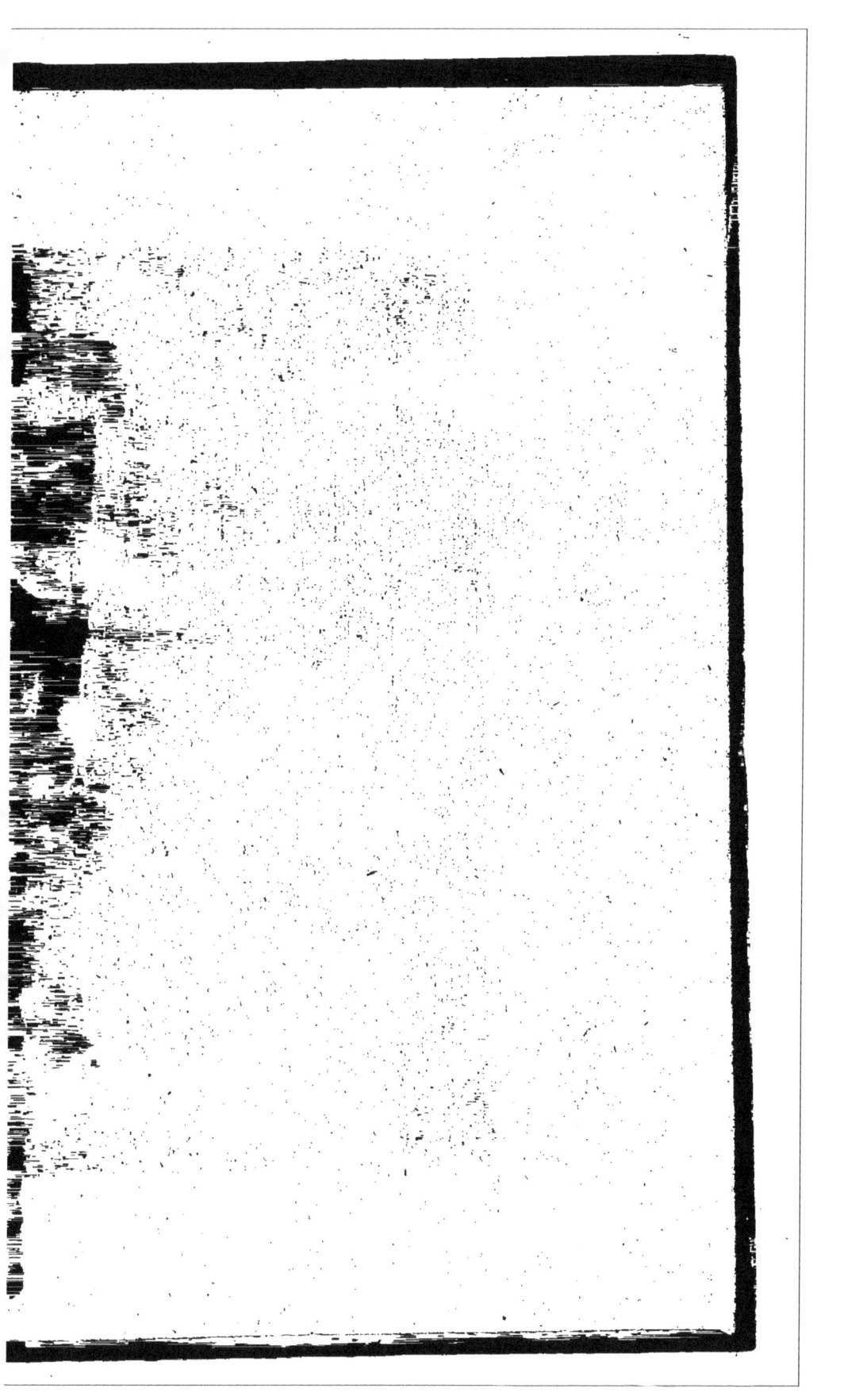

Traité de l'Art épistolaire, à l'usage des maisons d'éducation, par M. l'abbé J. Verniolles, chanoine honoraire de
Tulle, supérieur du petit séminaire de Servières. 1 volume
in-12, cartonné.   2 fr.

Nous sommes convaincu depuis longtemps qu'il existe une lacune
dans notre enseignement classique et littéraire. On exerce beaucoup
les enfants dans les divers genres de compositions dont les règles
sont tracées dans les cours de rhétorique et d'humanités ; mais la
lettre et le style épistolaire sont généralement négligés. Et pourtant
quel est celui à qui le talent de bien faire une lettre n'est pas absolument indispensable ? Même parmi ceux dont l'éducation a été cul-
tivée, il en est peu qui, dans le cours de la vie, éprouvent le besoin
d'écrire une harangue, une description, une amplification, un récit.
Tout le monde, au contraire, est obligé d'écrire des lettres, et il est
presque honteux d'ignorer les formes, les bienséances, le style que
l'on doit y employer.

On nous objectera peut-être que le talent de bien faire une lettre
est un de ceux que l'on tient de la nature et que les préceptes ne
peuvent enseigner. C'est là l'éternel sophisme de ceux qui oublient que
l'art n'est point destiné à suppléer la nature, mais à la perfectionner
et à la diriger. Sans doute une personne ayant naturellement de la grâce
dans l'esprit, du tact et du jugement, fera mieux sans le secours des
règles que celui qui les connaît et se trouve dépourvu de ces qualités
naturelles ; mais il n'en est pas moins vrai que la connaissance des
règles nous préserve de bien des fautes, et nous rend presque toujours d'importants services. Les préceptes n'empêchent pas d'écrire
naturellement, avec aisance et abandon ; ils aident au contraire à
atteindre plus promptement et plus sûrement ces précieuses qualités.

Nous avons divisé en quatre parties notre *Traité de l'art épistolaire*. Dans la première, nous donnons les règles générales qui concernent le fond, le style et le cérémonial des lettres. La seconde est
consacrée aux conseils particuliers sur les divers genres de lettres. Il
n'y a que ces deux parties qui soient vraiment élémentaires et que
les élèves doivent confier à leur mémoire. La troisième, destinée à
faire connaître les principaux auteurs épistolaires, est un complément qui nous semble très-utile à ceux qui veulent former leur goût
par l'étude des modèles. Mais c'est surtout une matière de lectures,
de rapprochements et de critiques littéraires, que nous avons voulu
fournir aux maîtres et aux élèves. Nous donnons dans la quatrième
partie quelques sujets d'exercices, ou matières de composition épistolaire.   (*Extrait de la préface.*)

Paris. — Imp. de P.-A. BOURDIER et Cie, rue Mazarine, 30.

www.ingramcontent.com/pod-product-compliance
Lightning Source LLC
Chambersburg PA
CBHW070747270326
41927CB00010B/2096